꿈을 잉태하는 순간, 날개가 돋는다!

서른 살 승무원

지병림 스토리텔링

간절히 원하고 노력하면, 꿈은 이루어집니다!

－피그말리온－

Contents

추천의 글

Chapter1 꿈의 서곡序曲

Chapter2 꿈의 단련

Chapter6 꿈의 성취

Chapter7 꿈의 진화

하늘이 장차 그 사람에게 큰 임무를 맡기려 하면
반드시 먼저 그의 마음과 뜻을 괴롭게 하고
근육과 뼈를 깎는 고난을 당하게 하며

몸과 살을 굶주리게 하고
생활을 빈곤에 빠뜨려 하는 일마다 어지럽게 한다.

이는 마음을 흔들어 참을성을 길러주기 위함이며
지금까지 할 수 없었던 일들을 능히 할 수 있게 하기 위함이다.

-맹자, '고자장'-

서른 살 승무원

스스로 나는 법을 터득한 자의 책임

2012년 5월에 『서른 살 승무원』을 출간하고, 신기하게도 꼭 10년 만인 2022년에 개정증보판을 발간하게 됐다. 개정증보판이 발간되는 2022년은 필자가 서른 살부터 꾸준히 커리어를 일궈온 나라, 카타르에서 아랍국가 최초로 월드컵이 열리는 역사적인 해이다. 2010년 겨울, 「카타르의 월드컵」 유치 결정 소식을 처음 들었을 때는 2022란 숫자가 아득하게만 느껴졌다. 연고도 없는 열사의 땅에 혈혈단신으로 입성해 낯선 문화와 환경에 적응하느라 정신없이 바쁜 시절이었다. 당장의 현실도 버거운 상황에서 자그마치 12년 후의 미래를 떠올린다는 것은 사치에 가까웠다.

아! 「카타르 월드컵」이 열리는 2022년에 나는 어디에 있을 것인가? 월드컵 유치 결정에 열광하며 거리로 쏟아져 나온 카타르 국민들을 바라보며, 나는 혼잣말처럼 내 운명의 미래를 더듬어보았다. 해외취업에 성공해 전세계를 마음껏 누빌 수 있는 직업을 얻었을 때는 '우물 안 개구리'를 벗어났다고 믿었다. 하지만 스스로 나는 법을 터득했다고 해서 내가 사는 세상이 저절로 확대되는 것은 아니었다.

'높이 나는 새가 멀리 본다.'고 하지 않던가? 이제는 높이 나는 법을 터득해야 인생의 지경이 넓어지는 법이었다. 어느 지점을 향하여 어느 정도의 에너지를 쏟을 지 목표를 재정립하지 않고 무작정 날기만 해서야 인생이 순항할 수 없었다. 자칫하면 어렵사리 이룬 해외취업이 단발성 이벤트로 끝날 수 있었다. 중도하차의 경험을 안고 고국으로 되돌아가봐야 맨땅에서 처음부터 시작하기는 마찬가지였다.

당시 필자와 함께 취업한 동기들의 과반수 이상은 오래 머물 마음이 없는 눈치였다. 하기야 가족과 떨어져 살면서까지 낯선 환경의 벽을 뛰어넘고 남의 나라에서 장기근속할 생각을 하기 어려웠을 것이다. 소중한 것을 희생한 만큼의 열정을 능가한 애정을 구가하지 않으면 존재할 수 없기 때문이다. 대부분의 동기들은 삼사년 정도의 단기 경력을 발판으로 국내항공사 승무원으로 이직한 후 차근차근 가정을 꾸렸다. 더러는 파일럿 과정을 이수하여 승무원에서 조종사로 진로를 변경하기도 했다. 대학원에 진학해서 항공서비스 관련 학위를 취득하고 강단에 서는 사람들도 꽤 된다. 지금은 전혀 다른 일에 종사하며 육아 및 살림을 병행하는 사람들도 짧게나마 승무원으로 산 시절의 모습을 자신의 SNS에 공개하며 그리워한다. 경력의 장단을 막론하고 누구에게나 하늘 위의 승무원으로 살았던 시절이란 누구에게나 주어지지 않는 선물의 시간이면서 황금과도 바꿀 수 없는 축복인 것이다.

필자는 「카타르항공」에 입사하여 한 차례의 휴직도 없이 줄기차게 비행하면서 실로 크나큰 축복을 받았다. 일반석 승무원에서 객실 사무장으로 단계적 승진을 거듭하면서 기업의 일원으로 성장하는 짜릿한 기쁨을 매순간 맛보았다. 무엇 하나 의미없이 주어지는 것은 없었다. 땀과 노력 그리고 의지가 인정될 때만 조금씩 때가 되어서야 주어졌다. 다양한 국적과 인종의 사람들과 교류하며 우리 한국인이 얼마나 월등하고 지혜로운 민족인가도 재차 확인하며, 대한민국 국민으로 태어난 사실에도 감사했다. 한국인 특유의 저력으로 1950년 '한국 전쟁'이 휩쓸고 간 폐허 위에 대한민국을 건립하고 근대화 및 경제 발전을 이루었다. 유럽의 선진경제를 따라잡는데 불과 70여년의 세월밖에 소요되지 않았다는 사실에 세계인들 모두 엄지를 치켜세운다. 특유의 야무진 일처리와 친화적인 성격으로 잘 알려진 한국인 승무원들의 근성은 항공업계에도 이미 정평이 나있다. 이슬람 율법에 따라 자국민을 서비스 현장에 투입할 수 없는 아랍항공사들은 해마다 우수한 한국인재들을 영입하기 위해서 투자를 아끼지 않는다.

누구도 나를 뜨내기 승무원으로 보지 않는다. 한 직장에서 오랫동안 일궈낸 커리어와 연륜을 근거로 내 말과 눈빛을 깊이 신뢰한다. 나를 믿고 의지하는 팀원들과 다양한 사연을 갖고 어려움을 호소하는 승객들을 대할 때마다 보람과 책임을 느끼는 이유가 여기에 있다. 낯선 환경 앞에서 수줍어하던 동양 여성은 이제 없다. 세계적인 아랍 기업의 역사와 함께 성장하며 선한 영향력을 끼치고자 노력하는 리더가 있을 뿐이다.

「산업인력공단」의 국비연수생으로 해외취업의 돌파구를 찾은 필자의 사례는 우리 정부의 해외취업 사업브랜드였던 「K-Move멘토링」과 더불어 많은 취업 준비생들의 길잡이가 되었다. 필자가 자전적 이야기를 담아 책을 내겠다고 했을 때, 「카타르항공」에서는 우수한 한국 인재들이 포기하지 말고 지원하기 바란다며 장문의 추천사를 써주셨다. 필자가 「카타르항공」에 입사할 당시만 해도 한국인 관리자는 찾아보기 힘들었다. 그런 상황에서 신입승무원의 포부와 재능을 전적으로 믿고, 마음껏 책을 출간할 수 있도록 용기를 북돋워주신 「카타르항공」에 두고두고 감사한 마음이다. 사명감과 책임감을 갖고 회사발전에 부응하기 위해서 노력하는 것이 이제 내 삶이 되었다. 「카타르 월드컵」이 열리는 현장에서 모두가 뜨겁게 열광하는 바람의 결을 타고 오른 이들은 앨버트로스처럼 눈부시게 활공할 것이다.

스스로 날아오르는 법을 터득한 자의 책임은 단순히 날아다니는 데 있지 않다. 시시각각 변하는 기류에 흔들리지 않고 좌우 날개의 균형을 맞춰야 더 높이, 더 오래, 더 다채로운 비행법으로 날 수 있다. 그럭저럭 되는대로 사는 사람들이 결코 볼 수 없는 곳까지, 더 멀리 내다볼 수 있다. 대한민국과 카타르는 스스로 나는 법을 터득할 수 있도록 혹독하게 나를 단련시킨 엄격하면서도 자상하신 부모님과 같은 존재이다. 저마다 살아가는 방식은 제각각이겠지만 우리의 인생을 안전과 행복을 책임지고 운항해야 하는 사람은 다름 아닌 우리 스스로이다. 전세계를 무대로 서비스 정신을 펼치는 항공승무원이 되기로 마음먹은 이상, 앨버트로스처럼 기운찬 모습으로 활공하는 비행 인생의 주인공이 되어보라고 강조하고 싶다.

이번 개정 증보판에는 하나의 챕터가 추가되었다. 필자가 지난 16년간 항공업계에 몸담으며 깨달았던 항공승무원으로서의 자세에 대하여 정리했다. 필자의 다른 저서에서 소개했던 영어면접 기출질문과 적당한 예시 답안도 부록으로 추가했다. 기업의 비전과 조화를 이루며 한국인의 긍지를 드높일 수 있는 많은 인재들이 이 책을 읽으며 단단하고 성숙한 서비스 마인드로 재무장하기를 바란다. 독자 여러분의 꾸준한 애정과 관심에 다시 한 번 머리 숙여 감사드리며, 『서른 살 승무원』은 2022년 「카타르 월드컵」 이후의 역동적인 미래를 향하여 희망찬 날개를 펼쳐본다.

지 병 림

사막에서 꿈을 긷는 자 되기를

최근 다양한 분야에 걸쳐서 우리 나라의 젊은 인재들이 활발하게 세계로 진출해 나가고 있습니다. 이것은 21세기 글로벌 시대를 사는 우리 한국인들에게 매우 고무적인 일입니다. 항공사 승무원 역시 세계무대 진출의 큰 역할을 담당하고 있는 분야로 자리 매김한 지 오랩니다. 카타르와 UAE등 세계 최고 수준만을 상대한다는 아랍의 메이저급 항공사에서 우리의 젊은 재원들을 대거 채용해 항공 서비스 산업의 중추에 배치하고 있는 것은 한국인의 능력을 높이 평가하고 있기 때문이라고 생각합니다. 이 책의 저자도 현재 카타르 항공사의 중견 직원으로 근무 중에 있는 세계 속의 자랑스러운 한국인입니다.

흠모의 대상이 되는 만큼 항공사 승무원 시험은 경쟁률이 매우 높은 것으로 알려져 있습니다. 그리고 한 두 번의 실패에 좌절해 중도에 포기하는 응시생들도 많을 것입니다. 그러나 저자는 자신의 경험담을 일종의 소설 형식을 빌어 소개하면서 결코 꿈을 포기하지 않도록 권유하고 있습니다. 어려움을 겪은 사람만이 다른 사람의 어려움을 이해해 줄 수 있을 것입니다. 이 책의 주인공도 시행착오를 겪으며 노력 끝에 드디어 소망하던 항공사 승무원으로서의 꿈을 이루게 됩니다. 그렇기 때문에 더욱 이 책에 공감하는 독자들이 많을 것입니다. 실제로 이 책의 많은 부분에는 주인공의 사회 생활 분투기로 여러 어려움을 극복하는 과정이 그려져 있습니다.

　이 곳 카타르도 대부분 아랍 국가와 마찬가지로 국토의 거의 대부분이 사막으로 되어 있습니다. 그렇지만 이곳도 사람이 살만한 아름다운 곳임에 틀림없는 이유는 국적이나 성별, 종교를 떠나 좋은 사람들이 많이 있기 때문일 것입니다. 사막은 오아시스가 있기 때문에 아름답다는 말과 같이 좋은 사람들은 오아시스와 같은 존재가 아닌가 합니다. 이 책에는 꿈을 좇는 주인공에게 힘이 되어주는 많은 멘토들이 가족, 친구, 상담원, 남자친구의 이름으로 등장합니다. 아마도 이 세상은 이런 멘토들이 있기 때문이 아직 희망적이라고 할 수 있을 것입니다.

　저자는 꿈을 달성하는 원리는 꿈을 이루기를 얼마나 간절히 바라고 열망하느냐는 마음에서 시작된다고 말합니다. 우리가 익히 잘 알고 있는 '피그말리온의 전설'이 각자의 가슴에 얼마 만큼의 열정의 부피로 가공되느냐에 따라 꿈의 성취 시기는 달라진다고 전하고 있습니다. 또한 주인공은 쉽게 이루어질 듯 하면서도 어렵사리 달성되지 않는 목표점 앞에서 괴로워 할 때 마다 포기하거나 좌절하지 않고 끝까지 자신의 저력을 믿습니다. 저자가 꿈을 이루게 된 것은 인생의 올바른 원칙을 세우고 이것을 포기하지 않고 끝까지 지키는 사람이 결국 소원을 이루게 된 좋은 실례라고 할 것입니다.

　자신의 경험과 지식을 다른 사람들에게 나누어 주려는 마음은 매우 소중한 것입니다. 하루 기온이 40도를 웃도는 사막의 나라에서 바쁜 비행스케줄 가운데 잠을 줄여 가며 원고를 집필해 낸 저자의 노고에 격려의 박수를 보냅니다. 아무쪼록 이 책이 실패를 겪고 잠시 방황하는 수많은 꿈꾸는 젊은이들이 다시 용기를 내어 성공의 길로 나설 수 있도록 해주는 좋은 멘토가 되어 주기를 바랍니다.

주카타르국 대한민국대사관
전)대사 정기종

꿈을 이루려는 용기만 있다면

At about age seven, I remember seeing my aunt off to flight at the airport. She was immaculately groomed, donned a smart uniform and I wondered how elegant and important she looked working on the airplane. Ever since that moment was seared in my memory which inspired me to realize my dream of becomingcabin crew. To me, it wasn't just a job-it was a life!

제 나이 일곱 살 무렵, 항공사 승무원이었던 이모를 배웅하던 기억이 지금도 생생합니다. 당시 이모는 세련되고 단정한 유니폼 차림으로 막 비행기에 오르고 있었습니다. 저는 이모를 배웅하던 그 날 이후로 줄곧 그 날의 멋진 감격을 잊을 수 없었습니다. 그리고 저 역시 멋진 승무원을 꿈꾸고 있다는 사실을 깨달았습니다. 저에게 승무원이란 단순히 직업 이상의 의미를 넘어 제가 꿈꾸는 하나의 성공적인 삶의 표상이었습니다.

The mere mention of the cabin crew job conjures up images of jetting away to an exotic Maldivian Island or skiing in the majestic Alps. Of course the job itself is not always glamorous, but most people do not possess the mobility of the cabin crew to see the world while they are still young enough to enjoy it.

'승무원'이란 단어를 떠올리는 것 자체만으로도 이미 제 마음은 이국적인 정취가 넘치는 말디브의 아름다운 섬이나 장대한 알프스 산맥의 한 가운데 달려가 있었습니다. 물론 승무원의 삶이 우리의 동경이나 환상처럼 언제나 멋진 것만은 아닙니다. 하지만 대부분의 사람들이 승무원이란 직업을 젊어서 잠깐 전세계를 자유롭게 여행할 수 있는 직업 이상의 특별한 것으로 받아들입니다.

What is about a cabin crew that makes little kids longingly stare and adults charmed and envious? Could it be the lifestyle and freedom to jet away to faraway places? the uniform? the star quality of these chosen few?

그렇다면 무엇이 7살 난 어린 아이의 가슴에 이토록 깊은 동경과 열정을 불러일으켰을까요? 전세계 방방곳곳을 마음껏 여행할 수 있다는 생활과 자유로움이었을까요? 아니면 단지 유니폼이 그럴듯해 보여서였을까요? 승무원이란 직업의 몇 가지 스타성 때문이었을까요?

The cabin crew job holds wide appeal and it is commomplace for cabin crew to be male or female, young or older, married or single, any race, even parents. Anyone who has never experience a cabin crew career will never comprehend just how powerful it is. Cabin crew are very close comrades as a result of having this unique passion in common. There is a wide belief that the job is a daring and unusual dream experience: cabin crew are considered to be gusty individuals who regard the world as their playground.

많은 사람들이 남녀노소를 불문하고 승무원의 세계를 동경합니다. 기혼이든 미혼이든 또한 인종을 불문하고 심지어 우리 부모님 세대에서도 환호가 대단합니다. 그러나 승무원의 세계를 직접 경험해 보지 않고서는 이 직업의 매력과 힘을 제대로 이해한다고 보기 어렵습니다. 비행을 통해 끈끈한 동료애와 특유의 열정을 공유한 승무원들의 우애는 상당히 두텁습니다. 이 직업은 담대할 뿐 만 아니라 특별한 꿈의 경험으로 받아들이게 하는 어떤 광범위한 믿음이 있습니다. 승무원들은 전세계를 자신의 무대로 삼고 기운차고 활발하게 활동하는 직업군으로 인정받고 있습니다.

Many seem to think the job is glamorous. For instance walking through the terminal in a large group of other crew is quite fun. I used to travel to and from work in my uniform and get looks and questions. It is always a talking point when people ask you what you do for a living. Of course, those who fly know that in reality the job is hard work, sometimes with long hours and grouchy customers. It is difficult to find the glamour in your job when you are down on your hands and knees in the galley, going through meal carts looking for someone's lower dentures they left on a tray! Or working a 14-hour day due to a mechanical delay. or dealing with a planeload passengers during heavy turbulence. These things are all part and parcel of the job.

But the fun and excitement far outweighs these things.

많은 사람들이 막연히 승무원이란 직업은 매우 매력적이고 황홀할 것이라고 생각하는 것 같습니다. 공항에서 당당하고 멋진 워킹으로 무리지어 걸어가는 승무원들을 보면서 사람들은 동경과 선망을 갖습니다. 저 역시 유니폼을 입고 공항을 오가면서 많은 시선과 질문을 한 몸에 받곤 했습니다. 직업이 뭐냐고 물을 때면, '승무원'이란 제 대답은 언제나 화제의 중심이 되었습니다. 물론 비행을 해보신 분들은 아시겠지만 이 직업은 매우 고된 것이 사실입니다. 장거리 비행을 뜬눈으로 견디기도 해야 하고, 때때로 까탈스러운 승객 때문에 애를 먹기도 합니다. 기내 주방에서 손과 무릎에 바닥에 닿도록 엎드리고 일어나는 일을 반복하면서 직업의 황홀감을 느끼기란 어렵습니다. 무거운 카트를 끌고 캐빈으로 힘차게 나가야만 하고, 승객의 잃어버린 틀니를 찾기 위해 동분서주하다 결국 승객의 식사쟁반에 있었던 것을 알게 되었을 때의 기분은 어떻겠습니까. 혹은 기계적 결함으로 하루에 무려 14시간의 비행이 연착된다거나 혹독한 이상기류 속에서 기내 승객을 일일이 돌보는 일 역시 그리 황홀하다고만은 할 수 없을 것입니다. 그러나 이는 모두 이 직업의 고작 일부에 불과한 이야기입니다. 이 직업을 통해 얻을 수 있는 보람과 재미와 흥미는 이루 말로 다 할 수 없습니다.

The charisma has as much to do with the look of the cabin crew as the places they travel. These sharply dressed men and women who serve you meals or beverages in the air seem to be the epitome of romance; what will they do when they are off duty? Shop in rome? Party in Frankfurt? Catch a broadway show in New York? Tour the Pyramids or Catacombs? What celebrities do they commonly meet and what interesting stories could they tell about these people?

비행하는 승무원들이 발산하는 아름다운 모습은 굉장한 카리스마를 가지고 있습니다. 단정하고 맵시 있게 유니폼을 차려 입은 남녀 승무원들이 기내에서 식사 서비스를 하는 모습 하나만으로도 승객들은 나름대로의 로맨스를 꿈꿉니다. 승무원들은 비행이 없는 날 뭘 하면서 지낼까? 로마에서 쇼핑을 할까? 프랑크 푸르트에서 파티를 즐길까? 아니면 뉴욕에서 브로드웨이 공연을 관람할까? 이집트의 피라미드나 로마의 지하 동굴을 찾아 나설까? 어떤 유명 인사들과 주로 어울리며 사교활동을 하는지 또 어떤 흥미진진한 이야기 거리를 감추고 있을 지 사람들은 참으로 많은 궁금해합니다.

Each airline has and unique uniform, smartly tailored, complete with the airline logo. Training or sometimes long and arduous. trainees must not only be strong and resourceful but intelligent, healthy and energetic to graduate. Possibly the most important component of the aura of mystery surrounding the cabin crew is the fact that which is difficult to obtain is often the most coveted. Not just anyone can become a cabin crew; thousand of cabin crew wannabes apply for these jobs every month, but few are chosen. statistics show that on average, less than 10% of those who apply are selected for the job.

각 항공사는 고유의 로고가 새겨진 멋진 디자인의 유니폼이 있습니다. 유니폼을 입고 비행을 하기까지 승무원 교육은 매우 길고 고됩니다. 교육 내내 승무원들에게는 강한 정신력 뿐 아니라 풍부한 기지와 총명한 두뇌가 요구됩니다. 건강하고 열정적으로 무사히 트레이닝을 마친 자만이 마침내 항공사 유니폼을 입고 실제 비행에 투입될 수 있습니다. 사실 승무원이란 직업을 향한 동경과 선망의 가장 중요한 요소는 원한다고 아무나 쉽게 될 수 없다는 희소성에 있습니다. 매달 수천명의 지원자들이 응시하지만 합격하는 숫자는 아주 소수에 불과합니다. 통계에 따르면 통상 전체 응시생의 10%만이 기회를 얻습니다.

What separates the people chosen from the ones left behind? That is part of the magic, and sometimes it is not something that can be even put into words. After meeting the requirments, applicants must convey a certain persona to the recruiter, and the recruiters are adept in discovering those who have what it takes. Some cabin crew are in the job for life and stay till retirement or take up management position at the airline. some cabin crew do it after university for a couple of years. but whatever you choose to do, enjoy the great experience!

그렇다면 선택된 자와 그렇지 못한 자를 가르는 차이는 어디에서 오는 걸까요? 그것은 마법이라고 할 수 있습니다. 말하자면 말로 설명할 수 없는 어떤 힘입니다. 일정한 자격요건을 갖춘 응시생들을 선발하면 그들은 나름대로의 자질을 피력하기 위해 최선을 다합니다. 그리고 면접관들은 누가 적임자인지 아닌 지를 판가름하는 데 매우 숙련된 사람들입니다. 그 과정에서 열정이 전달되었느냐 아니냐가 바로 마법의 힘이라고 할 수 있습니다. 어떤 승무원들은 정년퇴직하는 날까지 비행을 평생의 업으로 삼기도 하며, 혹은 항공사의 경영 관리직으로 전환하기도 합니다. 또 어떤 승무원들은 대학을 졸업하고 1 경험삼아 1-2년 정도 비행하다 그만두기도 합니다. 그러나 어떤 선택과 결정을 하든 간에 항공 승무원으로 살았던 시절만큼은 멋진 추억과 열정을 선사하는 굉장한 축복이 아닐 수 없습니다.

Walt Disney once said "All our dreams can come true- if we have the courage to pursue them." It could be tough for starters to break into the career but keep trying and don't give up. So prepare to take on one of the most rewarding jobs in the world and realize your dream of becoming a cabin crew. Best of luck!

월트 디즈니는 "꿈을 이루려는 용기만 있다면 우리가 꾸는 모든 꿈은 이룰 수 있다."고 말했습니다. 승무원이란 멋진 꿈을 이루는 과정이 고되고 어렵더라도 끝까지 꾸준히 도전하십시오. 절대로 포기하지 말고, 이 세상에서 가장 멋진 꿈의 하나인 승무원이 되기 위해 준비하십시오. 그러면 머지않아 승무원의 꿈을 이룬 여러분의 모습과 만날 수 있을 것입니다. 이 책을 읽으시는 여러분 모두에게 반드시 합격의 영광이 있기를 바랍니다.

Training Manager of Qatar Airways

Aniq Jason Tan

카타르항공 매니지먼트, 앤티크 제이슨 탄

When you really want something,
All the universe conspires in helping you to achieve it.
—『Paulo coelho 『the alchemist』—

당신이 무언가를 간절히 원하면,
온 우주가 하나가 되어 원하는 것을 얻도록 도와준다.
— 파울로 코엘료, 『연금술사』 중에서 —

Chapter1

꿈의 서곡(序曲)

해고

　다락방만한 강의실에 원장과 부원장을 앉혀놓고서 영어 문장의 5형식을 설명하게 된 것은 전화를 넣은 지 한 시간 만의 일이었다. 원장과 부원장이 나란히 앉아 말 잘 듣는 학생 행세를 한다. 학원 규모만큼이나 아담한 체구의 원장과 부원장은 나쁘지 않게 나를 평가하는 눈치다.

　'소망보습학원 영어강사 급구'

　벼룩시장에 공고를 낸 무수한 학원들 가운데서 군이 이 학원을 선택한 것은 순전히 집과 가까운 거리 때문이었다. 마을버스 한 번만 타면 정거장에서 그리 멀지도 않았다. 나는 프로강사의 이미지를 전하기 위해 빨강, 파랑, 노랑색 분필을 색깔별로 준비해서 중요한 맥락에 닿을 때 마다 색색깔로 별표를 그렸다. 판서를 하면서 목소리를 낼 때마다 몇몇 대기업과 알만한 중소기업를 향해 이력서를 품고 드나들던 불과 한 달 전의 내 과거가 주마등처럼 스쳐갔다. 인생에서 내가 지키고자 했던 기본은 한 우물을 파는 것이었다. 기본에만 충실하려는데 그마저 쉽지가 않았다. 서류전형에서 줄줄이 낙방하고 결국 분필 가루를 마시며 목이 터져라 시강을 하고 있는 내 모습이 문득 서글퍼진다. 아무리 발버둥을 쳐봐야 결국 돌아오게 될 곳은 이 조용한 동네의 다락방 같은 학원이었다.

"아이들이 좋아할 인상이세요. 잘 웃으시고."

원장이 입을 떼자 부원장 여자가 살며시 눈을 흘긴다.

"강의경험은 얼마나 있으세요?"

부원장이 내 이력서를 넘기며 물었다.

"처음입니다."

이 대목에서 그들은 결정적인 호감을 퍼붓기로 결정했는지 모른다. 학원가의 강의료 시세를 헤아릴 리 만무한 햇병아리, 기십만 원만 쥐여줘도, 어쩌다 몇만 원만 올려줘도, 감사히 여기리란 기대가 한몫했을 것이다. 아무려면 어떠랴. 아침에 눈을 뜨고 출근할 곳이 생긴다는 사실만으로도 내 삶을 궤도 위에 올려놓는 기분이 들 것만 같다.

나는 오전 열시면 일어나 샤워를 하고, 늦은 아침을 지어 먹었다. 인터넷 검색을 하다가 오후 1시가 되면 학원에 나갔다. 아이들이 오는 시간에 맞춰서 강의를 시작하고 나머지 일정을 모두 마치면 저녁 7시가 다 되었다. 그 많은 날들은 아무 일도 일어나지 않은 채 조용히 흘러갔다. 간혹 극성맞은 학부모가 원장에게 전화를 걸어 담당교사가 우리 아이의 질문에 성의 없게 답을 해서 서운하다는 식의 불만을 토로하곤 했지만 크게 마음에 담아두지 않았다. 날이 더해갈수록 내 인생이 소박하고 단출해지고 있다고 생각했다. 묵묵히 살고 있으면 인정하는 것과 다를 바 없었다. 적어도 학원에 출근한 지 일주일째 되던 날 원장이 나를 부르기 전까지만 해도 말이다.

"온선생님, 잠깐 원장실로 내려오시겠어요?"

마지막 수업이 끝나는 시간에 맞춰 원장은 나를 불렀다. 학원에 대한 별다른 불만이 없었으므로 아무런 두려움도 없이 깡총깡총 계단을 구르며 아래층으로 달려갔다. 원장실 문을 열었을 때 원장은 새하얀 봉투를 테이블 위에 얌전히 내려놓고 기도하듯 숨을 고르고 있었다.

"선생님…. 죄송하지만 내일부터 그만 나오셔도 될 것 같습니다. 이건 그동안 강의하신 강의료입니다."

"네? 대관절 무슨 말씀이신지…."

아닌 밤중의 홍두깨도 분수가 있는 법인데, 도저히 영문을 헤아릴 길이 없는 나는 원장의 얼굴만 뚫어지게 바라보았다.

"선생님께서 그동안 애쓰신 건 감사하게 생각하고 있어요. 하지만 저희 학원과는 맞지 않으신 것 같다는 판단을 내렸습니다."

업무적 상황에서 내가 조직과 맞지 않는다는 것은 경우의 수를 줄여볼 수 있으니 그 원인분석에 소요되는 시간을 단축시킬 수 있겠다. 첫째로 내가 언제 지각을 했는가? 아니다. 뭐 다른 사람만큼 30분 일찌감치 나와 책상에 물걸레질도 하고, 직장 다니는 엄마가 비운 집을 피해 학원에 일찍 나와 있는 아이들과 놀아주기까지 한 것은 아니지만 명백히 지각은 단 한 번도 한 적이 없다. 둘째로, 내가 수업을 못했는가. 신설 학원이라 당분간 과목별 담당교사가 모자라다는 이유로 영어면 영어, 수학이면 수학까지 똑떨어지게 해냈다. 판서를 하는 순간이면 흑판이 고정된 벽 너머로 나의 수업을 엿듣고 있는 원장과 그 측근들의 숨죽인 소리가 고스란히 전해져왔음을 나는 놓치지 않았다. 도대체 뭐가 문제란 말인가.

"안 맞는다니요?"

"선생님은…, 너무 화려하세요."

"……."

지금까지 내가 화려하다는 생각은 해 본 적 없다. 설사 그렇다손 치더라도 이건 부당하다. 학원에 공연히 해를 입힌 것도 아닌데, 이런 말 같지도 않은 이유로 해고를 당한 다는 것은 명백히 위법이다.

"화려…하다니요? 대관절 무슨 말씀이신지…."

"선생님이 착용하신 귀걸이, 옷차림, 게다가 매니큐어, 립스틱 색깔까지 모두 저희 학원 분위기와 맞지 않습니다."

붉은 장밋빛으로 반짝이는 내 손톱을 내려다보았다. 때가 드러난 손톱을 그대로 내놓고 있는 원장에 비한다면야 단정하기 그지없었다.

"저는 도대체 무슨 말씀을 하시는지 모르겠어요."

"선생님, 고무장갑 끼고 물걸레질 하라면 할 수 있어요? 저희는요 맨손으로 걸레 빨아서 바닥청소하고 그래요."

"…바닥청소요?"

"거봐요! 못 하시잖아요?"

"아니, 제가 언제 학원 청소 못 하겠다고 한 적 있어요? 못 하긴 왜 못 해요? 제가 청소를 얼마나 잘 하는데요? 아니, 도대체 사람을 뭘로 보고 그렇게 함부로 판단하시는 거에요?"

"전 늘 소신대로 학원을 운영해왔습니다. 다들 수수하고 소박하신 분들인데, 암튼 선생님 오시고 나서는…. 밝고 명랑한 건 좋지만…. 제가 추구하는 학원 분위기를 흐리는 것 같아 걱정스러웠습니다. 어쨌든, 죄송하게 됐습니다."

원장이 먼저 자리를 뜨고 원장실 밖으로 사라지자 무덤처럼 어두운 방안에 나만 덩그러니 남았다.

정거장에서 147-2번 마을버스를 타고 지하철역으로 향하면서 나는 화려함에 관하여 생각했다. 화려하다…. 화려하다…? 내가 화려하다? 손거울을 꺼내 아무리 들여다봐도 귓불에 착 박혀있는 귀걸이나 옷차림 때문에 화려해 보이진 않는 것 같다. 설사 그렇다 치자. 그렇다면, 애초에 쓰기는 왜 쓰냐? 자세한 내막이야 모르지만 아무튼 결과적으로 나는 또다시 사회가 수용하기 원치 않는 잉여인간이 되고 말았다. 버스가 승객을 내리고 싣기 위해 급정거 할 때마다 울렁울렁 차창에 이마가 부딪혔다. 사회에 적합한 인간이 되기 위해서는 나를 송두리째 개조해야만 되는 걸까? 체질도 바꾸고, 사고방식도 바꾸고, 내가 원하는 게 있으면 과욕으로 간주해서 일찌감치 단념하며 적당히 맞춰가야 인정받을 수 있는 걸까. 그게 아니라면, 혹시 나는 인생을 정면으로 바라보는 법을 모르고 있는 게 아닐까? 뭔가 단단히 착각하고 있는 건 아닐까? 잉여인간! 나도 모르는 사이에 콧잔등 밑으로 또르르 눈물이 고였다. 아랫입술을 지그시 깨무는데 턱선이 전기에 감전된 듯 전율했다. 내가 착각한 나머지 맹점을 놓치고 있을 지도 모른다고, 모든 걸 내 탓으로 돌려도 억울한 심정은 달라지지 않았다.

집으로 돌아온 나는 화장솜 두 장을 손가락에 끼워 클린싱 오일을 적셨다. 눈물로 번진 아이라인을 지긋이 내려누르고 남은 눈물을 짜냈지만 눈물은 끊이지 않고 수도꼭지처럼 새어나왔다. 입술을 닦아낸 다음 아세톤을 적셔 장밋빛 매니큐어도 말끔히 지워냈다. 학원에 나갈 때 매니큐어를 덧발랐던 건 사회생활을 하는 예의라고 생각했기 때문이지 결단코 튀어보고자 함이 아니었다. 샤워기에서 터져 나오는 뜨거운 물을 정수리부터 맞으며 아프게 눈을 감는다. 내 의지와는 상관없이 들이닥치는 해고! 어찌하여 내가 속하고자 하는 사회는 나를 온전히 받아주지를 않는단 말인가. 잉여인간! 이럴 땐 차라리 세상이 천둥번개 치는 밤에 머리끝까지 뒤집어 쓴 이불 속 같으면 좋겠다.

완벽한 백조신분으로 돌아가면서 좌절감은 더해갔다. 모아둔 돈이라곤 지금 깔고 앉은 7000만원짜리 전세 오피스텔과 내가 뽑자마자 단종이 돼버린 1300CC 차 한 대가 전부다. 전세금 중 4000만원은 아버지의 돈이다. 무슨 일이 있어도 언젠가는 갚아야 한다. 자립의 구색을 맞추기 위해 뽑긴 뽑았는데, 차를 굴리는 순간부터 저축이 사치에 가까워져버렸다. 해마다 오르는 자동차세에다 유지비며 주차비, 보험료가 잊어버릴만 하면 한 번씩 두통을 안겨준다. 차 생각만 하면, 늘 머릿속 한켠이 지끈거린다. 팔아버리자니 본전도 못 건질 것이 뻔했다. 맨 처음 오너드라이버가 됐을 적만 해도 선글라스를 끼고 한강변을 유유히 달리다 보면 세상을 다 가진 것 같았는데 말이다. 이젠 이 소소한 행복마저 주제 넘는 일이 되었으니 실속도 없이 포장에만 과다하게 신경 쓴 선물꾸러미가 따로 없었다.

그러고 보니 소개팅이 들어온 지도 꽤 된 것 같다. 최근까지 만나오던 명목상 남자친구는 성탄절, 발렌타인데이, 친구 결혼식과 같은 공식적인 행사에만 대동했기에 붙여진 이름이다. 나머지 날은 서로 뭘 하고 돌아다니는지 일일이 알려들지 않을뿐더러 시시콜콜 서로 보고하지도 않았다. 4년을 이어오던 관계가 어느 순간 위장부부와 다름없다는 자각이 들었을 때 우리 가슴에 남은 것이라곤 식어 빠진 열정뿐이었다. 크리스마스 날은 와인 두 잔에 내가 좋아하는 치즈 케익

한 조각을 나누어 먹고는 눈 오는 길거리를 하릴없이 걸었다. 딱히 할 일이 없다고 판단한 무렵, 그가 말했다.

"추운데 집에 가서 뭐라도 시켜 먹을까?"

그가 말하는 집이란 내 오피스텔이다. 그날따라 도시가스 배관이 동파돼 집안이 냉골이었다. 집이라고 누구를 들일만한 형편이 아닌데다 크리스마스 같은 특별한 날을 집안에 갇혀 '시켜먹기'로 때우자는 오랜 연인의 게으른 발상을 이해하자니 갑자기 짜증이 났다. 중국집, 피자, 치킨, 보쌈의 범주를 넘어서지 못 하는 크리스마스라니! 크리스마스 약속을 잡았던 지난 일주일 전 이후로 제대로 된 전화 한 통 걸어오지 않은 걸 생각하면 괘씸하기 짝이 없었다. 그래서 "아! 몰라. 피곤해! 먼저 들어갈래!"라고 신경질적으로 받아쳤다. 그렇게 헤어진 이후로 연락두절이다.

"누리야, 너 어제 전화했었니?"

보름째 되던 날 그에게서 전화가 왔다.

"아니! 왜?"

"부재중 수신 전화가 와 있길래…."

"네 팬인가 보지? 그걸 왜 나한테 물어?"

"별 일 없지?"

"없어. 더 할 말 있어?"

냉전 분위기가 좀처럼 풀릴 기미를 보이지 않자 마침내 그가 말했다.

"야! 너 뭘 믿고 그렇게 뻣뻣하게 굴어?"

"뭐라구?"

"너 내년이면 서른이야 서른! 여자랑 남자랑 똑같은 줄 알아!"

더 이상 현실에 안주해서는 안 된다는 화산과도 같은 결심을 안겨 주었던 발단의 말이 마침내 그의 입에서 나와 버린 것이다. 그래, 넌 생각하는 게 그 모양 그 꼴이니까 여태 빛을 못 보는 것이다. 일주일에 한번 의무적으로 만나서 밥 먹고 차 마시고, 어떤 날은 한강공원 잔디밭에 돗자리를 깔고 누워서 아무 말도 없이 누워 있다가 혼자 사발면에 뜨거운 물을 부어서 안경에 김이 서리도록 먹은 후에 멍하니 나를 올려다보며 물었다.

"너 저녁 안 먹었어? 진작 말을 하지…."

혼자 사발면으로 저녁을 때우는 처지에 창밖으로 섹시한 여자가 지나가면 운전하다 말고 이렇게 말하기도 했다.

"이야, 괜찮은데?"

돈의 융통이라곤 당장 카드밖에 해결할 방도가 없는 사람이 새로 나온 전화기, 차종, 네비게이션은 줄줄이 꿰고 다니면서 어떻게든 돌려막기로 6개월에 한 번씩 기종을 갈아치웠다. 뭘 하나 사면 너덜너덜 떨어질 때까지 쓰는 법이 없었다. 우리 사이에 설레임과 기대가 증발된 지는 이미 오래, 어디서 무얼 하고 다니는지를 묻고 궁금해하는 시간조차 성가시게 느껴졌다. 마지막 순간에 근대적이게도 여자 나이 운운하면서 악담이나 퍼붓는 수준의 남자였다니. 나는 심하게 도리질을 치며 전화기를 가방 깊숙이 집어넣었다.

승무원 사주

　대학로로 발길을 잡은 나는 사주, 궁합, 택일이 깃발처럼 펄럭거리는 소라 모양의 작은 천막 안으로 기어 들어갔다. 점을 보시는 분은 마침 캠핑용 버너에 라면을 끓여 늦은 아침 끼니를 때우려던 모양이다. 천막 가득 진동하는 라면 냄새에 코끝을 쿵쿵거리며, 도로 걸음을 물리려 하자 그는 잽싸게 버너를 한 쪽으로 밀어내며 말한다.

　"아가씨! 반값에 봐 줄게. 지금 고비를 잘 타면 하늘을 날 관상일세 그려. 나중에 후회하지 말고 내 얘기나 좀 들어봐."

　그리하여 나는 혹시나 하는 마음으로, 라면 냄새를 뒤집어쓰면서 간이 의자 위로 고단한 엉덩이를 내려놓았다. 이력서 봉투가 뒹굴고 있을 핸드백을 가슴에 끌어안고 출생연도와 태어난 시(時)를 읊는다. 이렇게라도 하지 않으면 한 치 앞도 내다 볼 수 없는 운명의 장난에 언제까지고 농락당할 것만 같다.

　"음…. 올해 스물여덟이라…. 집 안에 갇혀 있으면 자꾸만 속이 끓어 괴로운 노릇이고, 어디론가 여행을 꿈꾸지만 이 좁은 땅에서는 아무도 알아주려 하지 않으니, 마음의 짐이 더욱 무거울 수밖에…"

　"아니! 그걸 어떻게…!?"

가려운 곳에 득실거리는 진균을 몽땅 잡아 준 것 같아 놀란 나머지 두 눈이 더욱 휘둥그레진다.

"아가씨, 지금 무슨 일 해?"

"어제까지 학원에서 애들을 가르쳤죠."

"어디 보자! 언제나 사람들한테 빙 둘러싸여 있어. 음…. 걱정 마! 이동수가 많아. 조만간 괜찮은 일자리로 또 이동하게 생겼어."

"이동수가 많다니요?"

"전생에 한 마리 새였으니 새처럼 날아야 돼."

새? 이동수? 이건 또 무슨 소리지? 그럼, 한 직장에 오래 머물지 못하고, 이렇게 난데없이 정리해고 당하는 게 팔자소관이란 말인가?

"새라니요? 대관절 무슨 새를 말씀이신지…?"

"진정해…. 한평생 새처럼 원하는 곳을 훨훨 날아다니는 격이니 이보다 좋은 풀이는 없어. 그러나 제 자리를 찾을 때까지 본의든 타의든 직장을 자주 옮기는 격이고, 한군데 고여 있으면 뭘 해도 괴로울 뿐이니 자신의 운명을 찾아야 돼. 그럼, 마침내 새가 될 수 있다네!"

아침부터 새가 되라니…. 아무래도 라면발이 위장을 내려가다 체한 게 분명했다.

"어떻게 이 달 안에 새 일자리를 찾겠어요? 말겠어요? 그런 거나 좀 속 시원히 말씀해보세요. 새 같은 소리 좀 제발 그만 집어치우시구요."

시건방지게 받아친 것은 아무리 좋게 해석하려해도 와 닿지 않는 그의 사주풀이가 영 성에 차지 않았기 때문이다.

"그걸 본인이 찾아내야지, 이 사람아!"

"그걸 모르겠으니까, 지금 여기 온 거잖아요."

최대한 인내심을 발휘해서 침착하게 말을 뱉었다.

"아! 나 정말 미치겠네! 더 이상 무슨 말을 듣기 원해? 새가 된다니까! 거 참 새파랗게 젊은 아가씨가 말귀를 못 알아듣네."

아저씨는 버럭 고함을 지르며 뒤로 물러나 앉았다.

"아저씨, 점 보는 사람 맞아요?"

"내가 철학하는 사람이지 박수무당은 아니네! 성질머리가 그렇게 생겨먹었으니 여태 제 팔자를 못 살고 있는 거야! 이 사람아!"

"아저씨 팔자는 어떻고요?"

또 한 번 싸가지 없이 받아친 건 그 동안 들이닥친 일련의 상황들 앞에서 공연히 피해의식이 들었기 때문인 지도 모른다. 그래도 내 걱정이 돼서 점쟁이가 진심으로 쓴소리를 할 때는 '그런가 보다' 하고 침묵으로 일관했어야 했다.

"무슨 점괘가 그래요? 다 됐구요! 오늘 운세나 봐주세요. 오늘 면접 보러 남쪽으로 갈 건데 어떻게⋯ 되겠어요? 말겠어요? '예', '아니오'로만 간단명료하게 답해주세요."

나는 끓어오르는 짜증을 억누르며 최대한 침착하게 말했다.

"인간 나이 서른을 맞이할 시점이면, 지혜를 발휘할 줄도 알아야지! 운명이란 건 마음가짐에 따라 얼마든지 달리 해석할 수 있는 거야. 눈앞에 벌어지는 현상만 보고 성급하게 운을 그르치지 말고 지혜롭게 삶을 개척해 나가기 바라네. 그렇게만 하면 아가씨는 큰일을 하면서 천수를 누릴 수 있어. 넓은 세상을 향해서 미래를 즐기며 살게나. 에헴!"

나는 마침내 가방을 집어 들고 벌떡 일어섰다. 라면 구린내가 진동하는 천막에서 엉덩이부터 빼내고 마침내 상체를 일으켜 밖으로 나왔다. 그리고 상쾌한 바깥 공기를 한껏 들이켰다.

"이봐! 아가씨! 복채는 내고 가야지!"

화통을 삶아 먹었는지 목소리 하나 만큼은 천지를 울리고도 남았다.

"누가 안 낸대요? 밖에 나와서 내리려고 그랬죠!"

나는 빽 소리를 지르며 핸드백을 열었다. 엄마가 점심값으로 찔러준 세종대왕님이 이렇게 허황된 곳에 쓰이고 있다는 사실을 안다면 어떤 심정일까. 따뜻한 국물이 있는 설렁탕이라도 사먹고 어서 빨리 힘을 내기를 바랐을 엄마 마음을 떠올리니 불효도 이런 불효가 없다."만원 더 내!"

내 마음은 안중에도 없이 아저씨가 앓는 소리를 하기 시작한다.

"아까는 반값에 봐준다면서요?"

"아, 나 정말 아침부터 미쳐버리겠네. 아가씨 때문에 내가 도대체 똑같은 소리를 몇 번이나 반복 했는지 알기나 해? 만 원짜리 한 장 갖고 안 돼. 아이고! 목 아파라."

부들부들 떨리는 손으로 나는 마지못해 지갑을 열었다. 불어 터진 라면을 다시금 휘적거리는 아저씨를 보자니 안쓰러운 마음이 들었던 것이다.

"여기요!"

속시원한 묘안 하나 얻지 못한 채 눈뜨고 코를 베인 기분으로 한심한 눈빛으로 나를 바라보는 세종대왕님을 버너 옆으로 밀어 넣는다. 뱃속에서 꼬르륵 허기를 알리는 소리가 들렸다. 시간이 벌써 정오에 닿아있었다.

삼각 김밥과 바나나 우유를 사들고, 나는 일단 가까운 피시방으로 자리를 옮겨 수신함의 편지를 차례대로 열었다.

-서울 구로구 위치, 독일계 제약회사 대표이사 비서 모집-
(대졸이상, 독일어 능통자, 운전가능자 우대)

다음은 만약을 대비해서 취업사이트에 등록해 둔 공개 이력서에 대한 답신이다. 이 정체를 알 수 없는 독일계 제약회사의 비서 자리는 한 달 간격으로 올라온다. 아마도 대표이사란 사람의 성질머리를 비서들이 받아내다 못해 급성 위장병과 두통으로 뛰쳐나가는 모양이다. '운전가능자 우대'는 지난달까지만 보이지 않았던 자격요건다. 이젠 운전기사마저 견뎌내질 못하는 모양이다. 나는 냉큼 삭제 버튼을 누른다.

-강남구 대치동 소재의 영어유치원 강사 모집-
(유치원교사 자격증 소지자 우대)

이렇게 영어강사 자리를 가지고, 교사자격증까지 따지는 곳이라면 엄마들의 치맛바람이 거센 곳이다. 엄마들 입단속을 위해서라도 필히 자격증 소지자를 선발할 것이다. 자격증이 없는 관계로 별로 승산 없는 게임이란 판단 하에 조금 아쉽지만 삭제다.

-서울 종로구 위치, 정수기 무역업체 해외영업팀 사원 모집-
(용모단정, 영어능통자 우대)

말이 해외영업팀 사원이지, 혹시 정수기 외판원을 대량으로 선발해서 박봉의 기본급에 구매를 강요하는 악덕업체는 아닐까? 그렇다면 굳이 '영어능통자 우대'에 밑줄을 그어 놓을 필요는 없지 않은가? 혹시나 하는 마음에 전화번호를 돌려본다.

　"실례합니다. 채용공고 보고 전화 드렸는데요. 지금 채용 중인 해외영업팀 대리모집이 언제까지인가요?"

　"아, 그게요… 에… 따로 정해둔 마감은 없고요, 상시 채용이라고 보시면 됩니다. 혹시 외국어는 뭐뭐 하십니까?"

　담당자는 약간의 경상도 사투리를 써가며 친절하게 답해 주었다.

　"영어는 곧잘 하고요, 음…. 제2외국어로…."

　고등학교 때 제2외국어로 2년간 배워둔 빛바랜 중국어를 댈까 말까 고민하고 있는데 그 쪽에서 먼저 받아쳤다.

　"우리 회사가 지금 중국에 공장을 짓고 있는데, 혹시 중국어 하십니까?"

　"네에, 그럼요!"

　"아, 그럼 이력서를 메일로 보내보세요. 면접 일정 잡히면 연락을 드릴게요."

　"아, 네에. 그렇게 하겠습니다. 근데 한 가지만 더…."

　"네에, 말씀하세요."

　"혹시 정수기 판매 같은 건 아니죠?"

　"아, 그게 말이죠. 우리 회사는 딱히 네 부서 내 부서 구분이 없어요. 직원들이 굉장히 열정적이죠. 말하자면, 마케팅이면 마케팅, 세일즈면 세일즈, 해외무역이면 해외무역 전천후라고 보시면 됩니다. 본인한테는 다방면의 업무를 터득할 수 있는 좋은 기회고, 회사 입장에

선 좋은 인재 발굴해서 키우는 격이지요. 본인만 열심히 한다면야 대리로 들어와서 6개월 만에 과장도 되고 이사도 되고 지사장도 되고 좀 좋습니까?"

아무래도 미심쩍다. 다방면의 업무를 스스로 터득해서 대리로 들어와 조만간 이사가 될 수 있다고? 아직 체계가 잡히지 않은 구멍가게만도 못한 신설 오퍼상이거나 유령 회사일 가능성이 농후하다. 그렇다고 내가 지금 삐딱하게만 볼 입장이 아니지 않은가. 지금 찬밥이니 더운 밥이니를 가릴 처지는 아니다. 목구멍이 포도청이라고 정수기를 들고 나가서 팔아오라면 팔아 와야 할 판이다. 최악의 상황에 대비하여 메일을 임시 보관함으로 옮겨 놓는다.

-날개를 달고 싶으세요? 그럼, 저희 '날아요'와 함께 하세요.
당신도 승무원이 될 수 있습니다.

싱가포르 항공, 아랍 항공, 미주 항공, 중국 항공,
한국 항공 캐빈 승무원 모집 중-

이런 스팸메일은 보통 이삼일 간격으로 날아든다. 혹하는 마음으로 국내항공사에 응시를 해 본 경험은 대한민국 여성이라면 누구에게나 있을 것이다. 우리 나라에서 해외여행이 자유화되기 전까지만 해도 젊은 미혼 여성이 자유자재로 해외를 넘나들 수 있는 '승무원'이란 직업은 선망의 대상이었다. 높은 연봉을 자랑하며 서비스 산업의 꽃으로 군림해 오지 않았던가. 아! 소싯적에 '승무원'이란 직업을 넘보던 기억이 지울 수 없는 상처처럼 되살아난다.

면접의 추억

'한국항공 캐빈 여승무원 지원서'

오랜 단짝인 도희의 가슴 속에서 항공사 이력서를 발견했을 때, 나는 도희를 다시 봤다. 바야흐로 IMF가 한반도를 강타하고 잘 나가던 중견사업가가 노숙자로 전락하는 일이 비일비재하던 시절이었다. 젊은 청춘들은 하나같이 일자리를 찾아 눈에 불을 켜고 헤맸다. 구조조정을 강행해 이곳저곳에서 하루 아침에 실직자가 된 가장들이 늘어났다. 한동안 공채 소식이 없던 국내 대형 항공사에서 백만 년 만에 공채를 낸 사실을 나만 까맣게 모르고 있었다니…! 자학과 함께 영문을 알 수 없는 배신감이 몰려들었다.

"야, 구도희! 너 진짜 웃긴다! 나한테 어쩜 한 마디 말도 없이…. 우리 친구 맞아?"

다른 사람도 아닌 구도희가 그런 섬세한 분야에 종사하려는 생각을 맹세코 단 한 번도 해 본 적이 없다. 여고 시절, 검정 뿔테안경에 비듬이 간간이 흩어지는 단발머리를 찰랑이던 도희는 언제나 책만 읽었다. '캔디!캔디!'에서 무협지, 대하소설, 경제전문지까지 어린 여고생이 감당하기엔 좀 무리다 싶은 분야까지 장르를 가리지 않고 두루 섭렵했다. 공부도 나보다 월등하게 잘 해서 내가 충청도에 있는 국립대에 진학했을 때 그녀는 서울에 있는 중위권 대학에 무난히 합격했다. 그 사실을 알았을 때 나는 도희와의 인연이 여기까지 일지도 모른다는 슬픔에 잠겨 방문을 걸어 잠그고 서럽게 울었다. 학력의 격차가 오랜 친구까지 잃게 만들 수도 있다는 슬픈 예감 때문에 대인기피증까지 생길 지경이었다. 그러나 도희는 서울에서 잘나가는 대학생이 된 이후에도 전과 다름없이 나를 대해주었다. 괜찮은 아르바이트 자리도 소개도 해주고, 새 영화나 뮤지컬 티켓이 생기면 제일 먼저 내게 연락하고, 생일이나 명절도 잊지 않고 챙겨주었으며, 남자친구가 생기면 역시나 제일 먼저 알려주었다. 첫 키스를 할 뻔했던 순간, 그러다 결국 해버린 시간과 장소, 포켓용 다이어리에 적어나간 그날그날의 소감까지도 서로 공유했다. 맹세코 단 한 번도 도희 앞에서 작아지는 느낌을 받은 적은 없었다.

"과장이라는 인간 말이지. 다른 남자 직원들도 많은데, 꼭 나한테만 커피 심부름을 시켜. 단지 여자라는 이유로 내가 커피 심부름을 도맡아야만 하는 사회라면 목에 칼이 들어와도 용납할 수 없어. 반드시 자기가 먹을 커피는 자기 손으로 직접 타 마실 줄 아는 푸른 사회를 만들고 말겠어!"

어렵게 얻은 중견기업 인턴직을 삼 일 만에 그만두고 나온 숨은 배경을 이렇게도 설명했었다.

"여성운동에도 관심이 많았던 네가 어떻게 서비스 산업…. 이런 분야는 무지하게 혐오하고 있는 줄 알았는데…?"

나는 믿을 수 없는 눈으로 도희의 입이 열리기만을 재촉했다.

"누리야. 우리 시대는 빠른 속도로 변화하고 있어. 남녀의 역할이

나 경계를 두는 것이 갈수록 무의미해지고 있단다. 더욱이 21세기 정보화 시대로 접어들면서 세계적으로 여성만이 가진 강점이 더욱 빠르게 환영받고 있어. 여자라고 심하게 차별받던 시절에나 여성운동이 급했지. 요즘은 여성스러운 사람이 더 빨리 성공할 수 있는 섬세한 시대란 말이지. 말하자면, 패션과 메이크업, 그러니까 스타일도 경쟁력이다 이거야."

"도희, 너 예전에 커피 심부름 시킨다고 삼 일 만에 회사 그만뒀잖아. 난 비행기를 몇 번 안 타봐서 모르겠지만, 승무원들은 카트가 뭔가 그걸 통째로 끌고 나가서 밥이랑 커피도 나눠 주는 것 같던데…."

"야, 넌 집에서 아버지가 커피 한 잔 타오라면 여자라서 할 수 없다고 끝끝내 고집부릴 거야? 그럴 땐, 딸이니까 군소리 말고 해야 되는 거잖아. 때와 장소에 맞춰서 융통성 있게 조절할 줄 알아야 사회생활이 되겠더라고. 요즘 같은 불경기에 그만하면 고소득 전문직이지. 전 세계로 특급호텔에서 자면서 여행도 다니고, 그러다보면 아무래도 시야가 트이지 않겠어? 여성운동이 뭐 별거야? 열심히 일하면서 자기 커리어 찾아서 남자들한테 뒤지지 않고 살면 되는 거야."

말인즉슨 틀린 말은 아니었다. 세상이 달라지고 있었다. 그 옛날의 관습을 초월해 재능으로 융화하지 못하면 환영받을 수 없는 세상이었다. 이렇게 무서운 속도로 적응을 마치고 목표와 방향까지 확고하게 잡은 도희는 마치 도플갱어 같았다.

"야! 그래도 그렇지, 의리 없이 이러기야? 너 혼자 취업하겠다고, 그렇게 이력서를 가슴팍에 꽁꽁 숨기고 다니냐? 왜 비행기에서라도 만나면 숨어 다니지 그러냐?"

나는 이내 정신줄을 다잡고, 도희의 가슴에 감춰진 두툼한 서류뭉

치를 끄집어냈다.

"아유, 너도 참! 네가 이럴 줄 알고 내가 여분으로 한 장 더 챙겨왔다. 오늘이 마감이니까 야무지게 써서 척하니 접수 시켜라! 됐냐?"

"어이구, 그럼 그렇지. 이 의리 넘치는 것 같으니라고!"

취업과 같은 인륜지대사에 도희가 나를 왕따시킬 리 없었다. 나는 잉크가 번질세라 호호 불어가면서 볼펜을 꼭꼭 눌러 이력서를 채워 넣었다. 사진관으로 달려가 즉석 명함 사진도 예쁘게 찍었다. 서류를 접수시키고, 설레는 마음으로 1차 전형 결과를 기다렸다. 놀랍게도 도희와 나, 모두 합격이었다. 우리는 각자의 이력서를 가슴에 품고, 공항 근처에 위치한 교육훈련원으로 새벽밥을 먹고 달려갔다. 몇 시간에 걸쳐 순번을 기다렸다가 5명이 조를 이루어 면접실에 들어가 질문에 답하고 나온 게 전부였다. 자고로 사람 일은 모르는 법이라 했다. 도희와 나는 설레는 마음으로 합격자 발표를 손가락을 꼽아가며 기다렸다. 그러나 놀라울 것도 없이 도희와 나, 나란히 불합격이었다.

"하긴 우리 같은 몽당연필한테 객실승무원이 가당키나 한 소리냐? 너, 그날 훈련원에 유니폼 입고 지나다니던 승무원들 봤지? 하나같이 늘씬하고 오목조목하게 생겨 갖구서는, 같은 여자가 봐도 얼마나 예쁘던? 그래도 일차 서류전형 통과했다고 혹시나 싶어 미용실 가서 헤어랑 메이크업까지 받았는데…."

전봇대 밑을 구두코로 콕콕 파는 도희의 저녁 그림자가 기다랗게 늘어졌다.

"이 회사 모토가 '배려하는 사람들'이라 안 하든? 신장, 몸매, 얼굴 안 따지고 누구든 배려하셔서 모든 이에게 고루 기회를 준다는 뜻이었던 거야. 아마 서류 전형 떨어진 사람은 하나도 없었을걸…. 우린 그런 배경도 모르고 공연히 들떠서 김칫국을 한 사발이나 들이마셨으니…."

이럴 때 같은 편이 있다는 게 얼마나 다행인지 모른다. 우리 둘 중에 한 사람만 다음 면접관을 만나는 티켓을 거머쥐었더라면, 우린 죄책감과 수치심을 쌍방에서 교란시키며 당분간 얼굴을 볼 수 없었을 것이다.

"나한테는 뭐 별로 물어보지도 않더라…. 그냥 집에 있을 걸 괜히 들러리만 서다 왔네."

우리는 함께 체념하며 순순히 결과를 받아들였다. 뒤탈을 없애기 위해 우리는 즐겨 찾던 곱창집으로 가 머리를 풀어헤치고 앉아 소주 두 병을 남김없이 나눠마셨다. 승무원 면접을 보러 간다고 새벽부터 꽃단장을 하고 다니던 딸이 불과 며칠 만에 머리를 산발한 채로 술주정을 하고 다니기 시작하자 엄마는 모질게도 나의 등판을 여러 번 아프게 후려쳤었다.

"내 인생은 나의 것…!"

그날 목청껏 불렀던 노래가 지금도 생생히 기억난다.

"아이고! 떨어진 게 뭐 자랑이라고, 동네 창피해서 원…. 너 조용히 안 해? 그러게 엄마가 우물가에서 숭늉 찾지 말랬지? 쥐 죽은 듯이 들어가서 빨리 씻고 자! 이러다 아버지 깨시면 불호령이야!"

엄마 말대로 나는 그동안 우물가에서 숭늉을 찾았다. 취업이 될만한 곳에 가서 이력서를 들이밀어야지. 모든 노력과 열정과는 상관없이 너는 안 된다고 이미 옐로카드를 받은 기분이었다. 그날 이후로 용케 잊고 잘 살아왔는데, 승무원! 그날의 수치와 악몽을 불러일으키는 '승무원'이란 꿈은 참으로 얄궂다. 잡힐 듯 말 듯 멀리 떠 있는 보름달 같기도 하고, 손에 쥐었나 싶으면 주르륵 빠져나가는 모래알 같기도 하다. 이젠 나와는 상관없다고 도리질을 치는데도 정수리부터 샤워기 물을 받고 설 때면 헤어진 연인의 얼굴을 떠올리듯 유니폼을 입은 승무원들의 꽃 같은 형상이 스쳐가곤 했다. 승무원! 너는 어쩌자고 잊어버릴 만하면 한 번씩 뇌 한가운데서 튀어 올라 안일하게 돌아가던 생체리듬에 걷잡을 수 없는 난기류를 일으키는가. 엊그제 정리해고 되고, 인터넷 수시채용을 뒤적거리면서 삼십 대를 맞이하는 이 시점에서 말이다. 서른을 목전에 둔 이 시점에서 다시 꿈에 불을 지핀다 한들 과연 내가 인정받을 수 있을까. 손거울을 꺼내 찬찬히 얼굴을 들여다본다. 늘어난 모공과 칙칙한 피부톤, 비비크림으로 간신히 커버한 잔주름을 위해서 보톡스라도 정기적으로 맞아야 할 판이다. 뚜껑은 열어 봐야 아는 법이란 마음 한구석의 위로가 무색하게 거울을 꺼내 들자 자신감이 급감하기 시작한다. 머리를 질끈 묶어도 보고, 입을 귀까지 걸리게 웃는 시늉을 해보지만 사막처럼 메마른 마음은 자꾸만 타들어간다.

아, 나에게도 태양처럼 뜨거운 꿈이란 게 있었던가? 무언가를 간절하게 바라고 원해본 기억이 내 가슴에는 없는 것만 같다. 어영부영 이십 대가 저물고 얼떨결에 삼십 대를 맞이하고 있는 이 시점에서 벌써부터 못난이로 분류되는 기분이다. 인력으로 어쩔 도리가 없는 일 앞에서 체념하고, 현실과 타협하면서 심장을 중심으로 활개치던 뜨거운 피를 식히고, 사회에서 원하는 무난한 구성원이 되기 위해 안간힘을 쓰다가 얼떨결에 서른을 맞이하는 이 어정쩡한 기분! 꿈? 단조로운 일상에서 불꽃처럼 솟아오르듯 비행기를 타고 최대한 멀리 떠나 보리란 막연한 기대를 꿈이라고 말할 수 있을까? 그건 단순히 일탈을 강행하고픈 순간적 욕구에 지나지 않겠지? 그러나 이렇게 한풀 제대로 꺾인 기분으로 또 다른 삼십 대의 첫 페이지를 쓸 수는 없다. 지금 살아온 방식과는 다르게 인생과 멋지게 싸워야 한다. 미지의 세계에 대한 동경과 새로운 것을 배우고자 하는 남다른 포부 하나로 기세등등하던 나의 꿈이 어느새 퇴화돼버린 날개처럼 살과 뼛속 깊숙이 묻혀버린 걸까?

"야, 너 내일모레 서른이야! 서른! 여자랑 남자랑 똑같은 줄 알아?"

4년간의 지리멸렬한 관계를 청산하는 순간, 동갑내기 현우가 내게 마지막으로 퍼부은 저주의 말이다.

"야, 김현우, 너 똑바로 들어! 너는 지금 무슨 이유 같지도 않은 이유를 다 동원해서라도 나를 확 무너뜨리고 싶지? 그래도 4년을 만났는데, 최소한의 예의는 갖춰야지, 서로의 복을 빌어주지는 못할망정, 뭐? 여자 나이랑 남자 나이랑 똑같은 줄 아냐고? 넌 그래서 안 돼! 생각 머리가 그것밖에 안 되니까 허구한 날 리스차 할부금이나 갚으면서 빚에 허덕이는 거야. 넌 애초에 틀려먹었어."

모질게 토해내고 돌아서자 사지가 부르르르 떨려 왔다. 남자를 남자로 보지 않는 내가 유일하게 인정했던 남자인, 김현우가 고작 근대적인 사고밖에 할 줄 모르는 덜떨어진 위인이었단 말인가. 김현우에 대해서 그동안 뭘 얼마나 알고 있었을까를 생각하면 지금까지 함께한 세월들이 너무나도 공허했다. 현우의 입에서 나온 뜻밖의 저주가 아니었더라면 나는 살아오던 범주 안에서 좀 더 안주했을지 모른다. 그러나 그의 말을 듣는 순간 더 이상 이렇게 살아서는 안 된다는 강한 자각 같은 것이 용암처럼 끓어올랐다. 더 늦기 전에 날개를 부활

시켜볼 꿈을 꾸어도 되는 걸까? 내 삶에 대한 새로운 발견, 늦었다고 생각했을 때가 가장 빠른 법이란 말도 있지 않은가. 못난이면 어떤 가…. 괜찮다. 괜찮다. 이제라도 자신감을 갖고, 힘을 내자. 한 달 후면 스물아홉! 아직 늦지 않았다. 생각하기에 따라서는 어떤 일이든 시작하기에 가장 좋은 때일지도 모른다. 혼란과 호기심으로 점철됐던 철 없는 이십 대와 작별하고, 앞으로 무수히 남은 이십 대, 삼십 대, 사십 대, 오십 대의 안정과 평화 그리고 성공을 위해서 설계도를 재편성하기에 서른은 어쩌면 가장 적절한 시기일지 모른다.

　　대학 새내기만 해도 이맘때쯤 어디서 뭘 하고 있으리란 확신 같은 게 있었다. 엄마는 내가 언니처럼 교직을 이수해서 조신한 학교 선생님으로 자리 잡길 바랐지만, 그건 어디까지나 딸을 세상에서 가장 한심한 처자로 보는 엄마가 이만하면 감지덕지라며 하사한 꿈이었다. 그러나 초등학교 시절부터 여고를 졸업하기까지 나를 가르쳐온 '선생님'들은 하나같이 뇌물공세에 따라 아이들을 편애하는 방법으로 어린 내 마음에 상처를 줬다. 엄마가 나를 얼마나 한심하게 생각하느냐는 내 생애 첫 과외비 협상에서 이미 여실히 드러났다. 당시 과외비 시세대로 영어, 수학 일주일에 두 시간씩 두 번이란 기준 하에 학생의 어머니가 30만원을 제시하자 기가 막히게도 엄마는 우리 딸이 그 정도는 아니라고 손사래를 쳤던 것이다. 그리하여 나는 내막도 모른 채 반값만 받고 일주일에 두 번씩 공부방에서 운동장 같은 거실을 가로질러야 닿을 수 있는 현관까지 요크셔테리어의 배웅을 받으며 지나다녔다.

　　"아니, 근데 너 공부는 좀 하고 가는 거니? 괜히 남의 애 가르치다

망신살 뻗히는 거 아니야? 과외비 물리라고 전화 오는 거 아닌지 모르겠네…. 그 집 엄마, 성깔 깨나 있는 것 같던데…."

파김치가 되어 집에 돌아오면, 엄마는 내가 가르치던 영어, 수학 문제집을 뒤적거리며 이렇게 말하곤 했다. 그리하여 늦은 저녁을 한 술 떠보려고 수저를 들던 나의 가슴에 사정없이 비수를 찔렀다.

위로 하나 있는 언니는 결혼을 정말 잘 했다. 형부가 와이셔츠 자락에 붉은색 립스틱 자국을 묻혀오는 바람에 언니가 친정으로 도망 나오는 일이 두어 번 있었어도, 형부는 우리 부모님 앞에 무릎 꿇고 앉아 무조건 '제 불찰입니다.' 했다. 모름지기 형부는 남자다운 사람이었다. 서울 중위권 대학의 가정교육학과를 졸업하고, 줄곧 중학교 가정 선생님으로 근무하던 언니는 학교 식당에 아웃소싱으로 들어온 급식업체의 영업이사였던 형부를 만나 6개월 만에 결혼에 골인했다. 자라온 환경으로 보나 연봉으로 보나 마음 씀씀이로 보나 형부는 언니보다 제법 나은 상대였다. 집에 올 때마다 가방과 구두가 바뀌고 주말에는 백화점 문화센터에 나가 친분을 맺게 된 여인들과 몰려다니며 골프까지 배우는 눈치였다. 휴가 때마다 해외여행을 운운하면서도 오래지 않아 강남에서 30분 거리의 위치한 신도시에 40평대 아파트를 장만해버렸다. 그런가 하면 나는 번듯한 애인도 하나 없이 그 알량한 보습학원 강사노릇 마저 못하게 되었으니…. 언니네 부부가 친정 나들이를 하는 날이면 일부러라도 약속을 잡아 밖으로 나도는 신세를 자청하지 않을 수 없다.

인생의 고비마다 오르기 어려운 산이 있다. 이 고비만 무사히 넘기면 새로운 평야가 펼쳐지리란 기대를 품으면서 나는 또다시 산을 오를 채비를 한다. 이럴 때 딸린 남편이나 자식이 없는 싱글이라는 사실이 그나마 다행일까. 시원찮은 관계를 유지하며 미적거리던 명목상 남자친구를 늦게나마 정리한 것도 옳은 결정이었다고 믿는다. 그래, 적어도 나는 언제고 마음먹은 대로 여행을 떠날 수 있는 자유인이고, 원하는 바를 마음껏 향유하며 행복을 추구할 자격이 있는 자연인이다. 불타는 꿈을 품지도 않은 채, 별이 될 수 있도록 노력조차 하지 않으면서 한순간에 운명이 달라지기를 원해서는 안 된다.

나는 지금 철저히 혼자다. 싱글! 결혼한 적도 없고, 예정도 없다. 딸린 남편이나 애가 있는 것도 아니니 나는 합법적 자유인이다. 내가 이루고자 하는 꿈의 진행을 위해 남편과의 관계나 육아문제에 대한 고민을 할 필요가 없다. 누구의 허락도 방해도 받지 않을 만큼의 독립적인 여건이 이미 갖추어진 셈이니 천만다행이다. 고로, 난 무엇이든 다시 시작할 수 있고, 어디든 내 뜻대로 갈 수 있다. 삼십 대를 지나 불혹과 지천명의 나이를 지나 손자, 손녀를 맞이할 즈음에는 한 가지에 통달한 장인이 되어 인생을 정면으로 맞이할 것이다. 이제는 삼십 대가 된 만큼, 어른다운 사고와 생활방식으로 '나'라는 작은 별을 운항해야 한다. 그래! 모든 주어진 환경에 감사하며 긍정적인 안목으로 세상을 보자! 웃으면 복이 오고, 긍정의 힘이 위대하다는 세상의 진리는 결코 헛된 메아리가 아니다. 어떤 경우에도 스스로를 믿는 힘은 기대 이상의 힘을 불러와 틀어질 일도 바로잡아 단단히 매듭을 짓는 법이다. 내가 행하는 모든 말과 행동에서 내 이름의 가치가 당당히 하나의 브랜드로 군림하리란 사실에 책임을 져야 한다. 도움닫기를 시도하려는 나의 걸음에 누군가가 음흉한 계략으로 활을 쏘아 내가 출발선상에서 미처 속도도 내보지 못하고 넘겨졌다 한들, 노하지 말자. 어느 시점에서 골인 지점에 당도하리란 나의 계획에 조금 차질이 생기기야 하겠지만 오히려 속도를 내야 한다는 의지를 굳게 할 것이다. 자신감이란 누군가로부터 주어지는 것이 아니다. 스스로의 힘으로 창조해 내는 것이다. 실패와 어려움을 스스로 극복한 경험의 축적에서 더 어려운 고비를 넘길 때도 당황하지 말고 의연하게 대처해야 한다. 어려움에 직면할수록 감사하면서 겸허하게 상황을 받아들이자. 더욱 커다란 인물로 성장할 수 있는 기회로 탈바꿈시키자!

-날개를 달고 싶으세요?
그럼, 저희 '날아요'와 함께 하세요!
당신도 승무원이 될 수 있습니다!
싱가포르 항공, 아랍 항공,
오만 항공, 중국 항공, 한국 항공
객실 승무원 모집 중-

나는 링크된 학원 홈페이지를 타고 들어가 상담 신청 배너를 클릭했다. 이름과 나이, 신장, 체중, 면접경험을 기입하는 내 손놀림은 그 어느 때보다도 정확했다.

Chapter2

꿈의 단련

승무원 학원, 날아요!

　승무원 학원 '날아요'에서 전화가 온 건 떡볶이로 허기를 때우고, 맞은편에 놓인 스타벅스에 들어가 '캐러멜 마키아토'를 막 주문하려 던 참이었다. 매운 음식으로 위장을 흥분시켰으니 제법 달짝지근한 것으로 속을 달래줘야 했다. 커피 한 잔에 고구마 케이크 한 조가 값이 포장마차의 온갖 메뉴들을 다 합쳐놓은 금액과 맞먹었다. 배보다 배꼽이 더 클망정 내가 향유하고 싶은 특별한 가치를 위해서라면 몇 천 원짜리 순대와 떡볶이로 허기만 모면하고서라도 기꺼이 감수할 수 있다. 이곳은 약속시간에 늦게 나타나는 남자친구를 기다린답시 고 시간을 죽이는 여자들이 많이 모이는 곳이다. 그런가 하면 삼삼오 오 모여 앉은 수험생들이 영자신문 스터디를 벌이는 진풍경이 제법 잘 어울리기도 하는 곳이다.

　핸드폰 벨이 요란하게 울려댄 것은 용케 창가에 자리를 잡았을 때 였다.

　"안녕하세요? 온누리 씨 되시죠? 여기는 승무원 양성학원 '날아요' 인데요, 누리님이 작성해주신 소중한 상담 신청서를 보고 연락드렸 습니다. 시간되시면 언제 한번 저희 학원으로 오셔서 진지하게 상담

받아보지 않으시겠어요?"

봄 내음처럼 귓속을 파고드는 목소리가 간들거린다. 약속시간을 넘긴 남자친구를 기다리는 젊은이들 틈에서 한심한 통화나 주고받는 할 일 없는 여자 티를 내지 않기 위해서 나는 짐짓 진지한 태도로 전화를 받는다.

"아, 네에, 그런데 제가 지금 밖에 나와 있어서요."

"어머나, 지금 통화 곤란하세요? 그럼, 언제쯤 다시 전화드리면 좋을까요?"

"아, 뭐 또 그러실 것 까진 없고요, 지금 말씀을 해보세요."

화장품 다단계 회사 라면 모를까, 가끔 우두커니 혼자 앉아 이런 고객 판촉전화에 가볍게 응하는 일은 적어도 시간 죽이고 앉아 있는 형국을 고스란히 드러내는 수치만은 막을 수 있을 성싶었다.

"혹시 지금 가까운 곳에 계시면 저희 학원을 방문해 보지 않으시겠어요? 직접 오셔서 이미지 체크와 함께 본인의 가능성에 맞는 항공사 상담도 받아보세요."

딱히 할 일도 없었으므로, 나는 순순히 상담에 응하기로 했다. 마침, 내가 앉은 창가자리 맞은편으로 비행기가 하늘로 날아오르는 모형을 달고 있는 '날아요'의 화려한 간판이 눈에 들어왔다.

상담실의 모든 테이블에 상담원과 승무원 지망생들이 마주 보고 앉아 긴밀하게 이야기를 나누고 있었다. 두려움, 망설임이 적절히 교합된 얼굴로 열심히 상담원의 이야기를 경청하는 그녀들의 눈빛은 불확실한 미래에 희망을 걸어보고자 하는 의지가 역력했다. 한쪽 벽에는 외항사 합격생들의 초롱초롱한 사진이 보란 듯이 걸려 있다. 하나같이 달덩이처럼 환한 얼굴 위로 초승달처럼 포개지는 눈과 오똑한 콧날, 그리고 귀까지 벌어지는 환한 미소로 중무장하고 있었다.

"아, 누리 씨, 요즘은 포토샵이 발달돼서 저 정도는 다 커버되니깐 아무 걱정 안 하셔도 돼요. 제가 승무원 전문 스튜디오로 연결해 드릴게요."

휘둥그레진 눈으로 사진에 눈을 주고 있던 나를 향해 상담원이 말했다.

"아, 네에…. 다들 잘 웃으시네요."

"이제 누리 씨도 본격적으로 미소 연습을 하셔야지요."

"미소 연습이요?"

"그럼요, 웃는 것도 자꾸 연습을 하셔야 늘어요."

이름: 온 누 리

신장: 161cm, 체중: 47kg,

나이: 한 달 후 스물아홉

학력: 지방대 호텔관광학과

경력: 필리핀 어학연수 6개월

　　　보습학원 영어강사

"음…. 영어 강사셨네요. 그럼, 사람들 만나는 거 좋아하시겠네요? 그렇다면 이 직업이 더 할 나위 없이 잘 맞으실 거예요."

상담원은 내 이력서를 찬찬히 들여다보면서 볼펜으로 몇 군데 체크 해나갔다. 어려서는 피아노, 미술, 태권도 중고생이 되어서는 입시 학원, 성인이 되어서는 요가, 헬스, 기타 학원 등등 지금까지 숱한 학원에서 몇 개월 간격으로 새로운 미래를 준비했지만, 승무원 학원까지 발을 디디게 될 줄은 몰랐다. 신장과 체중, 그리고 나이를 제일 먼저 기입해야 하는 이력서 앞에서 나 자신이 새로워 보이는 것도 처음이다. 160cm가 조금 넘는 야무진 나의 신장을 바라보면서 지금 내 앞에서 상냥하게 웃고 있는 상담원은 속으로 비웃고 있는 건 아닐까? 이렇게 천천히 안심을 시켜서 등록만 달랑 시켜놓고 나 몰라라 하는 건 아닐까? 때아닌 불안과 의구심이 정해진 수순처럼 엄습했다.

"경쟁률이 굉장히 치열하다고 들었는데…. 저처럼 키가 작은 사람도 가능할까요? 게다가 전 그렇게 예쁘지도 않은데요…."

"어머나, 누리 씨. 아직 시작도 안 했는데, 벌써부터 자신감을 잃으시면 어떻게 해요? 승무원 면접은 미스코리아 선발대회가 결코 아닙니다. 눈, 코, 입 하나하나를 뜯어보는 게 아니라 전체적인 이미지를 보다 중시한다 이거죠. 그리고 정작 중요한 건 본인의 영어실력과 품성이에요. 보통 열정을 갖고선 힘든 게 사실입니다. 여기 사진 속 합격생들 말입니다. 학원 셔터 문 열기 전부터 줄을 서가시면서 대기하시던 분들이 아주 수두룩해요. 젖 먹던 힘을 다해서 열정을 다 하신다면야 그 무엇도 불가능한 것이 없어요. 하물며 누리 씨라고 합격하지 말란 법이 있겠습니까?"

하물며? 요즘 들어 단어 하나하나에 예민하게 반응하는 나, 갈수록 예민해지는 내가 싫다. 열정? 낮에 정수기 회사에서 귀에 못이 박히도록 들었던 단어를 같은 날 저녁에 또다시 듣게 될 줄은 몰랐다. 정수기 판매왕이 아닌 승무원의 꿈을 향해 다시 한번 뜨거운 열정을 쏟아붓는다면 과연 인간 온누리도 해낼 수 있을 것인가?

"강사일 말고는 또 어떤 일을 해보셨나요? 서비스직 관련해서…."

대학 1학년 여름 방학 한 달간 아파트 단지 내 위치한 레스토랑에서 서빙 아르바이트를 한 기억이 가물가물 떠올랐다. 그 곳은 낮엔 커피숍, 해가 질 무렵부터는 맥줏집으로 둔갑했다. 1시 30분쯤 출근해 간간이 등장하는 동네 주민들을 상대로 콜라나 커피를 내오는 것까진 좋았다. 그런데 저녁 무렵 다섯 여섯 명씩 무리 지어 맥주나 저녁을 먹기 위해 등장하는 손님들은 가끔 술에 취해 추태도 부렸다.

"어이, 아가씨! 여기 오징어 하나랑 맥주 큰 걸로 하나 추가!"

말 떨어지기 무섭게 오징어와 맥주를 더 갖다주면 될 일인데, '아가씨'란 호칭에 두 발이 땅이 달라붙어 멍하니 바라보거나 듣고도 못 들은 척을 하면, 이윽고 "야! 말이 말 같지 않아?"라는 고함이 들려왔다. 그러면 나는 그 자리에서 울먹이다 화장실로 달음질쳤다. 한 달을 채 채우지 못하고 그곳을 도망치듯 나오면서, 나는 엄마의 부녀회 인맥을 총동원해 과외 아르바이트를 수소문하기 시작한 것이다.

"학교 다닐 때, 레스토랑에서 한 달 정도 한 적이 있긴 한데…. 그거야 대강 각본을 짜면 되는 거 아닌가요? 그런 아르바이트 한 번쯤 안 해본 사람이 어딨다고…"

"에이, 누리 씨가 아직 이쪽 일을 너무 모르신다. 면접 보신 적 아직 한 번도 없으시죠? 현지 면접관들이 밤낮 하는 일이 면접인데, 설마 하니 거짓말인지 아닌지도 구분 못 할 거 같으세요? 지난번엔 앞사람이 준비한 답변을 다음 사람이 그대로 외워서 말했다가 앞사람만 합격한 사례가 있어요. 그런 곳에서는 허점만 보이지 않으면 반은 합격이란 사실을 명심하셔야 해요."

"어머나, 앞사람만 합격했다고요? 앞사람이 뒷사람 걸 베낀 걸 수도 있는 거잖아요!"

"면접관 입장에서야 뒷사람이 앞사람 걸 베꼈다고 생각하시지 않겠어요? 그래서 본인만의 독창적인 면접 노트를 준비하셔서 연습도 하셔야 한다는 겁니다. 스터디에도 꾸준히 참석하셔서 그룹 디스커션의 달인이 되셔야만 해요."

"그룹 디스커션?"

"우와, 누리 씨! 정말 햇병아리 시군요. 아직 면접 절차도 파악을 못 하고 계시다니, 앞으로 갈 길이 상당히 머네요. 물론 각 항공사별로 조금씩 전형 방식이 다르지만, 기본적으로 '1차 서류전형 → 2차 개별 면접(사진묘사) → 그룹 디스커션 → 일대일 최종 면접' 순으로 진행된다고 보시면 됩니다. 물론 1차 면접은 대행사인 저희 학원에서 이루어지니까 아무래도 학원에 등록하셔서 심도 있는 코칭을 받으시는 게 유리하긴 하죠. 하루라도 빨리 정식으로 등록을 하셔서 매일매일 강의를 들으셔야만 합니다. 누리 씨, 지금 나이가 벌써 이십 대 후반, 서른을 목전에 두고 계시는데, 다른 분들보다 더 분주히 움직이셔야지요. 등록하시면 스터디에도 꾸준히 참여하시면서 반드시 열심히 준비하셔야 합니다!"

외항사 승무원 면접 절차
1차 서류전형 ▷ 2차 개별면접 ▷ 3차 그룹 디스커션
▷ 일대일 최종면접

상담원의 보드라운 손이 너무나도 아프게 내 손을 쥔 나머지 그녀

의 기다린 네일이 선택의 기로에 선 나의 떨리는 살들을 아프게 내리 눌렀다.

"학원비는 대강?"

내가 먼저 본론을 꺼냈다.

"네, 2개월 코스에 150만 원입니다."

기다렸다는 듯이 답을 토해낸 상담원은 봉곳하게 솟은 가슴이 훤히 내려다보이도록 내 앞으로 바짝 다가와 앉았다.

"저희 학원은 영어 인터뷰, 메이크업, 매너, 그룹 토의와 같이 실질적으로 면접에 도움이 될 양질의 강의를 제공해 드립니다. 혹시 비자카드 쓰시나요? 무이자, 6개월 할부로 저희 학원 측에서 최대한 편의를 봐드립니다."

아, 어찌해야 하나? 가벼운 마음으로 상담만 받고 돌아가려고 했는데, 이러다 내친김에 등록까지 하게 생겼다. 6개월 할부로 한다 해도 백조 신분으로 매달 기십만 원 씩 갚아나갈 생각을 하니 벌써부터 머리가 지끈거린다. 지금 사는 오피스텔이야 전세라지만 한 달 전기세며 수도세며 생활비까지 혼자 힘으로 충당하려면 일자리를 알아봐도 시원찮을 판이었다. 2개월 동안 도박하는 마음으로 덤비는 일이 과연 현명한 걸까?

"음…. 지금 당장 결정을 내리기 어려우시면, 우선 본인의 실력도 가늠할 겸 면접에 응시 한 번 해보시죠. 면접을 보신 연후에 학원 등록을 하시면서 시간을 갖고 천천히 생각하시는 것도 나쁘지 않습니다. 단, 이달 정원 모집이 선착순이란 사실이 다소 안타깝습니다만…!"

선착순이란 말에 순간 마음이 조급해졌다.

"아직 등록도 안 했는데, 면접을 볼 수 있단 말이에요?"

"그럼요, 저희가 무슨 악덕업주도 아니고, 굳이 학원생들에게만 기회를 드리진 않아요. 비학원생에게도 응시 기회는 얼마든지 열려 있답니다. 호호호! 마침 이번 주 토요일에 아랍항공사 면접이 있어요. 1. 2차 면접은 순전히 학원에서 주관하는 거니까 일단 인터넷 지원을 하시고, 면접날 늦지 않게 오세요. 1차 면접을 무사히 통과하셔야 다음 면접도 보실 수 있으니까. 등록은 그때 가서 결정하셔도 결코 늦지 않아요!"

"그럼, 떨어지는 것도 경험이니깐, 경험 삼아 지원이나 한 번 해볼까요?"

"그럼요! 그럼요! 아주 잘 생각하셨어요. 저쪽에 컴퓨터가 있으니까 인터넷으로 지원 하시면 돼요. 사흘 후에 면접 일정 나올 거니까 확인하시고 면접날 시간 맞춰 나오세요. 아, 참 그리고 승무원은 어디까지나 서비스의 꽃이란 사실 명심하시고 이미지에 맞게 그루밍에 각별히 신경 쓰고 오셔야 하는 거 아시죠?"

"그루밍…?"

나는 강아지 동공 같은 눈으로 상담원을 해맑게 바라보았다.

"아이 참, g!r!o!o!m!i!n!g! 용모 단정 말이에요. 깔끔하게 머리도 묶어서 정리하시고, 정장에 구두, 그리고 매니큐어며 스타킹 컬러까지 세심하게 신경 쓰고 오셔야 해요. 응시생 분들이 워낙에 미모들이 출중하셔야 말이죠! 호호호! 등록하시면 이런 세밀한 부분까지 제가 낱낱이 챙겨드리기야 하겠지만, 워낙에 제가 관리하는 분들이 많아서요."

"아, 네에…! 보통 매니큐어는 어떤 색을 주로 바르시나요?"

"기내 조명이 어두워서 보통 립스틱 색깔과 맞춰서 밝고 환한 색을 주로 쓰세요."

"예를 들면, 핑크?"

"물론, 핑크도 나쁘진 않은데, 합격하신 분들은 짙은 장밋빛을 많이 바르시더라구요."

자칫하면 하나라도 놓칠세라 그녀의 입술과 메모장을 번갈아보면서 맹렬하게 받아 적었다. 그리고 인터넷 사이트를 열어 지원서를 다운로드했다. 하나도 빠짐없이 공란을 채운 다음 심호흡을 길게 하고 '등록' 버튼을 눌렀다. '응시생 분들이 워낙에 미모가 출중하셔야 말이죠! 호호호!' 해맑게 갈라지던 웃음소리가 귓전에서 떠나지 않아 곧장 집으로 가지 못하고 아웃렛에 들렀다. 흰색은 아무래도 때가 쉽게 탈 듯 했고, 회색이나 검은색 정장이 가장 무난해 보였다. 나는 검은색 정장과 동색의 구두로 통일하고 거울 앞에서 단정하고 차분한 이미지를 연출해 보았다. 그래! 일단, 두드려 보는 거야!

부러우면 이겨라

"누리야! 해가 중천에 떴는데 왜 여태 꿈나라야?"

거침없이 우울해지는 심사에 별안간 전기 충격을 가한 것은 도희였다. 여고시절 엄마와 한바탕 싸움을 벌이고 집을 나왔을 때 울먹이는 목소리로 전화할 수 있었던 지구상 유일한 인격체! 내가 습관처럼 집을 뛰쳐나올 때마다 나는 도희가 다니던 독서실이나 분식집에서 발견되었다. 엄마는 늘 도희가 내 반항적인 사춘기를 조장하는 주범이라고 굳게 믿었다.

"이제 일어나려고…."

밤새 울먹인 눈두덩이가 찐계란처럼 허옇게 부어있다.

"근데 너 왜 이 시간에 자고 있냐? 오늘 목요일이잖아? 혹시 잘렸어?"

"잘리긴 누가 잘려? 내 발로 걸어 나왔다! 왜?"

도둑이 제 발을 저린다더니, 나는 그만 강력하게 부인하고 말았다.

"하하하! 잘 했다 잘 했어! 내가 그랬잖아. 그 학원 어딘가 모르게 냄새가 난다고 하지 않던? 부원장이라는 여자, 원장이랑 그렇고 그런 사이 맞지? 예쁜 누리가 아무래도 눈에 가시였겠지? 암, 그렇고 말고! 그런 골때리는 학원에 붙어 있어 봤자 정신만 사나워져. 아주 잘 때려 쳤어!"

나의 분신은 해고당한 나의 깊은 설움을 쿨하게 축하와 격려로 날려주었다.

"잘 됐다! 잘 됐어! 그럼, 오늘 저녁에 나와라."

"갑자기 무슨 일인데, 식전 댓바람부터 이 난리야?"

설마하니 결혼 발표는 아니겠지? 요사이 도희가 새로운 남자를 만나는 것 같진 않았다. 10년 세월 쌓아온 우정이 있는데, 결혼을 생각할 정도의 남자가 있다는 걸 모른다는 건 배신이다.

"이따 나와 보면 알아! 나 지금 차 빼야 돼. 우리 매일 만나던 강남역 스타벅스 맞은편 사께 주점 알지? 7시에 거기서 보자!"

아직 몸도 추스르기 전인데, 어제부로 보습학원 아르바이트 자리마저 강탈 당했노라고는 차마 덧붙일 수 없었다. 미음이라도 쑤어먹고 정신이 들면 모를까 마른 입술이 차마 떨어지지를 않았다. 그럴수록 더욱 생기발랄하게 울려 퍼지는 도희의 목소리!

"아, 참! 빅뉴스가 있다. 준수 오빠도 나온단다! 하하하! 이왕이면 다홍치마라고, 예쁘게 하고 나와라! 끊는다!"

비바람에 창문이 덜컥 닫히듯 교신은 일방적으로 끊겨버렸다.

도희를 따라 나간 '전국 대학연합동아리'의 고아원 봉사 날 처음 본 준수 오빠는 그 무렵 동아리 활동에 참가하던 모든 남학생을 통틀어 가장 키가 훤칠하고 말쑥한 인물이었다. 이름 그대로 '준수' 그 자체였다. 되도록이면 나는 준수 오빠 앞에서 아이들 머리를 땋아주고 밥 먹는 일을 도왔다. 이를 눈치챈 도희는 깨끗이 양보하고 전폭적으로 나를 응원해 주기까지 했다.

"준수 오빠 정도면 완전 킹카야 킹카! 저런 킹카가 고아원 자원봉사 활동에 참여한다는 사실로 미루어 보건대 내면도 아주 훌륭한 사람임에 틀림없어."

봉사 활동 후 뒤풀이 자리에 참여할 때면 나는 늘 준수 오빠의 옆자리에 앉았다. 그러나 그건 그다지 바람직한 방법이 아니었다. 수줍음에 휩싸인 나는 옆에 앉아 묵묵히 먹기만 하고 준수 오빠는 언제나 맞은편에 앉은 여학생들과만 대화를 나눴다. 준수 오빠를 바라만보는 것이 괴로움이 될 무렵 나는 모든 봉사 활동을 중단했다. 중간고사 시험 기간이어서, 감기몸살 때문에, 집안 행사 때문이라고 둘러댔지만 나는 차마 그게 "준수 오빠를 늘 뒤에서 바라보는 것이 내게는 커다란 고통이에요."라고 발설할 수 없었다. 전 남친 김현우와 교제하기 시작하면서 자연스럽게 기억의 저편으로 사라져버린 내 첫사랑. 최준수! 어떻게 그는 그동안 도희와 꾸준히 연락을 해왔던 것일까. 그렇다면 도희와 준수 오빠가 연인 선언이라도 하는 자리란 말인가. 상상의 나래가 끝을 모르고 펼쳐지자 갑자기 정신이 번쩍 들었다. 내가 이러고 있을 때가 아니다. 흐트러진 모습을 한 채 이대로 주저앉을 순 없다.

나는 자리에서 벌떡 일어나 널브러진 이부자리부터 반듯하게 정돈했다. 진공청소기를 돌리며 힘차게 물걸레질도 했다. 내친김에 화장대에 마구잡이로 쌓인 화장품 병과 크림 통을 가지런히 정리했다. 거울에 스프레이를 뿌려 마른 걸레로 박박 문지르자 이윽고 사물의 모습이 온전히 형체를 드러내기 시작했다.

지난밤 눈물과 땀으로 범벅이 된 겨드랑이와 발가락 사이에 거품을 내 비누질을 하고 머리를 감았다. 옷장을 열어 입을만한 옷을 찾아보았다. 최대한 밝고 매력적인 모습을 선사해야만 한다. 수줍음 많은 어린애로만 날 기억하고 있을 준수 오빠의 마음을 흔들어 놓아야 한다. 1시간이 넘도록 공들여 화장을 한 다음, 검은색 벨벳 스커트 위에 핑크색 리본 블라우스를 받쳐 입었다. 내친김에 미용실을 들르려다 시간 할애가 안 되는 점을 감안해 고데기로 웨이브를 말아 넣었다. 마지막으로 은은한 크리스티앙 디오르 향수로 마무리! 김현우가 생일선물로 준 디오르 향수가 아직 반 이상 남아 있었다. 요럴 때 쓰려고 정작 김현우와 데이트를 하러 나갈 땐 번번이 깜박했었나 보다. 모든 것이 완벽하다.

"온누리! 여기야, 여기!"

왁자지껄한 테이블의 한 가운데서 도희가 번쩍 손을 흔들며 만개한 꽃처럼 일어났다. 내 오랜 친구, 구도희는 전에 없이 화사한 모습이었다. 모항공사 유니폼을 연상시키는 블루톤의 스커트와 재킷을 빼입고, 머리를 올백으로 모두 넘겨 하나로 묶어 고정시키고 있었다.

"이야! 이게 누구야? 누리잖아! 이게 얼마 만이야?"

도희의 새로운 모습에 어리둥절해 있는 나를 반색하며 반겨준 건 내 첫사랑, 준수 오빠였다.

"어머나, 전 준수 오빠도 와계신 줄은 또 몰랐어요. 정말 오랜만이에요. 그동안 잘 지내셨어요? 오빠!"

늘 하던 대로 준수 오빠의 옆자리를 물색했으나 이미 구도희가 차지하고 있었다. 나는 어쩔 수 없이 오빠의 맞은편 테이블에 엉거주춤 자리를 잡고 앉았다.

"나야 뭐 그럭저럭, 근데 너 얼굴이…?"

준수 오빠의 얼굴이 짓궂게 일그러졌다.

"제 얼굴이 왜요…? 뭐가 묻었어요?"

나도 모르게 손으로 볼을 더듬어 본다.

"변했다!"

오랜만에 사람을 만났을 때는 잘 지냈느냐고 묻는 게 순서가 아닌가? 두근두근 설렘 반으로 나온 사람에게 대뜸 얼굴이 변했다니 여간 민망한 게 아니다.

"오빠도 참…. 세월이 흘렀으니, 아무래도 얼굴도 좀 변했겠죠."

내가 얼버무리며 수줍게 웃었다.

"요즘은 얼굴이 혼수라더니…. 너무 무리한 거 아냐?"

최준수와 나 사이를 오고 가던 불편하고 민망한 기류를 마무하려는 친구들에게서 구원을 받았다고 믿고 싶은 찰나, 구도희가 한 마디 거들었다.

"하하하! 얘가 어딜 봐서 무리한 얼굴이에요? 못 믿겠음 직접 만져 봐요!"

"야, 쟤, 코 잡아당겨봐!"

카악! 장난기가 발동한 다른 남자 동료들이 덥석 팔을 뻗어와 나도 모르게 테이블 밑으로 숨었다.

말이야 바른 말이지, 얼굴에 칼 댄 거라곤 눈곱 만큼도 없다. 최근 연이은 세상의 습격으로 인해 제정신을 잃은 탓에 어디를 어떻게 손봐야 되는지 감을 잡을 정신이 아니다. 그럴 정신이 있으면 지난번에 무리한 후진을 강행하다 손수 찌그러뜨린 범퍼부터 갈았겠다. 지하

주차장에 너무 오래 세워놓은 나머지 자동차 엔진 오일이 동파되지나 않았는지 걱정이다.

"누리가 학교 다닐 땐 참 예뻤는데 말이야. 수줍어서 고개를 푹 숙이고 내가 뭘 물어보기만 하면 부끄러워서 연신 손으로 입을 가리고 웃는 모습이 천생 여자였는데 말이야…."

예뻤다니…? 굳이 과거형 어미를 끼워 넣는 최준수의 저의를 헤아리면 헤아릴수록 점점 불편해진다. 화려하다는 이유로 어제부로 정리해고 당한 사람한테 대놓고 삭았다고 걱정을 해주니 몸 둘 바를 모르겠다. 이리 치이고, 저리 치이고, 오늘은 꿈에 그리던 첫사랑에게 치이다니. 아! 세상은 너무나 가혹하다.

"오빠도 참…. 누리, 지금도 이쁘잖아요? 호호호!"

이럴 때 참으로 보탬이 되지 않는 구도희가 어린 아이처럼 깔깔거린다.

"미모야 여전하지. 그러나 인상이 확 변했다. 예전엔 수줍은 소녀 같더니만 이제는 사회인다운 얼굴을 하고 있지 않니? 하기야 그동안 세상이 그렇게 호락호락하지만은 않았을 거야."

'마음고생을 많이 해서 그렇습니다. 이제 그만해 두시죠.' 혹은 '그만 닥치지 못할까!' 두 개의 카드 중 무엇을 선택해야 하나 내심 고민하다 결국 나는 개운치 못한 미소를 지을 뿐이다.

"그러게, 아까 저만치서 걸어오는데, 사감 선생님 같더라. 하하하!"

설상가상으로 도마 위로 칼날을 휘두르는 구도희. 술기운이 제대로 오른 모양이다.

"왜? 더 화려해지진 않았고?"

"화려? 푸하하하하! 아이고, 배꼽이야. 화려가 다 죽었냐?"

마침내 자지러진 구도희 양. 이러려고 나를 부른 거니?

"화려한 걸로 치자면 이제 우리 도희만 한 여성이 없지. 요즘 한창 뜨는 아랍항공사의 승무원으로 합격했잖니! 이제 국위선양에 외화획득까지 그야말로 화려하게 나서실 귀한 몸이시다 이거야. 도희가 이렇게 화려하게 성장할 줄 알았다면, 진작 고아원 봉사 다니던 시절에 내 여자로 만들어두는 건데 말이야."

시한폭탄처럼 터진 구도희의 승무원 합격 발표에 넋을 잃은 것도 잠시 한껏 차려입은 옷과 구두, 그리고 한 시간이 넘도록 매달린 화장과 머리가 걷잡을 수 없이 나를 초라하게 만들었다.

"아이, 오빠도 참! 사람들도 많은데, 민망하게 자꾸 왜 그러세요?"

발그레한 볼을 오른손으로 감싸며 준수 오빠를 응시하는 도희는 술에 취한 걸까? 사랑에 취한 걸까?

"우리 도희! 휴가 나오면 꼭 연락해라. 아랍은 이슬람 국가라 삼겹살이나 술 같은 걸 먹기가 힘들다던데, 앞으로 도희의 휴가철 삼겹살 공급은 이 오빠가 책임진다!"

준수 오빠는 드러내놓고 도희에게 작업에 들어갈 기세다. 테이블 위에 뒹구는 신선도 떨어진 안주를 모조리 그러모아 최준수의 입에 처넣어주고만 싶다. 늘 눈으로 말하던 시크한 청년 최준수가 저렇게 수다스럽고 경박한 인간인 줄 미처 몰랐다. 그나저나, 구도희가 아랍항공사에 승무원으로 합격했다니! 이건 또 무슨 말인가!

"무슨 소리야? 네가 정말 승무원이 됐다는 말이야? 대관절 어떻게?"

나는 반쯤 들이키던 맥주잔을 내려놓고 도희를 뚫어지게 바라보았다.

"응, 예전에 너랑 승무원 면접 떨어지고 내내 미련이 남아서 틈틈

이 준비했던 게 이제야 빛을 봤다는 거 아니냐? 그동안 너한테 얘기 못한 거 미안해. 우리 나이, 이제 곧 서른인데다 나처럼 짜리몽땅하고 세련되지도 못한 것이 늘씬한 승무원을 꿈꾼다니 왠지 부끄러워서 말이야. 그래도 이렇게 합격했으니 그냥 축하해 주라. 넌 오랜 친구니까 진심으로 축복을 빌어 주리라 믿는다!"

구도희와 승무원! 어떻게 연결을 해보려고 해도 두 단어는 짝을 이루지 못하고 허공을 맴돌았다.

"언제부터야? 나만 모르고 있었다는 게 말이 돼? 그러고도 우리가 친구야?"

나는 화장실로 나선 도희의 뒤에 바짝 따라붙어 다그치듯 물었다.

"너는 학원 강사 잘 하고 있었잖아? 잘렸으면 잘렸다고 말을 하든가."

"잘린 지 얼마 안 됐거든? 언제 네가 물어나 봤어?"

"내가 뭐 너 잘리기만 기다리는 사람이냐?"

취할 대로 취해버린 예비승무원 구도희 양, 화장실에 들어서자마자 혼잣말을 하며 웃기 시작한다. 여고 때부터 정문을 놔두고 굳이 담장을 넘어 다니더니만 서른을 앞둔 구도희는 여전히 낭랑 18세다.

"어쨌든 축하해. 그동안 남몰래 준비해왔는지 정말 몰랐어. 그래서 언제 떠난다는 거야?"

"이달 말에⋯."

"그렇게 빨리? 차라리 시집을 간다고 하면 덜 서운할 것을⋯. 이제 우리 이산가족 되는 거야?"

그 말을 하고 보니, 갑자기 눈물이 핑 돈다. 도희의 마스카라도 어느새 시커멓게 번져 피에로 인형처럼 웃고 있다.

"미안하다! 친구야. 대한 은행, 신성 증권, 팔도 물산 이름만 대면 알만한 회사에 이력서를 돌렸는데 죄다 떨어지는 거야. 내 학벌이면 충분히 들어갈 줄 알았는데, 아무도 날 받아주지 않는 게 너무 놀라웠어. 사실 접시물을 받아놓고 코를 박은 적이 한두 번이 아니야. 너한테 구구절절 털어놓았으면 네 마음도 고달팠을 거 아니야. 너도 학원에서 수업하랴, 이상한 원장 등쌀에 시달리느라 정신없는 거 뻔히 아는데…."

이력서 돌려놓고 마냥 연락 기다리는 갑갑한 마음, 누구보다도 내가 잘 안다. 내가 지금 고통스럽게 통과하고 있는 어두운 이 터널의 저편에 도희가 저만치 출구를 향해 걸어 나가고 있다.

"집에서는 네가 나가서 벌면 얼마나 벌겠냐고, 시집이나 가라잖아. 울며 겨자 먹기로 맞선자리에 나가면, 이건 뭐 절대 나와서는 안 될 분들만 앉아 계시고 말이지! 인연을 만난다는 게 결코 쉽지가 않아."

질겅질겅 씹던 껌을 손가락으로 죽 뽑아 거울 한 구석에 붙인 도희는 수돗물을 틀어 손을 씻기 시작한다.

"언제부터 준비 한거야? 그렇게 감쪽같이…."

"지난달에 나 머리 식히러 런던에 갔다 온 거 알지?"

"응, 뭐 런던이 네 취향이라며?"

"그게 실은 '오픈 데이' 라구…. 항공사에서 각 나라를 직접 순회하면서 쓸만한 인재를 뽑아 가는 거야. 서류 전형에서 그룹토의에 개별 면접까지 삼사일 이면 해결돼. 물론 삼일 내내 피가 마르도록 매달려야 했지만 시간이 갈수록 죽기 아니면 까무러치기로 덤비니까 결국 통하더라. 면접관이 내 열정을 높이 평가했다고나 할까?"

"오픈 데이? 아, 그런 것도 있었어? 도희야. 실은 엊그제 나도 승무원 학원가서 상담받고 왔어. 어떻게 생각해? 나도 할 수 있을까?"

"하물며 이 '구도희'가 됐는데, 어찌 '온누리'가 안 될쏘냐?"

도희는 내가 무슨 말을 듣고 싶어 하는지 이미 알고 있다. 엄동설한에 돌연 해고를 당하고 상해가는 삶은 계란처럼 누런 얼굴을 하고는 홀로 방안에 틀어박혀 지내는 나에게 필요한 것이 무엇인지 가장 잘 아는 친구다. 함께 고배를 마시며 순순히 현실을 인정하고 다시 뿔테 안경의 책벌레로 돌아간 줄 알았던 도희가 이제야말로 자신의 알을 깨고 세상 밖으로 나온 것이다.

어쩌면 인생은 자신의 의지와 선택으로 85%의 방향을 결정하고, 날씨, 종교, 출신국, 피부색과 같은 환경에 의해서 10%의 영향을 받고, 하느님과 같은 절대자의 은혜를 입어 나머지 5%를 완성하는 것일지 모른다. 노력도 열정도 없이 현실이 하루아침에 달라지는 않을 것이다. 도희는 그 이후로 많은 노력을 했을 것이다. 85%를 채우기 위해서 묵묵히 더 많은 책을 읽고, 영어 공부를 하고, 다이어트를 하고, 피부 관리를 하며, 이미지 변화와 실력보강에 최선을 다 했을 것이다. 그러니 일찌감치 패션과 메이크업 운운하며 스타일도 경쟁력이란 말을 했었던 것이다.

"도희야, 그 항공사에 먼저 가 있어. 나 금방 따라갈게!"

"이야! 진짜야?"

"그럼, 이제 우리 전 세계를 새처럼 날아 다니 는거야? 파리, 베니스, 로마, 밀란으로 같이 여행도 다니고 말이야! 이야 신난다."

생각만으로도 벌써 승무원이 된 것 같았다. 입가에 마침내 미소가 번졌다. 여기만 아니라면…. 이루지 못한 첫사랑의 상처, 짝사랑했던 남자의 이름과 그가 살던 동네, 지워버리고 싶은 첫키스의 기억, 배신의 상처, 칭찬에 인색한 한국 사회, 필름 끊기도록 만취한 내가 부린 행패를 기억하는 회사 동료들, 생년월일, 본적, 국적, 이 모두를 인생의 막장으로 밀어 넣고, 아무도 나를 모르는 세상에서 처음부터 다시 시작할 수 있다면 어디라도 상관없을지 모른다. 그곳이 미국이든, 캐나다든, 모스크바든, 독일의 베를린 장벽 밑이든, 인디아의 가난한 시골이든, 에이즈 난민들이 판을 치는 아프리카든 중요치 않다. 여기만 아니라면…. 자신을 믿는 힘을 의심하지 않은 도희를 움직이게 한 힘은 거기에서 왔을 것이다. 더 크고 넓은 세상을 찾아 떠난 그녀를 절친으로 둔 것이 오늘따라 새삼스럽게 감사하다.

"누리야. 너무 늦게 오면 안 된다…. 알았지? 약속!"

"응! 약속!"

나는 다짐을 놓듯 고개를 끄덕거리면서, 새끼손가락을 힘주어 걸었다.

"자주 연락해야 돼…."

"그걸 말이라고 하냐?"

나는 힘껏 도희를 끌어안았다. 20대의 끝자락을 드넓은 사막의 모래와 함께 묻고 대망의 30대를 준비하는 기분은 어떨까? 전 세계의 멋진 도시들을 제 집 드나들듯이 활보할 도희의 두 발은 벌써 구름 위를 거니는 기분이겠지? 그래, 오늘 밤은 코가 비뚤어지게 마시게 놔두자.

운명을 창조하는 능력

그녀는 몸도 가눌 수 없을 만큼 취해버렸다. 일으켜 세울라치면 무너지는 담장처럼 쿵! 주저앉았다. 이런 일이 자주 있는 건 아니지만 날이 날이니만큼 절친인 내가 가만히 구경만 하고 있을 수는 없다.

"야야! 똑바로 좀 걸어봐. 구도희!"

나는 그녀의 접힌 팔을 펼쳐 내 어깨에 걸었다.

"아! 나 날아오를 거야!"

만취한 성인 여성을 부축하고 아무리 "택시!"를 외쳐봤자, 쌩쌩 바람 소리 나도록 스쳐갈 뿐이다.

"도희 핸드백도 챙겨줘야지. 이 주변머리 없는 아줌마야!"

그냥 '아줌마'도 아니고, 그것도 '주변머리 없는 아줌마'로 함부로 나를 부르는 이는 어느새 도희의 심복을 자청하고 나선 최준수다. 두 발이 한겨울 처마 밑 고드름처럼 아스팔트 위로 곤두선다. 증권사 면접에 줄줄이 낙방하고 보험회사에 들어갔다더니 도희를 상대로 연애와 영업을 동시에 걸 심산인 모양이다. 나 같은 건 이제 안중에도 없다.

"오빠는 여태 그 흔해빠진 차 한 대 없어요? 이럴 때 집까지 바래다주면 좀 고마워요?"

나는 안면몰수하고 최준수의 자존심을 무참히 짓밟아버렸다.

"야! 온누리, 너 많이 컸다. 기름 한 방울 안 나는 나라에서 온 국민이 다 차 끌고 다녀봐라. 그거야말로 나라 망하는 지름길인 거 몰라? 이렇게 생각 없는 여자들이 많아서야 원! 이래서 우리나라가 통일이 안 되는 거라니까!"

'주변머리 없는 아줌마'에서 '생각 없는 여자'로 나를 두 번 죽이는 최준수의 자신감은 과연 어디서 나오는 걸까. 개념 없는 최준수! 박쥐처럼 여기 붙었다 저기 붙었다 하는 칠칠히 못한 최준수! 이젠 시크한 매력이라곤 눈을 씻고 찾아봐도 없는 헐렁해빠진 최준수.

"오빠, 지금 말 다 했어요? 그래요! 오빠라고 별 수 있겠어요? 기름 펑펑 나는 나라 접수한 도희한테 잘 보여서 기름도 얻어 쓰고, 보험 계약도 받아서 먹고살아야죠. 사람이 이렇게도 변하는군요. 오늘 정말 다시 봤어요."

"뭐야! 누리 너, 오냐오냐했더니만! 이젠 못 하는 소리가 없구나!"

잘 하면 한 대 칠 기세다. 161cm, 45kg의 가녀린 여성에게 꿈에라도 무력을 행사할 마음을 먹는 최준수를 오늘 부로 나는 첫사랑의 추억 상자에서 모조리 비워낸다. 합의는 없다. 털끝 하나만 건드려도, 바로 폭행죄로 고소해 기필코 콩밥을 먹이고 말 것이다.

"얼른 타세요! 손님!"

그때 어디선가 구세주처럼 나타난 분홍 택시가 창문을 내리며 외쳤다. 나는 서둘러 도희의 머리와 다리를 구겨 넣은 다음 옆자리를 꿰차고 앉고 부리나케 문을 닫았다.

"아저씨! 빨리 출발해요! 빨리!"

백미러로 분통해 하면서 맨주먹을 허공에 날리는 모자란 최준수가 보였다. 그 시크하던 킹카가 어쩌다 저 지경이 되었을까. 저런 인간을 첫사랑으로 추억했던 내가 한심하다.

도희는 창문을 열고 찬바람에 얼굴을 파묻으며 웩웩! 헛구역질을 해댔지만 천만다행으로 토사물을 쏟아내진 않았다. 그러다 내 무릎에 머리를 처박고는 뭐라고 중얼거리다 잠이 들었다. 외항사에 취직을 했다더니만 술 주정도 영어로 하기 시작했는지 좀처럼 알아들을 수 없는 소리만 중얼거린다. 가만히 들어보면 "나의 왕자님…. 테리우스…. 날 기다려줘요…." 같기도 하다. 아무래도 요즘 되새김질하고 있는 만화가 '캔디! 캔디!'인 모양이다.

도희는 지금쯤 왕자님의 손을 잡고 별들이 총총 수놓인 우주를 날고 있겠지? 나는 도희의 잠든 볼을 가만히 쓸어내린다. 불을 머금기라도 한 것처럼 양볼이 뜨겁다. 꿈속에서라도 테리우스와 만나 저 먼 우주를 별이 되어 날아보고서 아침이 오면 말짱히 깨어나기를…. 이제는 너에게로만 향하여 나아가기를 기울이며 나는 도희의 볼을 어루만졌다.

"손님, 음악이라도 틀어 드릴까요?"

자칫하면 역정을 낼 법도 한데, 택시기사는 술 냄새에도 아랑곳없이 차분한 목소리로 말했다. 그리고 한창 유행하는 미소년 가수의 노래를 들려주었다.

"많이 들어본 곡이에요…. 참 좋네요."

"아, 그래요? 전 시끄러운 곡보단 잔잔한 게 좋더라구요……."

"감사해요. 이런 시간에 만취한 손님 태워주시는 분 만나기 쉽지 않은데…. 오늘 이 친구가 외항사에 합격해서 모처럼 친구들하고 모여 축하주 한 잔 한다는 게 그만, 좀 과했나 봐요. 제가 적어도 토하진 않도록 잘 다독일 테니 너무 염려 마세요."

끊임없이 끄윽 거리는 도희의 얼굴에 나는 창문을 내려 바람을 쏘여주었다.

"어유, 그렇담 과하게 드실만 하셨네요. 요즘처럼 취업하기 어려운 때에 해외취업이라니! 게다가 택시 더럽힐까 봐 걱정해 주는 승객 만나는 것도 흔치 않아요. 모처럼 개념 있는 승객 만난 제가 다 기분이 좋네요. 허허"

"근데, 손님은 무슨 걱정이 있으신가 봐요?"

"네?"

이루지 못할 꿈을 추종하는 자의 불안이 내 얼굴에 서려있는 걸까? 나는 화들짝 놀란 토끼 눈으로 백미러에 비친 그의 얼굴을 바라본다.

"친구분 재우시면서 창밖을 내다보시는 표정이 왠지 우울해 보여서요."

"어머, 제가요?"

어느새 오른손이 표정을 더듬고 있다. 우울한 얼굴로 인생을 살고 있었던 게 언제부터였을까. 그래도 나는 민들레처럼 질기게 살아왔다고 믿었는데, 서러운 젊음은 감출 새도 없이 티가 나는 모양이다.

"음…. 좁은 새장 안에 갇혀서 바깥세상을 갈망하는 작은 새 같다고나 할까요? 세상일이 뜻대로만 움직여준다면 너무 재미없지 않겠어요? 하고 싶은 게 있으면 악착같이 매달려서 이뤄낼 때 스릴도 경험할 수 있는 거고, 인생이란 게 너무 한길로만 나 있으면 재미없잖아요. 때론 고속도로도 타고, 갓길도 달려보고, 유턴도 해보고, 진흙탕에도 빠져 봐야 인생이죠."

일면식도 없었던 타인에게서 진심 어린 걱정의 말을 들으니 별안간 나 자신이 측은하게 느껴졌다. 새 삶을 일구게 될 운명에 놓인 친구를 부둥켜 안고 부러움에 서러움에 북받쳐 한껏 울고만 싶다. 이제는 누가 봐도 더 이상 희망을 믿지 못하고, 망연자실 속절없이 흘러가는 인생을 방치하고 있는 것만 같은 멍한 눈빛을 아무렇게나 던지고 다니는 게 바로 나였다.

"흐흑! 제가 그렇게… 안 돼… 보이나요…?"

불현듯 질문을 던지고 나니 눈물이 또르르 굴러 턱밑에 이슬처럼 맺혔다. 남몰래 사모하던 준수 오빠를 향해 모진 소리를 던져놓고 나온 것도 뒤늦게 속이 상했다. 아무리 서운해도, 두 번 다시 볼 마음이 없다 하더라도, 그렇게 모진 말을 내뱉는 게 아니었다. 소리 없이 흐르던 눈물이 목젖이 너울댈 때마다 꺼이꺼이 울음이 되어 나왔다.

"아뇨! 아뇨! 그게 아니라…. 전 그냥 우울하신 것 같아서 그냥 기분이나 풀어드릴까 하는 마음으로 드린 말씀이었어요. 아이구, 이걸 어쩌지?"

그는 서둘러 사태를 수습하려 했지만 내 마음은 흥건히 물에 젖은 티슈처럼 무겁게 가라앉았다. 내 무릎 위에 누워 세상모르고 잠이 든 도희의 볼 위로 뜨거운 눈물이 하염없이 떨어졌다.

"손님, 이제 그만 눈물을 닦으세요."

한참만의 적요를 깨고, 그가 티슈를 건네며 말했다.

"어떤 인생을 사느냐는 순전히 본인에게 달린 것 같아요. 심장이 뛰는 한 어떤 것도 우리가 하고자 하는 바를 멈추게 할 수는 없는 거잖아요. 살아있는 한 인간은 결국엔 해내게끔 되어 있어요. 다만, 꿈만은 잃어서는 안 돼요. 다른 사람은 몰라도 스스로가 스스로를 버려선 절대 안 돼요!"

생각지도 못했던 때와 장소에서 다른 사람으로부터 받은 상처가 또 다른 사람의 한 마디 말에서 커다란 위로를 얻기도 한다. 진심으로 위로가 되어 나는 눈물을 닦고 잠든 도희의 얼굴을 가만히 내려다본다.

"기사님, 사실 전 하루하루 벽과 마주하는 기분이에요…."

아무 일도 더는 일어나지 않는 내 삶이 끝없이 펼쳐진 사막의 모래알처럼 뒹구는 기분. 내 인생도 이제 모래알처럼 공기 중으로 사라질 것만 같다.

"손님, 제 얘기 좀 해드려도 될까요? 전 십년 전만해도 잘 나가는 벤처 기업의 이사였어요. 이래봬도 제가 이름만 대면 알만한 S대를 우수한 성적으로 졸업한 재원이랍니다. 대학 때 미팅에서 만난 아내와 결혼해 가정을 꾸리고 아침마다 아내가 다려준 하얀 와이셔츠에 실크 넥타이를 입고 출근했었죠. 그때까지만 해도 세상에 부러운 게 없었어요. 제 삶에 부족한 것이라곤 없었고, 모든 지 뜻대로 술술 풀렸으니까요. 그런데 결혼 후 6년 만에 얻은 아들 녀석이 아프기 시작하면서 인생의 커다란 고비가 찾아왔어요. 글쎄 이 녀석이 태어나면서부터 숨을 제대로 쉬지를 못 하더라구요. 태어나서 제 엄마 품에 제대로 안겨보지도 못 하고 줄곧 병원에서 살았어요. 왜 하필이면 내게 이런 고통이 찾아왔을까? 아무리 생각해봐도 죄를 받는 것 같아 그때부터 하느님을 믿기 시작했어요. 무거운 짐 들고 가는 노인들 보면 달려가서 도와드리고, 지금까지 살면서 내가 하대했던 사람들을 위해서 끊임없이 기도했죠. 그런데 설상가상으로 회사가 부도가 나 그 알량한 일자리마저 잃고 말았어요. 다른 친구들은 신도시도 이사도 하고, 여행도 다니고, 골프도 배우러 다니는데, 저한테는 모든 게 주제넘는 짓인 것만 같았죠. 돈이라고 힘들게 벌어 놓으면, 아들 병원비로 다 빠져나가니 돈을 벌어도 신바람이 나지 않았고요. 어린 핏덩이가 아파서 신음하는 걸 보면 차라리 태어나지 않느니만 못하다는 생각이 들었어요. 대신 아파주지 못하는 게 그저 미안해서 꺼이꺼이 밤마다 목 놓아 울었어요. 전 아들을 위해서 안 해본 일이 없어요. 건설 현장에서 벽돌을 나르고, 하다못해 싸늘하게 얼어붙은 시체를 닦아 보기도 했어요. 아들을 살려야만 한다는 생각만 하면 시체를 닦는 일도 두렵지 않더라고요. 그런데 신기하게도 어느 날부턴가 아들의 병세가 호전되기 시작하는 거예요. 이 녀석이 우릴 보고 웃기도 하고, 옹알이도 하더라고요. 이유식을 받아먹기 시작하더니 급기야 아장아장 걷기까지 했어요.. 기적이었죠. 다른 부모들에게는 너무나도 당연했을 작은 일상들이 저희에게는 하루하루 축복이 더해가는 것만 같아 기쁨의 눈물이 멈추지를 않았어요. 그리고 전 깨달았어요. 어느새 아들이 제가 살아야 하는 존재의 이유가 되었다는 것을요. 아들이 아니었다면, 그 어두운 고통이 아니었다면 전 언제까지나 살아가는 일이 만만하고, 대수롭지 않았을 겁니다. 모든 것이 만만했던 시절 자만하고, 또 나보다 못한 사람들을 하대하며 자만했던 저를 사랑하시는 하느님께서 특별히 내려주신 은혜가 바로 아들이라고 생각해요. 집사람이 지금까지 버텨준 것도 하느님의 은혜고요. 전 이제 그 어떤 고생도 고난도 어려움도 두렵지 않아요. 다음 달이면 넓은 아파트로 이사도 하고요, 이제 기반이 잡히는 대로 다시 사업을 시작할 계획이에요. 무엇보다도 지금 건강하고 예쁜 것도 하느님의 은혜란 걸 잊지 마세요. '얻어먹을 수 있는 힘만 있어도 주님의 은총'이라는 꽃동네 신부님의 말은 틀린 말이 아닙니다. 전 어떤 상황에 처하더라도 인간은 마음먹기에 따라서 기적도 이루어낼 수 있는 저력이 있다고 믿거든요. 그걸 빨리 깨달을수록 성공의 주인공이 되는 시기는 앞당겨져요. 부디 꿈을 잃지 마세요."

택시가 완전히 사라질 때까지 나는 찬바람을 맞으며 골목길에 서 있었다. 그는 누구일까? 희망을 의심하고 있는 나에게 꿈을 심어주기 위해 찾아온 수호천사는 아닐까? 누군가 오래전부터 이 순간을 계획하고 날 지켜봐왔다는 예감을 떨쳐버릴 수 없었다.

'얻어 먹을 수 있는 힘만 있어도, 그것은 주님의 은총입니다.'
－꽃동네, 오웅진 신부－

Chapter3

꿈의 원리

피그말리온 효과

이튿날 아침, 면접 사이트에 들어가 주민등록번호와 이름을 입력하자 합격 발표와 함께 다음 면접 일정이 또르륵 굴러 나왔다. 서류전형은 정신지체나 한정치산자가 아닌 다음에야 99.9%가 합격이라는 상담원의 말을 상기하며 나는 짐짓 담담한척해 본다. 그러나 '합격', '축하'와 같이 건설적인 단어의 주인공이 되어본 것이 이 얼마 만인가. '잉여인간'의 탈을 쓰고 밤마다 울음으로 지샌 무수한 밤들을 생각하면, 체면을 무릅쓰고 눈 오는 날 마당에 풀어놓은 강아지 마냥 온 동네를 경중경중 뛰어다니고 싶다.

불확실한 미래 앞에 망설이고 있을 때 누군가의 지나가는 격려 한마디가 전력질주할 힘을 불어넣기도 한다. 그럼, 가슴에 품은 작은 불씨가 커다란 불꽃으로 번져나가기 시작한다. 불씨가 더욱 활활 타오를 수 있도록 비바람을 막아 주고 기름을 부어주면 마침내 커다란 불꽃으로 훨훨 타오른다. 우리의 꿈도 마찬가지다. 실패와 좌절과 같은 부정적인 단어들을 멀리하고, 용기와 자신감을 주는 긍정적인 단어들을 가까이하면 할수록 커다란 에너지를 얻어 성장한다. 작은 불씨에 불과했던 꿈의 씨앗을 얼마든지 멋진 불꽃으로 키워낼 수 있다. 거기 꿈의 씨앗이 없다면 제아무리 고래를 춤추게 하는 칭찬도 무의미하다. 마음만 있다면 북극과 남극을 오가는 사랑도 가능하며, 마음이 없다면 한 집에 머문들 그것은 사랑 아닌 형벌에 지나지 않는다. 하고자 하는 마음, 꿈을 이루고자 하는 열정이 심장을 잠식하지 않고서는 제아무리 뛰어난 재능의 소유자라 한들, 젖 먹던 힘을 다하여 노력한다 한들 성공을 거머쥘 순 없다. '열심히 살아야겠다', '남들 놀 때 공부하자', '부자가 되자'란 막연하고 밋밋한 계획들은 절대로 커다란 성공을 불러들일 수 없다. 구체적이고 명확한 목표를 세우고 그에 걸맞은 계획들을 차근차근 세워서 집중적으로 공략해야만 성공은 성큼성큼 다가오고, 인생은 기대했던 것 이상으로 커다란 변화를 맞이한다.

무언가를 위해서 이렇듯 치밀하게 준비하면서 가슴 졸이던 시절이 언제였던가. 꿈을 성취해 내는 법을 스스로 터득한다면 그 어떤 어려움 앞에서도 스스로의 힘으로 헤쳐 나갈 지혜와 식견을 얻을 수 있다. 그래, 이번에야말로 흥미진진한 나와의 한판 승부가 될 것이다. '간절히 원하고 노력하면 꿈은 이루어진다!' 그동안 교과서 속의 말이라고만 여기던 피그말리온 효과를 적극적으로 활용해 보자. 내 안의 에너지로 어떤 변화를 가져올 수 있는지 한판 승부를 걸어보자. 아! 눈부시게 한 번 크게 성공해 보자.

피그말리온 효과 (pigmalion effect)
→ 간절히 원하고 노력하면, 꿈은 이루어진다.

장 밥티스트 백작, 1786년, 베르사이유궁 소장 (출처: wikimedia)

'피그말리온 효과'는 고대 조각가가 자신이 사랑하는 이상형의 여인을 그리며 조각하자 어느 날 조각상이 실제로 현실 속 여인이 되었다는 그리스 신화에서 유래한다. 피그말리온이 조각상을 열심히 조각하고 색을 입히는 노력만 들였다고 해서 조각상이 사람으로 환생하진 않았을 것이다. 조각상처럼 이상적이고 아름다운 여인이 실제로 자신의 여인이 되었으면 좋겠다는 간절한 열망과 끝없는 욕망이 전해져 돌덩이에 불과했던 조각상이 생명을 얻을 수 있었던 것이다. '간절히 원하고 바라면'이란 구절이 함축하는 바는 바로 간절한 소망, 다시 말해 꿈을 이루고자 하는 끝없는 열정에 해당한다. 그 열정에 밀도 있는 노력이 더해져 꿈이 성취되는 것임을 그리스 신화는 전하고 있는 것이다.

꿈의 씨앗! 커다란 불꽃으로 피어오를 작은 불씨를 찾아 자신감과 희망을 영양분 삼아 커다랗게 키워야 한다. 불평불만으로 주어진 환경 안에서 허덕이거나 자포자기의 심정으로 아무런 의지도 열정도 없는 나태한 자세로 삶을 대하는 건 인생에 대한 모독이다. 뿔난 인생은 그에 대한 대가를 톡톡히 치르게 한다. 본인 스스로가 소중한 인생을 낭비하게 만들며 결국 성공과는 동떨어진 삶을 살게 한다. 모든 실패의 원인을 환경에서 찾으면서 살아온 대로 혹은 살아지는 대로 삶에 휘말리게 만든다. 그러나 불평불만과 자포자기로 인생을 낭비하지 않고, 자신의 꿈을 키우기 위해 힘쓰는 사람들은 위인들의 자서전이나 자기 계발서는 물론, 세기를 거듭해 고전으로 내려오는 소설집들을 찾아 다독한다. 책을 통해서 그리고 성공한 사람들의 일화나 에피소드 안에서 문제의 열쇠를 찾고, 난관을 극복할 실마리를 얻는다.

나는 오늘부터 '잉여인간'의 탈을 벗어던지고, 승무원의 꿈을 명확히 가슴에 품을 것이다. 이미 합격한 선배들의 합격후기를 프린트해서 빨간펜으로 밑줄을 좍좍 그어가면서 별표를 쳐가면서, 합격의 영광을 누리기 전 수많은 관문 앞에서 조마조마하던 그들의 심리에 감정을 이입해 곧 다가올 순간의 미래를 느껴볼 것이다. 얼굴도 모르는 면접관의 예리한 눈빛과 표정 앞에서 절대로 당황하지 않고 침착하게 웃으며 준비한 답변을 성실하게 답하는 미래의 내 모습도 그려보았다. 어깨너머로 벌써부터 합격 레터가 넘실거리는 기분이다.

2차 면접 일정은 원서접수를 워낙 일찍 해둔 탓에 첫째 날 이른 오전

10시로 배정받았다. 남은 시간은 고작 사흘이다. 어차피 출근 도장을 찍어야 할 직장이 있는 것도 아닌데, 평일이고 주말이고 시간에 구애받지 않으니 천만다행이다. 며칠 전 아웃렛에서 장만해둔 검은색 정장을 꺼내 세탁소에 다림질도 맡겼다. 어느 대기업의 면접 가이드북에서 면접장에선 최대한 튀지 않고 무난한 이미지의 복장으로 임하는 것이 유리하다고 본 기억이 난다. 아무래도 아웃렛에서 구입한 검은 톤의 정장은 나쁘지 않은 선택이었다고 본다. 나는 연분홍 블라우스 위에 검은색 재킷과 스커트를 입었다. 그리고 포인트를 주기 위해서 일부러 은회색 실크 스타킹을 선택했다. 여느 항공사 광고에 등장하는 승무원의 머리 모양대로 실오라기 한 올 남기지 않고 모두 모아서 뒤로 넘겨 동그랗게 도넛 모양으로 쪽머리를 만들어 올렸다. 그리고 이지적인 느낌을 가미하기 위해서 뿔테 안경을 썼다. 마지막으로 코가 뾰족하게 모아진 하이힐에 올라서니 키도 한결 커 보이는 것이 어쩐지 자신감이 따라 붙었다.

　면접 대기실에는 면접을 보기 위해 전국 각지에서 등장한 선남선녀가 한자리를 메우고 있었다. 남녀 할 것 없이 빨주노초파남보 가리지 않고 형형색색 다채로운 색상의 정장과 전문가의 손길이 여지없이 느껴지는 화사한 화장을 체크하느라 바빴다. 누구 하나 흐트러진 모습으로 앉아 있는 사람이 없었다. 그러고 보니 핑크, 블루, 빨강, 보라색의 재킷을 입은 사람들의 얼굴빛은 보색 대비를 이루어서인지 더욱 밝게 느껴졌다. 초상집에 문상을 온 것도 아닌데 머리부터 발끝까지 올블랙으로 통일한 선택이 크나큰 실수란 불길한 예감이 엄습하기 시작했다. 얼마 전 화려하다고 이유로 나를 해고한 학원장으로부터 받은 서러움을 잊기 위해 한동안 투명한 색상으로 네일 관리를 한 나와는 정반대로 하나같이 각 항공사의 특성과 상징을 본뜬 이미지를 새겨 넣은 화려한 네일을 보란 듯이 무릎 위에 올려놓고 있었다.

남자 응시자는 체크무늬 정장에 가로 줄무늬 넥타이를 잘못 골라도 한참 잘못 골랐다는 상담원의 조언에 따라 민무늬 넥타이로 황급히 교체하고 있었다. 살색 혹은 커피 2호로 쭉 내려뜨린 늘씬한 다리들 틈에서 은갈치 색으로 반짝이는 나의 다리가 유난히 튀었다. 검은색 실핀으로 이마로 흘러내린 애교머리를 고정시킨 나와는 상반되게 누구 하나 꼬질꼬질한 실핀의 도움 없이 무스와 스프레이로 잔머리 하나 남기지 않고 머리를 뒤로 넘기고 있었다. 화려한 의상, 세련된 화장, 늘씬하게 쭉쭉 뻗어 오른 키, 그리고 어깨 가득 철철 넘치는 자신감과 당당함. 머리부터 발끝까지 전문가의 손길이 느껴졌다. 응시자가 아니라 이미 현직에 몸담은 승무원들 같았다. 아! 이 세계는 얼마든지 화려할 수 있을 만큼 화려해도 되는 곳이구나! 수수하고 무난하게 자신을 낮추어서는 절대 살아남을 수 없으리란 예감이 들이닥쳤다.

모든 응시자들이 하나같이 물 만난 물고기처럼 총기 어린 눈매로 자신의 순번을 기다리고 있었다. 이 탄탄하고 전문화된 조직의 일원이 되기를 꿈꾸는 사람이 너무나도 허술한 자세로 준비한 것은 아닐까? 갑자기 불안감이 몰려왔다. 그래도 여기까지 왔는데 겁부터 먹을수는 없다. 다른 사람들이 하나같이 화려한 의상을 입고 있는 만큼, 되려 수수하고 무난한 올블랙에 은회색 실크 스타킹으로 포인트를 주는 것도 나쁘지 않다. 이지적인 이미지를 어필하기 위해 검은 뿔테 안경까지 준비했다. 겉모습만 번드르르한 지원자들에 비해 훨씬 이지적으로 보이리란 나만의 계산이다. 그래, 아직 희망의 끈을 놓기엔 이르다. 뚜껑은 열어봐야 아는 거니깐!

면접의 기본: 이미지와 그루밍

다섯 명이 한 조를 이루어 번호순으로 면접실로 입장했다. 3번인 나는 공교롭게도 면접관과 정면으로 마주 보고 서게 되었다. 번쩍번쩍 은회색 실크 스타킹이 눈앞에 놓이자 면접관은 믿을 수 없다는 듯이 뚫어져라 나를 바라보았다. 안경다리가 느슨하게 풀어져서 자꾸만 콧날 위에서 겉돌았다.

면접관이 번호순으로 이력서에 적힌 사진과 얼굴을 하나씩 확인한 후에 몇 자 끄적이는가 싶더니 속사포처럼 질문을 퍼붓기 시작했다. 먼저 1번에게 물었다.

"Why do you want to be a cabin crew?"

왜 승무원이 되길 원하죠?

"I've always dreamed of being a cabin crew who can serve the world with a warm smile. I can say that I'm a person who doesn't lose my smile even in difficult situations. When I look at the world with a smile, I can forget my worries and even think that I am the happiest person in the world. Also, I think I can learn new philosophy about international manners, religion, world skills, and life through my job as a cabin crew. I think being a cabin crew is a great job to develop my capabilities. So I would like to be a cabin crew!"

전 항상 전세계를 미소로 봉사할 수 있는 승무원을 꿈꾸어 왔습니다. 전 곤란하고 어려운 상황에서 조차 미소를 잃지 않는 사람입니다. 미소로 세상을 바라볼 때 근심을 잊을 수 있고, 세상에서 가장 행복한 사람이라는 생각마저 듭니다. 또한 승무원이란 직업을 통해서 국제적인 매너와 종교, 처세술, 삶에 대한 새로운 철학을 배을 수 있다고 생각합니다. 저는 승무원이란 직업이야말로 제 능력을 개발할 수 있는 멋진 직업이라고 생각합니다. 그래서 승무원이 되고 싶습니다.

1번이 답을 하는 구질마다 면접관이 흐뭇한 미소를 지으며 고개를 끄덕거렸다. 1번의 답이 끝나자 2번이 마른 침을 삼키며 질문 받을 준비를 한다.

"Could you please tell me about yourself?"
본인 소개를 해보겠어요?

"I am very positive, outgoing and considerate person. I always try to look on the bright side of things and very kind to others with smile regardless of how they treat me. Because this is the way of professionalism. My philosophy in life is to be professional. I do my best at any time and any kind of situation."

전 굉장히 긍정적이고, 외향적이며 사려 깊은 사람입니다. 전 언제나 모든 일의 밝은 부분을 보려고 노력하며, 다른 사람들이 저를 부당하게 대하더라도 언제나 웃음으로 제 할 본분을 다하려고 합니다. 그

것이 바로 프로다운 방법이라고 생각하기 때문입니다. 어떤 상황에서
든 최선을 다하며 프로답게 행동하자는 것이 제 인생의 철학입니다.

"Very good!"

2번이 똑떨어지게 답변을 마치자 면접관이 맞장구까지 쳤다. 내 차
례가 다가오자 난데없이 심장이 두근거리기 시작했다. 청심환이라도
하나 먹고 들어오지 않은 것이 후회되었다.

"How would you feel about serving alcohol to others?"

술서빙을 하는 것에 대해서 어떻게 생각하죠?

"…alcohol?"

술이라니? 지원 동기, 성격, 장래 포부, 가치관, 서비스 경험, 자질,
장단점 등 수많은 예상 질문들에 대한 답을 준비했지만 알콜에 대한
질문을 받으리라곤 미처 생각지 못했다. 술서빙에 대해서 전혀 개의
치 않는다고 말하자니 이렇다 할 근거가 떠오르지 않았고, 절대로 술
서빙 따윈 할 수 없다고 강하게 반박하는 것도 왠지 아닌 것 같았다.
무슨 말이든 하긴 해야 했는데 뭘 어떻게 말해야 좋을지 감을 잡지
못 하겠다. 나는 졸지에 꿀 먹은 벙어리가 되었다.

"Could you please tell me about your work experience?"

근무 경험에 대해서 말해보세요.

내 입이 열리기를 재촉하듯 안경 너머로 나를 다시 한 번 들여다
본 면접관은 끝내 4번으로 냉정하게 시선을 넘겼다.

"I have experienced as a secretary for a international
contemporary art galley for 4 years. I've always dreamed of being
a cabin crew who meet various kinds of people. I also worked
cashier, waitress in hotel as a part time job. on graduating from
university I worked in service industry for a long time. and the

experience that I had made me mature and kept me smiling at all time under any situation. I learned about the polite manner to cope with various people and situation. and I am very healthy enough to control all sort of cultures and time difference. I am definitely sure that I am suitable for cabin crew position."

전 국제적인 아트갤러리에서 4년 가까이 비서로 일했습니다. 또한 호텔에서 프론트 캐셔와 레스토랑 웨이트리스 아르바이트를 했습니다. 서비스 분야에서 다양한 경험을 쌓은 저는 어떤 상황이나 환경에서든 웃음으로 상황을 대처할 줄 아는 사람이 되었습니다. 오랜 서비스 경력은 저를 어떤 상황에서든 미소로 여유 있게 대처할 줄 아는 성숙함과 여유를 주었습니다. 예의와 다양한 사람들과 상황들을 상대할 줄 아는 처세술, 그리고 다양한 문화와 시차까지 극복할 줄 아는 유연함이 승무원직에 적합한 자질을 키웠다고 생각합니다.

4번이 끝나자 질문은 5번에게 넘어갔다. 5번 역시 기다렸다는 듯이 자신 있게 답변을 이어갔다.

"Why did you apply for our company?"

왜 우리 회사에 지원했죠?

"I would like to work somewhere my experience and skills can be utilized to the maximum. and I am looking for a challenging, rewarding career which I can grow with the company. And I want to lay the foundation in such a workplace and become a manager in the future. Your company is the fastest growing airline in the world and has a good working environment and reputation. I would like to expand my career in such an enterprising and global company. and I believe that I can provide excellent service to more customers."

전 지금까지 쌓아온 제 능력과 기술을 최대한 활용할 수 있는 곳에서 일하고 싶습니다. 제가 찾는 일터는 도전적이고, 진취적이면서 더불어 회사와 함께 직원도 꾸준히 성장할 수 있는 곳입니다. 그리고 그런 일터에서 기초를 닦아 향후에는 관리자에 위치에 오르고 싶습니다. 귀사는 세계적으로 가장 빠르게 성장하는 항공사로서 좋은 업무 환경과 명성이 드높은 곳입니다. 저는 그런 진취적이고 세계적인 회사에서 제 커리어를 확장하며 보다 많은 고객들에게 최고의 서비스를 제공하고 싶습니다.

외로운 섬처럼 나를 가운데 두고, 나머지 1,2,4,5번은 마치 오래전부터 연습에 연습을 거듭해온 팀원들처럼 손발을 맞게 답변을 마쳤다. 졸지에 바보, 천치가 된 기분이었다. 그렇게 우물쭈물 꿀 먹은 벙어리처럼 서 있으니, 어떤 말이라도 했어야 했다.

"수고하셨습니다."

면접관이 칼로 무를 자르듯 차갑게 쏘아댔다. 7분여에 걸친 내 첫번째 승무원 개별면접은 허무하게 막을 내리고 말았다. 고기도 먹어본 사람이 맛을 안다고 했던가. 나만 빼놓고 모두가 이런 형태의 면접에 많은 적잖은 경험이 있어 보였다. 축 늘어진 어깨가 빈손을 더욱 무겁게 늘어뜨렸다. 코에 걸쳤던 뿔테안경이 콧잔등까지 헐렁하게 내려왔다.

"나 참 어처구니가 없어서! 외항사 승무원을 뭘로 보는 건지 원…. 은갈치 스타킹에 안경까지 쓰고 와서 멍 때리는 사람은 뭐야? 이게 무슨 사감 선생님 면접인 줄 아나?"

면접관이 마침내 쥐고 있던 볼펜을 책상 끝으로 튕기며 말하는 것을 나는 분명히 들었다. 나는 콧잔등에 걸린 안경을 냉큼 거두고 마른 입술을 혀로 축였다. 문을 닫고 뒤를 돌아보니 함께 면접장에 들어섰던 4명의 지원자들이 한심스러운 얼굴로 일제히 나를 깔아보고 있었다.

"미모야 여전하지. 그러나 인상이 확 변했다. 예전엔 수줍은 소녀 같더니만 이제는 사회인다운 얼굴을 하고 있지 않니? 하기야 그동안 세상이 그렇게 호락호락하지만은 않았을거야."

"그러게, 아까 저만치서 걸어오는데, 사감 선생님 같더라. 하하하!"

얼마 전 술자리 모임에서 준수 오빠를 비롯한 친구들의 농담이 이렇듯 빨리 현실이 될 줄 몰랐다. 아! 사감 선생님이라니… 모든 게 그날 장난삼아 나를 빈정거리던 사람들 때문에 벌어진 일인 것만 같다. 이제 모든 게임은 끝났다. 면접관은 이 업계를 물로 보는 나 같은 사람들 때문에라도 면접의 질을 높여야 한다고 굳게 마음먹었을 지도 모른다.

> **'은갈치 스타킹 및 안경 착용자**
> **꿀 먹은 벙어리 면접 사절!'**

엘리베이터를 타고 로비로 내려오는 내내 환청에 시달렸다. 하나같이 늘씬하게 빠진 몸매에 달처럼 환한 얼굴로 줄줄이 소시지처럼 영어를 읊어대던 다른 응시생들을 떠올릴수록 나는 공황상태에 치달았다. 5· 4 ·3 ·2 ·1 마침내 엘리베이터가 1층 로비에 이르자 자동문이 스르르 열렸다. 황망히 발을 내딛는 순간 나의 귀에 감겨든 것은 언제나처럼 상냥하고 생기발랄한 상담원의 목소리였다.

"어머나, 온누리 씨 아니세요?"

반갑게 인사를 건네던 그녀는 이내 당황스러운 기색을 감추지 못한 채 나를 물끄러미 바라보았다.

"…아니, 누리씨…. 오늘 어디 문상이라도 가세요?"

다시 한번 나의 차림새를 훑어보던 상담원의 얼굴에 걱정 어린 기색이 감돌았다.

"…네에? 아니, 그게 아니라…. 면접을…."

"헉! 설마하니 이 차림으로 면접을 보셨단 말이에요?"

그녀의 눈이 놀란 토끼처럼 휘둥그레지는 모습을 보는 순간 마지막 남은 여린 희망의 끈마저 놓치고 말았다. 기본도 모르고 면접장에 나타난 수치심에 사로잡혀 쥐구멍이라도 있으면 당장 들어가 숨어버리고 싶었다.

"아니, 누리 씨…. 개별 면접의 포인트는 이미지 체크란 걸 모르셨어요? 이미지를 우선시하는 면접엘 초상집 문상객처럼 하고 나타나시면 어떻게 해요? 그리고 이 뿔테안경은 또 도대체 뭐예요? 네? 구르밍이 생명이라고 제가 몇 번을 말씀드렸어요? 나 원 참…. 승무원 이미지 상담 6년에 이런 경우는 또 처음이네…!"

"저 떨어졌겠죠?"

울상이 되어버린 얼굴에서 나는 안경부터 걷어냈다.

"그거야 제가 면접관이 아니니 뭐라고 말씀드릴 수 없지만, 면접 보러 오시는 분들 통틀어 이런 케이스는 굉장히 드물다는 것만은 사실입니다. 학원을 다니시면서 본격적으로 관리만 받으셨어도 오늘날과 같은 불상사는 미연에 방지할 수 있었을 텐데…. 정말 안타깝네요. 어쩜 몰라도 이렇게 모르실 수가 있어요?"

"저 하루빨리 등록하는 게 낫겠어요."

나는 절박한 심정으로 그녀의 손을 잡으며 말했다. 자신감의 부재, 낙관할 수 없는 미래는 모두 무지함에서 비롯된다. 내가 이루고자 하는 분야의 성격, 취향, 특성에 관하여 어떠한 정보도 고민도 사색도 없었으니 오늘의 나를 만든 것은 순전히 막연한 열정에서 비롯된 무지이다.

"그렇죠! 바로 이거예요! 이것도 시험이나 마찬가진데 공부를 하셔야죠. 오늘 면접의 경험을 계기로 이제라도 마음을 독하게 먹어요. 지금까지 저희 학원에서 합격하신 분들 하나같이 도시락 싸가지고 다니시면서 새벽같이 나와서 스터디 하신 분들이에요. 두 달만 꾹 참고 어디 한 번 해봅시다!"

내가 다시금 거머쥐어야 할 열정은 무르익은 가을 단풍잎처럼 반짝이는 그녀의 입술사이에서 출렁이며 나를 재촉했다.

신용카드가 얌전히 누워있는 지갑을 일단 열었다. 그리고 우선 3초간 눈을 감고 심호흡을 내쉬었다. 이런 경우에 나를 다독이는 기시감이 같은 실수는 두 번 반복하는 게 아니라는 희미한 경각심을 일순간 새싹처럼 돋아났기 때문이었다.

대학 입학을 두어 달 앞둔 시점에서도 한차례 비슷한 경험이 있었다.

"국제화 시대의 영어가 본인의 값어치를 결정하는 척도라는 거 모르시는 분 없을 겁니다. 그야말로 세계무대로 진출하는데 영어는 기본인 시대가 도래한 것입니다. 자신의 전공과 상관없이 대학이란 새로운 사회에 진입하시는 새내기 여러분의 동반자가 되어 드리고 싶습니다. 주요 해외 뉴스와 이코노미스트만 추려낸 교본과 시디 전집을 무이자 6개월 할부로 제공하고 있습니다. 자신의 투명한 미래를 위해서 주저하지 마시고 지혜롭게 투자하실 기회를 이 자리에서 바로 드리겠습니다."

그래서 명동 양복점에 맡겨놓은 아버지 정장을 찾을 때 결재하라고 받은 골드 카드를 거침없이 긁어버린 것이다. 전집은 천장과 닿을 듯 말듯 옷장 위에서 먼지를 뿌옇게 뒤집어쓰고 하루하루 과거가 되어버렸다. 아버지는 당시 황당함을 애써 가라앉히시며 이렇게 말씀하셨다.

"영어 공부 열심히 해서 꼭 좋은 회사 취직해야 한다."

책을 제대로 꺼내서 진지한 시선으로 읽어 본 적은 없지만 책의 뒤꽁무니를 볼 때마다 내심 꼭 제대로 취업해서 효도하리란 각오에 날을 세웠다.

대학 4학년 1학기에 이르러서야 비로소 내 명의의 신용카드를 만든 이후 비슷한 사건은 또 있었다. 적잖이 과외로 용돈도 충당했고, 간간이 잘만 활용하면 신용카드를 사용하는 것이 현금 사용보다 훨씬 경제적이란 마인드를 갖출 무렵이었다. 집에서 가까운 전철역에 내려 인물이 훤칠한 구릿빛 젊은이의 몇 마디에 홀려서 나는 장장 한 시간 동안 '가시오갈피'의 효능에 대한 귀가 닳도록 설명을 들었다.

"근데 대학생이신가 보다. 부럽네요. 전 형편이 안 돼서 일찌감치 대학 공부 같은 건 포기했어요."

청년은 간간이 이런 말을 하면서 내가 무릎에 얌전히 쥐고 있던 전공서적을 물끄러미 바라봤다. 동정심이 인 나머지 나는 폼으로만 지니고 다니던 카드를 뭐에 홀린 듯이 건네 버리고 말았다. '가시오갈피'는 이후로도 종종 전화를 걸어와 오늘 얼마치의 매출을 올려 다음 달이면 기천만 원의 수익이 발생한다는 등의 참 감이 안 잡히는 이야기를 전해왔다. 미팅에서 만나온 아직도 엄마 간섭을 받고 사는 남학생들에게서는 느껴보지 못한 야릇한 야성미와 색다른 매력이 위태롭게 가슴을 설레게 했지만 침대 밑에서 약 상자를 발견한 엄마가 펼친 한바탕 난리통에 나는 마음의 정점을 되찾아야만 했다.

"내가 못 살아. 못 살아. 네가 무슨 큰일을 한다고 '가시오갈피'를 한 박스나 대 먹어? 이거 얼마주고 샀어? 헉! 뭐? 40만 원? 40만 원이 누구 집 애 이름이야? 애가 세상 물정을 몰라도 한참 몰라. 제대로 된 약 같으면 약방에 내놓고 팔지, 전철역에 숨어 있다가 지나가는 사람 붙들고 팔아먹겠니? 무슨 벌레를 넣고 만들었는지 알게 뭐야? 약 잘못 먹고 탈이라도 나면 어쩌려고 함부로 길거리에서 이런 불량식품을 사다 먹니? 너두 참 한심하다 한심해. 당장 물려오지 못해?"

'가시오갈피'에게 전화를 걸어 부모님의 반대가 심해 약 값을 환불받아야겠다는 의견을 전했으나 '가시오갈피'의 약에 관한 자부심과 이론은 실로 대단했다. 통화를 하다 보면 약의 효능을 과소평가하는 엄마를 설득해서라도 몇 달간 꾸준히 먹어봐야겠다는 믿음이 다시금 샘솟았다. 종종 침대 밑에서 낮잠을 자던 강아지가 약봉지를 물어뜯고 노는 습관을 들이면서 '가시오갈피'는 야금야금 자취를 감춰버렸지만, 결과적으로 공중분해 돼버린 40만 원의 행방은 그 어디에서도 찾을 수 없었다. 카드를 결제하기 위해서 나는 과외를 한 군데 더 뛰기 시작했고, 내가 좋아하던 커피 브랜드를 애용하는 횟수를 제로화시켜야 했다. 아, 이 무슨 한심한 짓이란 말인가. 불현듯 소싯적 경솔했던 나의 행실들을 돌연 떠올라 나는 얼마간 생각에 잠겼다. 그러나 이번만은 상황이 다르다. 가슴에서 조바심이 났던 것이다.

통하는 항공사에 올인하라

꿈! 열정! 오뚝이처럼 나를 다시 일어나게 만드는 이 자극과 오기! 그것은 아직 가지지 못한 것들을 향한 내 마음의 질투와도 같은 오기이자 열정이었다. '뉴스위크 영어 테이프', '가시오갈피'와 같이 판매원을 향한 어설픈 동정심에서 비롯된 부적절한 결론의 증거는 결코 아니다. 기본도 없이 면접을 보러 나선 나를 돌아보는 순간 이 일을 내가 얼마나 원하며, 그 과정을 통해서 내가 얼마나 강한 사람인지를 증명해 보이는 길만이 최선이라고 믿는다. 학교에서도 배울 수 없었던 것들, 그 어떤 영화나 드라마에서도 얻을 수 없었던 정보를 주는 곳이 있다면 나를 위해서 투자하고 싶다. 노력하는 시간이 배가될수록 성공 속도는 빨리지는 법이다.

"그래요, 해보겠어요. 잘 할 수 있어요."

나는 마침내 카드를 꺼내 상담원에게 건넸다.

"화끈한 온누리 씨! 정말 잘 생각하셨습니다. 올해 안에 꼭 좋은 결과 있으실 겁니다."

6개월 할부로 결제를 마치자 그녀는 영수증과 함께 두툼한 수업 교재를 내밀었다. 인사법, 매너, 메이크업, 영어 인터뷰 순으로 챕터가 분류되어 있는 교재의 첫 장을 펼치자 각 항공사별 면접 과정과 주안점이 소개되어 있었다.

우리의 날개, 『대한항공』

면접과정

1차 서류전형-2차 개별면접-2차 인성검사-3차 임원면접

(항공사 유니폼 착용) -4차 신체검사, 체력검사

(윗몸일으키기, 수영, 악력, 유연성 체크)

주안점

'우리의 날개'대한민국을 대표하는 항공사로 자부하는

만큼 회사분위기가 **매우 보수적임.** 상냥하고 단정한 이미

지를 갖춘 **예의범절이 매우 바른 사람을 선호함.**

영어 시험은 토익성적표 제출(최소 550점)로 대체함.

최종학교 성적증명서 제출요함!

아름다운 사람들, 『아시아나항공』

면접과정

1차 서류전형-2차 개별질문-영어 필기시험-

3차 임원면접-4차 신체검사, 체력검사

주안점

'아름다운 사람들'이란 모토에 걸맞게 상냥하면서도

참신한 신세대 이미지를 선호함

영어는 회사 내에서 준비한 필기시험으로 평가함

에미레이트

면접과정

1차 서류전형-2차 개별면접-3차 필기시험-

4차 그룹토의-1:1최종면접

주안점

아랍지역 메이저급 항공사 가운데 하나로 **모든 면접이**

영어로 이루어진다.

원활한 의사소통이 가장 중요하며, 뚜렷한 이미지와

적극적인 성격을 선호함

카타르항공

면접과정

1차 서류전형-2차 개별면접-3차 필기시험-

4차 그룹토의-1:1최종면접

주안점

아랍지역에서 가장 빠르게 성장하는 오성급 항공사,

'스카이트랙스'가 선정한 '올해의 항공사' 7회 수상

도하-인천 매일 취항하며, 한국인 승무원의 수요도가

점차로 높아짐

모든 면접은 역시 영어로만 이루어지며, 진취적이고

적극적인 성격을 선호함!

루프트한자

면접과정

서류-1차 제비뽑기 형식의 질문과 영어필기시험 -

2차 전화면접-3차 최종면접

주안점

독일어 가능자를 우대하며, **역시 모든 면접은**

영어로 이루어짐

동방항공

면접과정

1차 서류-2차 개별면접(흉터, 워킹검사, 면접은 화장 안 한

민낯으로 진행)-3차 최종면접

주안점

중국어 가능자, 미인대회 출신자 선호, 이미지에 중점!

국내 베이스로 외항사 중 유일하게 한국어 면접이

이루어지는 항공사

　　항공사별로 약간의 차이는 있었지만, 승무원의 기대치에 걸맞은 적임자를 찾는 승무원 면접에서 중요시하는 것은 말과 행동을 통해 그 사람의 인성과 성격을 예측하고, 단정하고 밝은 이미지를 갖고 있는가를 우선적으로 판단한다. 무턱대고 두서없이 지원하기보다는,

나의 이미지에 맞고 내가 지원할 수 있는 항공사를 파악해 집중 공략해야 했다. 나는 채용사이트에 접속해 올해 예측 가능한 채용 전망에 대한 글도 꼼꼼히 훑어보았다. 곧이어 아랍의 메이저급 항공사들이 한국인 승무원 채용을 할 조짐이 보인다는 소식들이 새록새록 올라와 있었다.

카타르나 에미레이트 연합국과 같은 이슬람 문화권은 자국 여성이 서비스 산업에 종사하는 것을 금하기 때문에 필요한 인력을 전 세계 80여개가 넘는 국가에서 수시로 채용하고 있었다. 현지 숙소 제공과 전기세, 소득세, 갑근세 등 각종 골치 아픈 세금도 모조리 면제받을 수 있는 것 또한 이슬람법에 따른 혜택이다. 기본적으로 직원 복지와 모든 복리후생이 대기업 수준에 걸맞게 짜여 있다. 말하자면, 경기가 어려워져 사장님이 월급을 안 주면 어쩌나 하는 걱정 따윈 안 해도 된다. 열심히 비행한 시간만큼 비행수당과 현지체류비 그리고 법정 비행시간이 초과되었을 경우에는 초과수당이 지급된다. 해마다 1회씩 무료 왕복티켓이 본인에게 제공되며, 본인을 포함한 직계가족(부모님과 형제자매)의 여행티켓 역시 90% 할인된 가격으로 제공된다. 본인의 경우 이 티켓의 사용횟수가 무제한이다. 그뿐만 아니라 승무원증만 제시하면 5성급 호텔과 유명 레스토랑이나 클럽, 면세품들을 할인받을 수 있다고 한다. 무엇보다도 세계 어느 나라를 가든지 명백한 커리어 우먼으로 대접받는다는 사실이 벌써부터 자부심을 주었다.

모르긴 몰라도 다른 직종들에 비해 자기 역량에 따라 얻어 갈 수 있는 것들이 훨씬 더 많은 것 같았다. 전 세계를 누비며 보고, 듣고,

느낀 경험들 속에서 세상을 바라보는 가치관에 커다란 변화를 앞당길 수 있을 것 같았다. 영어실력과 함께 융통성과 글로벌 마인드를 갖추게 되니 추후 어떤 조직이나 환경에 놓인다 할지라도 멋지게 헤쳐나갈 수 있는 자질을 자연스럽게 갖추게 될 매력적인 직업이란 확신이 섰다.

"누리 씨, 서류랑 개별면접에서 가장 비중을 두는 게 바로 이미지예요 이미지! 그래서 이력서에 제출할 사진이 굉장히 중요해요. 승무원 지망생들이 가장 많이 찾는 스튜디오를 수소문해드릴 테니까 그쪽에 가서서 다시 준비하도록 하세요. 그리고 사진에서 연출된 이미지에 걸맞은 복장과 용모를 하시고 면접에 들어가셔야 해요. 안경, 은갈치 스타킹, 블랙 정장은 절대로 안 돼요! 아셨죠?"

진심으로 당부하며 나의 손을 잡아주는 그녀의 손이 새삼 따뜻하게 느껴졌다. 립스틱, 매니큐어, 심지어 스타킹 호수까지 면접에서 환영받는 족보가 대대로 내려오는 모양이었다.

상반신 사진 (여권사이즈)

눈은 초승달!

코끝에 힘주고!

입은 귀까지 걸리게!

얼굴은 보름달!

어깨는 활짝 펴고!

시선은 카메라 렌즈의 조금 아래쪽!

배경색은 입고 있는 재킷과 보색으로!

전신사진

-최대한 키가 커 보이도록 손바닥을
  펴서 허벅지에 바짝 붙인다.

-주먹을 쥐고 서면 키가 다소 작아
  보인다는 사실 명심!

-무릎이 서로 붙도록 가지런히 모은 다음
  다리에 최대한 힘을 준다!

"처음 준비하시는 분들이 다들 고생하시는 게 바로 인사예절이에요. 너무 당연시 여기는 부분이라 가장 쉬운 것 같으면서도 어려운 부분이죠. 자, 절 한 번 따라 해 보세요. 먼저 '안녕하십니까?' 하고 강단 있게 외친 다음, 상체를 앞으로 깊게 숙였다가 45도 각도에서 딱 멈춰요."

"이렇게요?… 아, 안녕하십니까?"

나는 그녀가 시키는 대로 자리에서 일어나 허리를 숙여 인사를 해 보았다.

"그렇죠. 멈춘 상태에서 1초쯤 정지했다가 다시 천천히 상체를 바르게 펴주세요. 나 이때도 역시 손은 가지런히 배꼽 아래쪽에 모아주시고, 오른손이 왼손 등을 살며시 덮어주세요. 이야! 아주 잘 하시는데요."

인사법 하나에도 이렇게 복잡한 단계와 질서가 존재하다니. 승무원를 두고 왜 서비스의 꽃이라고 하는지 알 것 같았다. 승무원만큼만 상냥하고 예의 바르게 사회 생활을 한다면 어느 분야에서든 대성할 수 있다.

나무에 앉은 새는 가지가 부러질까 두려워하지 않는다
새는 나무가 아니라 자신의 날개를 믿기 때문이다.

The birds sitting on the tree are not afraid of
breaking branches.
Because birds believe in their wings

-류시화, '새는 날아가면서 뒤돌아보지 않는다'-

Chapter4

꿈의 주문

승무원처럼 행동하고 생각하기

 아름다운 말과 행동은 자신의 긍정적인 이미지 형성에 지대한 영향을 미친다. 말이란 것은 입으로만 할 수 있는 것이 아니다. 인사법, 눈빛, 시선, 표정, 복장, 헤어스타일, 메이크업까지 모두 '말'의 범주에 포함된다. 심지어 내 전화를 얼마나 빨리 받느냐, 정말 바빠서 못 받았다면 다시 전화를 걸어주는 성의를 보이는가, 어떤 태도로 전화를 받는가까지 은연중에 모두 고려된다. 상대방은 비단 음성이 되어 귀에 들어오는 말뿐 아니라 그 사람의 심리를 드러내는 갖가지 다양한 도구와 상황들과 함께 서로 소통하기 때문이다.

 집안 어른들의 소개로 맞선을 보러 나간 자리에 맞선남이 슬리퍼 바람에 반바지 차림으로 나왔다고 가정해 보자. "동남아 여행에서 바로 돌아오는 길이라 미처 옷을 갈아입을 새가 없었습니다."라고 변명을 늘어놓는다 한들, '공항에서 갈아입든가 오다가 하나 사서 입고 오면 될 일이지…. 사람을 뭘로 보고 저렇게 성의 없이 입고 나온 거야?' 싶어 불쾌감을 떨쳐버릴 수 없을 것이다. 그렇기에 면접관을 만나러 가는 자리엔 예의를 갖춰 복장을 선택하고 적절한 메이크업과 헤어스타일로 내가 얼마나 이 면접을 정성을 다해 준비하고 있는가를 보여줘야 한다. 하나같이 스타킹에 구두를 신고 면접장으로 들어서는데, 맨 다리에 발가락이 다 드러나는 샌들을 신고 들어서는 응시생을 상상해 보라. 면접관이 샌들녀의 어머니라도 "이건 정말이지 기본이 안 됐군!"하면서 이력서를 탁자 끝으로 밀쳐낼 것이다. 상황이 이러할진대 검은 상복에 안경까지 걸치고 나타난 나를 두고 면접관이 쓴소리를 하는 것도 무리는 아니었다.

표정을 통해서도 우리는 많은 것을 읽어낸다. 말이 아닌 눈빛을 교환할 때 눈가의 떨림이나 손동작만 가지고도 커뮤니케이션은 얼마든지 이루어진다. 칭찬의 말이라도 무표정하거나 시니컬한 자세로 성의 없이 전하면 되려 반대의 의미를 품고 반감을 일으킬 수 있듯이 말이 아닌 다른 부수적인 것들이 일의 성사와 인간과 인간과의 관계를 결정짓는 일은 얼마든지 가능하다. 면접은 면접관과의 맞선이고 프레젠테이션이다. 내가 얼마나 성실하고 훌륭한 파트너가 될 수 있는지, 얼마나 성능 좋고 쓸 만한 물건인지를 증명해 보이는 자리다. 이마에 '나는 무지하게 잘났음'이라고 써 붙이듯 안경을 쓰고 나타나는 것도 문제일뿐더러, '나는 공주병'이라고 써 붙이듯 다른 응시자들을 한 수 아래로 깔아보는 듯한 거만한 인상도 환영받지 못한다.

미소는 이런 모든 오해와 실수를 무마하고 안전한 항로를 안내해 주는 마법과도 같은 것이다. 사람들을 많이 상대한 본 프로들은 자신의 표정이나 안색으로 속마음을 들키지 않는다. 상대가 내 마음을 쉽게 헤아릴 수 없도록 표정관리를 하는데 아주 노련하다. 서비스 업계의 꽃으로 군림하는 항공업계 그중에서도 현장에서 뛰게 되는 승무원은 누구보다도 표정관리에 있어서 고수가 되어야 할 사람들이다. 하루에도 수천 명의 승객들을 만나고 별의별 일을 다 겪어도 어지간한 말장난에 놀아나거나 감정에 상처입지도 않는다. 그 순간만큼은 자존심이 상하고 거북했던 일도 지나고 보면 별것 아니라고 느껴지는 경우가 더 많다. 공연히 내 마음만 스스로 생채기를 내고, 상처 입은 마음을 추스르느라 시간만 허비하는 일이 많다. 아마추어에게는 깊은 상처가 되었을 일도 고수에게는 순간의 즐거움으로 둔갑한다. 뜨겁다고 맵다고 아프다고 너무나도 쉽게 울음보를 터뜨리는 건 코흘리개들이나 하는 짓이다. 장차 리더가 될 재목들은 귀한 눈물을 아무 데서나 흘리지 않는다. 생기 넘치는 표정으로 온도와 맛과 일관된 주제를 담아 언제나 매력을 선사한다. 이것이 바로 카리스마다. 타인이 대체할 수 없는 나만의 매력. IQ(지능지수)보다는 EQ(감성지수)가 성공을 전망하는 기준이 된 오늘날 상대, 면접관의 마음을 내 앞으로 당기는 마법의 힘이다.

　개별면접에서는 첫인상과 말, 행동을 통해 그 사람의 전체적인 이미지와 품성을 예견한다. 평소 몸에 밴 예의 바른 습관과 매너를 몸에 익히고, 밝고 긍정적인 표정과 마음을 지켜야 면접관이 어떤 질문을 하더라도 긍정적인 답변을 할 수 있다. 서비스의 꽃이 되고자 하는 사람의 마음이 먹구름으로 가득하다면 푸른 하늘 같았던 고객의 마음까지 어둠으로 물들게 만든다. 사진 묘사 면접이 그 대표적인 예다. 자, 여기 물이 반 잔 있다. 어떤 사람은 이를 보고 "물이 반밖에 없네."라고 말하고 어떤 사람은 "물이 아직 반이나 있네."라고 말한다. 바닥에 날계란을 떨어뜨린 아이에게 엄마는 "에구머니, 계란이 깨졌잖아. 너 정말 혼날래?"라고 호통을 치지만, 아이는 "우와, 맛있겠다!"라고 말하며 해맑게 웃는다. 같은 사물을 바라보는 시각의 차이가 이렇게도 극과 극이다. 그 시각의 차이가 서비스의 질을 달리하게 만들고, 전혀 다른 선택과 결정을 하게 만들며 급기야 전혀 다른 운명을 낳기도 한다.

"면접에서 가장 많이 물어보는 질문들은 사실 따로 있어요. 여기 교재에 얼추 정리되어 있긴 하지만 자신만의 고유한 답을 만드는 것이 가장 중요하다는 사실 잊으시면 안 돼요. 따로 질문 노트를 준비해서 스스로 답을 준비하세요."

나는 상담원의 당부를 떠올리며 교재에 실린 기출문제를 꼼꼼하게 읽어 내려갔다.

1. Could you please tell me about yourself?
2. What is your strengths and weaknesses?
3. What did you do to overcome your weaknesses?

1. 자기 자신에 대해 말해보세요.
2. 본인의 장점은 뭐라고 생각하나요?
3. 그렇다면 단점을 극복하기 위해 어떤 노력을 했나요?

여기까지가 응시생이 스스로를 얼마나 가치 있게 여기고 있으며, 이에 따라 조직에서 얼마나 자신의 가치를 발휘할 수 있는지를 점검

하는 질문이라고 보면 된다. 나는 대한민국의 화목한 가정에서 막내 딸로 태어나 남들처럼 학교를 마치고, 직장 생활을 통해 조직사회의 쓴맛도 두루 보았다. 인테리어 마케팅을 하던 시절을 추억하면 미소 보다는 긴장이 엄습한다. 보람을 얻었던 기억, 나를 발견할 수 있었던 사건, 함께이기에 즐거웠던 순간들을 모조리 끌어내기 위해 최선을 다해야 한다. 나는 누구인가를 물으면, 나는 이러한 장점을 가진 사람 이라고 강하게 호소할 수 있어야 한다.

1. Do you get bored easily if you do the same thing over and over again?
2. What have you learned from your major?
3. Why do you want to be a cabin cre
4. Why should we hire you?
5. Where do you want to be in 5 years?
6. Why did you leave your previous airline?

1. 같은 일을 반복하면 쉽게 지치는 편인가요?
2. 대학에서 어떤 걸 배웠죠?
3. 왜 승무원이 되길 원하죠?
4. 우리가 왜 당신을 고용해야 하나요?
5. 5년 후엔 어떤 미래를 그리고 있나요?
6. 전에 일하던 항공사는 왜 그만뒀나요?

이러한 류의 질문들은 본격적으로 응시생의 자질, 직업관을 예측 해 맡겨진 일을 책임감 있게 해낼 수 있는가를 판단하기 위한 질문들이다. 특히 6번과 같은 질문의 경우는 단 1년이라도 비행경력이 있는 사람이라면 대부분의 경우 받는 질문이다. 면접관은 이전 항공사를 왜 퇴직했는지, 어떤 문제가 있었던 것은 아닌지, 그리고 서비스를 하면서 어려웠던 점은 무엇이었으며 이를 어떻게 극복했는지에 대해서 궁금해한다.

"국내 항공사에서 1년 비행하시고 외항사 응시하시는 분 중에서 줄곧 미역국만 드시는 분이 계세요. 이미지도 좋으시고, 영어도 곧잘 하시는데 자꾸 떨어지시는 게 이상해서 어떤 질문을 받았는지 물어봤죠. 자세한 내막을 알고 봤더니 떨어지는 게 무리도 아니더라고요."

교재에 코를 박고 있는 나에게 상담원이 일급기밀을 알려주듯 낮은 목소리로 속삭였다.

"아, 글쎄…. 면접관이 전 항공사에서 근무할 때 가장 힘든 기억이 뭐였냐고 물어봤대요."

"그래서요?"

"근데 그분이 글쎄…. 서비스 카트를 늘 혼자 맡느라 너무 힘들었다고 말했대요. 이미지도 좋으시고 영어도 곧잘 하셔서 1-2차 면접은 잘 통과하시는데, 꼭 최종면접에서 떨어지는 이유가 거기에 있었더라니까요."

"면접관이 듣고 싶었던 말은 그럼…."

"면접관은 경력자라서 뜨끈뜨끈한 호감을 가졌을 텐데, 본인 스스로 찬물을 확 끼얹으면서 비호감을 자청한 셈이죠. 비행하다 보면 더 황당한 일들도 많이 생길 텐데 고작 서비스 카트 하나 혼자 맡은 일을 가장 힘들었던 일로 추억하는 태도가 얼마나 게으르고 무책임해 보였겠어요? 이런 사람을 고용해 봤자 조금이라도 힘들고 지치면 오래 버틸만한 인내심과 적응력이 없을 거란 우려만 심어줬겠죠?"

그녀가 한 쪽 눈을 찡긋거리며 윙크를 날렸다. 아무래도 등록하길 정말 잘 한 것 같다. 이런 세밀한 정보는 10년 지기 구도희도 누설한 적이 없다.

그러니까 전에 근무하던 항공사를 왜 그만두었느냐는 질문 앞에선 "계약이 만료되어서", "회사가 부도가 나는 바람에" 등의 본인의 힘으로 어쩔 수 없었던 상황에 의해 정리되었다는 말하는 것이 더 무난하다. 개인적인 이유를 대는 것 또한 나쁘지 않다. "갑자기 어머니가 편찮으셔서 거동을 못 하시게 되었는데, 곁에서 돌봐줄 사람이 필요했습니다. 저는 비행을 계속 하고 싶었지만 어머니가 가장 의지하는 막내딸로서 모른 척 할 수만은 없었습니다. 당시엔 그게 최선이라 어쩔 수 없었지만 지금은 어머니도 쾌차하셔서 혼자 생활하실 수 있게 되었습니다. 저는 그 시간을 재충전의 시간으로 여기고 다시 승무원이란 제 본분으로 돌아가고 싶습니다. 뽑아주십시오."라고 솔직하게 답함으로써 인간적인 모습을 어필하는 게 차라리 나은 방법이다. 다만, "그때는 비행이 정말 지긋지긋했어요.", "월급이 성에 차지를 않았어요.", "몸이 많이 허약했어요."란 말은 절대로 앞뒤 없이 늘어놓아선 안 된다. 이런 식으로 상황만 탓하는 불평을 늘어놓으면 어딘가 인격적으로 하자 있는 사람이란 부정적인 이미지를 주게 된다.

학원 수업 첫날 누누이 반복된 과제는 자기소개였다. 이름, 취미, 성격, 여행 경험 등을 영어로 풀어내 앞에 나와 웃는 얼굴로 발표를 해야 했다. 생각보다 상당히 떨렸다. 무대 체질이 아니고서야 이렇게 단기간 내에 익숙해지긴 어려웠다. 일단은 미우나 고우나 다른 응시생들과 서먹함을 깨부수는 것이 급선무인 듯했다. 수업 분위기는 활기찼다. 구성원의 80%가 아직 파릇파릇한 80년대 중반 출생자들이었다. 그런 그녀들과 나란히 같은 책상에 앉아 자기소개를 펼치며 잘해보자고 서로의 어깨를 다독여주는 심정은…. 그래, 말을 말자! 학원 수업을 마치고 나도 모르게 약 잘못 먹은 닭 마냥 골골 졸면서 집으로 향하는 전철에 앉아 있다 보면 이 전철이 어디로 향하는지, 나는 어디로 가고 있는 지, 돌연 의구심이 들었다. 그러나 강해지기 위해 노력해야 한다…. 왜냐…? 나를 비롯한 모든 인간은 나약한 존재니까 우리는 강해지기 위해서 끊임없이 스스로를 단련시켜야 한다.

'승무원'이란 커리어

전직 승무원 출신인 강사가 자신의 준비시절의 무용담을 곁들여 프린트 물을 돌렸다. 강사는 응시생들의 답을 듣고, 마지막으로 자신이 준비한 모범답안을 제시하는 식으로 수업을 끌어갔다. 응시생들을 막냇동생 대하듯 하는 강사의 즐겨 쓰는 유행어와 눈빛에서 잘 하면 나랑 동갑일 수도 있겠다는 생각에 씁쓸했으나 늦게 돌아가는 길인 만큼 나는 끝을 봐야 한다! 그래, 지금 장난하는 거 아니다. 두 귀를 쫑긋 세우고 네, 선생님! 선생님! 토씨 하나 안 빠뜨리고 경청했다.

학원 수강의 의미는 하루하루 듣는 수업보다는 같은 곳을 바라보며 준비하는 친구들과의 공감대를 형성하면서 의지를 돈독히 하는 데 있는 것 같았다. 영어 인터뷰 수업에서는 하나같이 어학연수를 다녀왔다고 자신을 알리는 친구들이 말하는 기법을 배우고자 힘썼다. 이젠 머리 꽁지만 보면 얘는 캐나다, 호주, 런던, 필리핀 하는 식으로 어학연수를 다녀온 나라가 먼저 떠올랐다. 어학연수 한번 제대로 다녀오질 않았지만 문법에 맞는 고급영어를 유창하게 구사하는 사람이 있는가 하면 런던에서 3년이나 살다 왔다면서 거슬리는 영국 악센트로 고작 1, 2형식의 문장밖에 구사할 줄 모르는 사람들도 수두룩했다. 따지고 보면 스무 살이 넘어서 다녀온 어학연수는 그리 큰 변수가 되지 못했다. 영어를 너무 잘 한다고 자부하다 자신도 모르는 사이에 슬랭을 흘러버려 면접관에게 곱지 못한 인상을 남길 수도 있다.

이제 대학 졸업반이거나 졸업 이후에 별다른 직장에 적을 두지 못한 경험이 있었던 사람들의 문제는 어려운 일을 기꺼이 하고자 들지 않는다는 데 있다. 제각각 살아온 짧은 연륜의 편견으로 본질을 파악하기에 앞서 사람과 일을 가르려고 드는 습관을 갖고 있다. 뒷사람을 전혀 배려하지 않은 채 변기 물도 내리지 않은 채 화장실을 쓰고 나오는 센스만 봐도 그렇다. 안타까운 것은 합격을 해도 일 년을 제대로 버티지 못하고 중도 하차를 하는 나약함의 문제를 파악하지 못 한다는 것이다. 1년도 채우지 못 하고 비행을 그만둔 강사는 사석에서 학생들을 불러놓고 중도 하차한 배경과 사유를 무슨 자랑처럼 떠들어대기도 했다. 한번 해봤으니 됐다는 식의 이야기를 주책없이 흘리고 다녔다.

그러나 열공하는 응시생들은 아랑곳없이 자기에게 필요한 것을 갖추기 위해 노력했다. 정보 수집 관리에 능하다는 건 오늘을 사는 젊은 이들의 특권이다. 능해도 보통 능한 게 아니다. 인터넷을 차치하고서는 그들의 세계에 진입할 수 없다. 각종 블로그와 승무원 지망생들의 갖가지 온갖 정보를 공유하는 사이트에 가입해서 이 분야의 분위기를 제대로 파악하는 것이 급했다. 일반회원으로 가입해서 등업을 받기까지 무려 한 달이 걸렸다. 이 세계의 규칙이란 것은 아주 오래전부터 터를 잡아왔음을 수긍해야 했다. 건방지게 굴지 말자. 이 분야에서 굴지의 역할을 하고 있는 사람들은 나이와 성별을 불문하고 각자만의 SNS 세계를 보유하고 있다. 준비하는 시기의 어려움……! 좌절의 연속……! 이미 성공해서 전세계의 하늘을 날고 있는 자들의 수고롭고 보람찬 사진들을 따로 관리하면서 매일매일 들여다보는 것이 꿈을 품는 방법의 하나로 통하는 것 같았다. 단 하나의 꿈을 위해서 미친 듯이 매진해 본 기억이 내게도 있었는가 싶다. 대입을 앞둔 수험생들의 어려운 고비처럼 그들은 하나같이 열공 중이었다. 서른 살 인생을 채워가고 있는 시점에서 한 가지 목표를 정해두고 죽이 되든 밥이 되든 미쳐보는 일. 목표 지점이 어딘지를 따지기에 앞서 우선 가슴 벅차다. 일단 목표가 정해지면 죽기 아니면 까무러치는 자세로 도전하는 자만이 삶의 희열을 느낄 수 있음을 그들은 이미 알고 있는지 모른다.

곧 채용이 있을 아랍항공사는 적극적이고 자신감 있는 사람을 선호한다고 잘 알려져 있었다. 우울하게 축 늘어진 표정은 사양! 나는 지하철을 탈 때도 MP3를 귀에 꽂고 다니면서 자연스러운 미소를 자아내기 위해 노력했다. 구부정한 자세를 날려버리기 위해 허리와 가슴을 곧게 펴고, 당당히 하늘을 올려다보며 걸었다. 그러자 기어들어가던 목소리도 제법 커다랗게 울려 퍼지는 것 같았다. 기출문제를 정독하면서 면접관은 왜 이런 질문을 하는지 저의를 헤아려 원하는 답을 제공해야 한다. 내가 도전하고자 하는 세계는 서비스 업계! 설사 고객의 잘못이 백일하에 드러나는 일이라 할지라도, '죄송합니다!'라고 주저 없이 말하는 서비스인을 필요로 하는 곳이다. 긍정적인 성격의 소유자인가를 재차 확인하기 위한 과정으로 면접관들은 실로 생각지 못 했던 다양한 질문 보따리를 펼쳐놓으니 말이다.

이제 긍정적인 상상만 하기로 했다. 머지않아 멋진 유니폼을 입고 당당하게 거니는 내 모습, 벌써부터 승무원이란 이미지를 풍기는 준비된 승무원의 이미지를 갖추기 위해서 나는 거울공주를 자청했다. "아, 에, 이, 오, 우" 아침마다 거울 앞에서 안면 근육을 풀어주고, 목이 잠기지 않도록 하기 위해서 소리 내어 책도 읽어 본다. 이미지의 절반 이상을 좌우하는 '목소리와 표정'은 '바늘과 실' 같은 관계란 걸 절대로 잊어서는 안 된다. 표정 안에는 눈빛, 피부결, 미소, 마음을 전달할 수 있는 모든 신호가 들어 있다. 어떻게 관리하느냐에 따라서 피부에 물이 올라 물광을 더해준다. 평화롭고 긍정적인 마음에 겸손과 상냥의 덕을 입히면 혼자 있을 때 조차 미소를 머금게 되었다. 밥만 잘 먹으면서 좋은 생각만 많이 해도 절로 안색이 좋아지는 것 같았다. 안색이 좋으니 건강해보여서 내가 전하는 말까지 신뢰를 얻는지 요 근래 사람들로부터 확실하고 명확한 답변을 듣고 있다.

'누리야, 이 사막의 모래알들이 보석처럼 부서지는 순간 노을이 붉게 내려앉는 소리가 지면을 타고 너에게 도달할 수 있기를 바란다. 잘 지내니? 준비는 잘 돼 가고? 난 지금 한창 트레이닝 시작해서 무지하게 긴장되고 바쁜 하루하루를 보내고 있어. 아마 고3 때 공부를 이렇게 했다면 아마 난 지금쯤 항공사가 아니라 NASA의 연구원이 되어 있었을지도 몰라. 학원을 등록했다니 이제 본격적으로 준비에 들어간 것이 확실하구나. 그래, 네가 빈말로 승무원이 되겠다고 했던 게 아니었어. 우리 소녀 시절에 만나 지금까지 서로를 지켜보았으니 힘들 때나 즐거울 때나 때론 친구처럼 자매처럼 너를 생각하게 돼. 전화 한 통만 걸면 달려 나가 만날 수 있는 거리에 네가 없다는 게 서운한 일이지만, 머나먼 강 위의 우아하게 떠있어야 하는 백조처럼 홀로 열심히 발을 구를 때 그리워할 수 있고, 마음으로 의지하며 힘을 얻을 수 있는 친구가 있다는 사실이 참으로 다행이다 싶어. 넌 초승달처럼 눈을 포개고 웃을 때가 제일 예쁘다는 거 아니? 사실 네 웃는 모습을 보고 나도 모르게 기분이 좋아질 때마다, 나도 다른 사람들에게 아름다운 미소를 줄 수 있는 사람이 되고 싶다는 생각을 하곤 했어. 승무원이 되어야겠다고 뒤늦게 마음먹은 건 아마도 너 때문이었는지 몰라.

서울을 떠나기 전, 네 무릎에 얼굴을 묻고 술에 취해 잠들면서 그동안 어렵게 통과해왔던 시간들이 꿈처럼 스쳐가더라. 내 뺨 위로 빗물처럼 떨어지던 너의 뜨거운 눈물을 앞에서 끝내 잠든 척했던 건 너를 어떻게 위로해야 좋을지 몰라서가 아니었어. 어째서 너는 네가 가진 가장 아름다운 매력들을 알지 못하고 슬퍼하고 있을까. 눈을 뜨면 너의 장점도 모르는 너와 같이 울어버리게 될 것만 같아서였어.

친구야! 미래를 향한 자신감은 모두 말과 행동에서 드러나기 마련이래. 무언가 간절히 이루고자 하는 열망을 품을 때, 다시 말해 꿈을 품을 때, 내가 보유하고 있는 파장과 기의 흐름이 넓게 퍼져 더 큰 에너지를 얻는대. 밝은 미소와 목소리를 가진 사람들은 다른 사람들에게도 생기를 불어 넣어 행복하게 만들지. 꿈을 위해 달리는 네 모습, 살아 움직이는 네 모습 자체가 하나의 행복이고 즐거움이란다. 인간이란 개개의 우주는 생존과 번영을 본능적으로 추구하기 때문에 자기에게 힘을 주는 존재 곁에 머물러 닮아가려는 본능이 있는 것 같아. 너와 내가 가진 미래가 같은 곳에서 숨을 쉬며, 오래도록 함께 하리란 예감이 벌써부터 오는구나..

보고 싶은 누리…. 어서 빨리 만날 수 있기를 바라며…

-태양의 나라에서, 도희가-

한동안 들어가 보지 못 했던 인스타그램 편지함에 도희의 편지가 들어 있었다. 마지막 구절까지 모두 읽어 내려가는 내내 그동안 면접 준비하면서 지치고 구겨졌던 마음에 온기가 따뜻하게 전해왔다. 그날 밤, 택시 안에서 하염없이 눈물짓던 나의 깊은 한숨과 텅 빈 마음의 한켠에 그녀가 있었다. 고마움과 그리움이 꿈의 세계를 향해 이제 막 멋지게 닻을 올린 도희의 이름을 부르자 불끈 용기가 솟았다.

> '연탄재 함부로 발로 차지 마라.
> 너는 그 누군가에게 한 번이라도 뜨거운 존재가 돼 본 적 있느냐'

'승무원 카페'에 누군가가 남긴 시구절을 나는 오래도록 응시한다. 언제부턴가 안도현 시인의 시구절이 채찍질처럼 나를 위로하기 시작했다. 지금까지 살면서 가슴이 뜨거웠던 시절이 얼마나 있었던가. 무언가를 얻기 위해 간절히 염원한 기억이 몇 개나 되었던가. 좋아하는 가수의 콘서트에서 열광하고 좋은 성적을 얻기 위해 하얗게 새운 밤들의 기억을 뜨거웠던 시절이라 부를 수 있을까. 인생이 달라질 정도로 불가능해 보일 정도의 꿈을 간절히 품어 본 적이 있었던가. 어려서는 엄마가 시키는 대로 학원에 다니고, 성적에 맞춰 대학에 입학하고, 내 스펙에 맞춰 김현우 같은 남자랑 하나 마나 한 연애나 하고…. 망신을 당할망정 준수 오빠가 멋있어 보이던 그 시절, 고백이라도 했다면 후회는 남지 않았을 것이다. 조금 힘이 든다 싶으면 주저앉아 쉬운 길로 돌아가는 것이 약삭빠르다고 믿었지만 결국 나는 단 한 번도 뜨겁게 인생을 살지 못했다.

인생이 주는 숱한 의문들에 대한 근원적인 통찰이나 반성 없이 물질과 기계적 논리가 판을 치는 세상의 이치에 타협하기 위해서 원치 않는 일에 세월만 낭비하는 일은 이제 막아야 한다. 알고 보니, 내 심장도 제법 뜨겁게 박동한다. 저지르지 못한 일에 대한 후회가 이렇게 많이 남아있는 걸 보면 얼마든지 가능성을 타진할 수 있을 정도의 에너지를 갖고 있는 셈이다. 태우지 않고서야 불꽃을 만들 수 없고, 불이 타오르지 않고서야 별이 될 수 없다. 그래, 이번에야말로 꿈을 향해 제대로 달려보자. 그래야만 더 이상 후회하지 않으며 당당하고 두려움 없이 살아갈 수 있다. 후회로 가득한 인생을 살며 살아온 날들을 아쉬워하기보다는 당당하게 도전하며 두려움 없이 사는 것이 현명하다.

연탄재, 함부로 차지 마라

또다시 아랍항공사 공채 소식이 발표되었다. 한국인 승무원의 수요가 점점이 높아지는 아랍 메이저 항공사들은 수시로 채용공고를 냈기 때문에 떨어지는 순간 원인을 분석하고 보강해 다음 기회를 준비해야지 낙심하고 풀 죽은 얼굴로 신세한탄을 하고 있을 수만은 없었다. 실패를 거듭하면 할수록 기회가 주어진 횟수만큼 실패한 횟수도 비례하기 마련이겠지만, 까짓것! 떨어져 보는 것도 경험이다.

서류접수를 마치자 2차 개별면접은 학원 내에서 이루어졌다. 아무래도 지난번 예의 그 면접관과 맞닥뜨리게 될 가능성이 컸다. 행여 그날의 내 몰골을 기억하고 있다면 어쩌지…. 180도 달라진 모습을 보여주고 인정받을 수 있는 절호의 기회로 삼아야 한다. 정성스럽게 화장을 하고, 목선이 드러나는 핑크빛 재킷에 화이트 톤의 스커트로 코디했다. 안경은 당연히 쓰지 않고 콘택트렌즈로 대치했다. 그리고 살색 1호 스타킹에 단정하고 검은 하이힐로 깔끔하게 마무리했다.

면접 당일, 나는 메이크업 시간에 배운 대로 정성스럽게 화장을 했다. 이마 위로 봉긋 솟아오른 머리를 만들기 위해 참빗으로 머리를 띄어주고, 스킨, 로션, 비비크림, 파운데이션을 단계별로 꼼꼼히 발라 스펀지로 힘주어 눌렀다. 핑크색 색조 화장품을 바르고, 반짝이로 하이라이트를 준 다음, 속눈썹까지 붙였다. 오늘만큼은 구르밍에 자신이 있었다. 질문 노트에 준비한 대로 소신껏 대답만 잘 하면 된다. 순번은 1번, 오늘은 1번인 내가 면접실의 문을 열고 제일 먼저 들어가 5명의 응시생들이 한 줄로 서면 "차렷, 경례" 구령을 외쳐야 한다.

"제가 '차렷, 경례' 하면 다 같이 동시에 '안녕하십니까?' 하시는 거 아시죠?"

"네에, 오른손이 왼손 위로 오는 거 맞죠?"

나는 면접실에 입장하기 앞서 다른 응시생들에게 다짐을 두며 긴장된 마음으로 차례를 기다렸다.

마침내 면접실로 들어서자, 예의 그 면접관이 기다리고 있었다. 그녀는 나를 알아보기 시작했는지 이력서와 내 얼굴을 대조하듯 번갈아 보았다. 그리고 머리부터 발끝까지 3초 만에 훑어 내렸다. 이전과 달리 발전된 모습, 이왕이면 오늘은 후한 점수를 주시겠지?

"Do you mind serving alcohol to the customer on the flight?"

당신은 술서비스 하는 것을 꺼리나요?

지난번과 똑같은 질문을 주다니…. 아무래도 면접관은 내가 누군지 정확하게 기억하는 것이 분명하다. 그러나 이번에도 꿀 먹은 벙어리를 자청할 순 없다.

"Not at all, I am very professional person. Today, many airlines and hotel restaurants are racing to provide better information and services using wine sommeliers. I am very interested in wine and various liquids, and I want to continue to study and provide better information and atmosphere to my customers."

전혀 그렇지 않습니다. 오늘날은 많은 항공사와 호텔 레스토랑에서 와인 소믈리에 등을 기용해 보다 양질의 정보와 서비스를 제공하기 위해 경주하고 있습니다. 전 와인이나 여러 가지 리퀴드에 굉장히 관심이 높고 앞으로도 지속적으로 공부해서 고객에게 보다 나은 정보와 분위기를 제공하고 싶습니다.

지난번 고배를 마셨던 면접에서 우물쭈물 거리다가 못다 한 말을 나는 기다렸다는 듯이 토해냈다. 나는 함박웃음을 지으며 면접관을 자신감 넘치는 표정으로 바라보았다. 손꼽아 기다리던 면접 발표일이 다가오자 나는 기대감과 만족감에 휩싸여 다시 한번 내 이름과 응시번호를 입력했다. 2차 그룹 면접이 얼마 남지 않았고, 하루빨리 그룹토의 면접을 준비해야 했다.

> **'죄송합니다. 이번 합격자 명단에 이름이 없습니다.'**

그런데 2주 후 나온 결과는 불합격이었다. 붉게 흘러내리는 글씨를 바라보고 있자니 억울하고 분하여 화가 치밀기까지 했다. 나를 뚫어지게 바라보며 지난번과 정확하게 일치하는 질문을 던진 면접관의 얼굴을 떠올리면 떠올릴수록 이번 결과는 어떤 메시지를 전해주는 불길한 암시인 것만 같았다.

"승무원 면접을 뭘로 보고…! 호박이 줄 좀 그어 온다고 수박 되는 줄 아니?"

질문을 던진 이후 줄곧 침묵으로 나를 바라보던 그녀는 이렇게 무언의 메시지를 전하고 있는 것만 같았다. 생각해 보면, 그 시간에 한 조로 짝 지어진 5명의 응시생 가운데서 내 키가 가장 작았다. 방금 성형외과에서 나온 듯한 외모를 한 늘씬한 응시생들이 3명이나 있었고, 다른 한 사람은 남성이었다. 대답을 잘못 한 걸까? 아니면 내 이미지가 정녕 승무원이 되기에 적합하지 않은 걸까? 금붙이로 장식된 복장으로 화려한 치장을 하고 나타난다 해도 나를 아래로 깔아보는 면접관이 그 자리에 계속 앉아 있는 한, 나는 절대로 합격선을 넘을 수 없다. 키가 작아서? 못생겨서? 지금 되지도 않을 일에 무모한 도전을 하고 있단 말인가. 160센티미터! 내 키가 아무래도 너무 작은 게 흠인 것 같다. 소프트웨어가 아닌 하드웨어가 문제라면 이미 이기지도 못할 게임에 말려든 건 아닐까. 세상 물정을 몰라도 한참 모르는 온누리 양…. 이제 그만 포기하고, 집으로 돌아가서 발 씻고 밀린 잠이나 푹 주무시죠….

"환불해 주세요."

다짜고짜 쏘아붙이자, 상담원은 자못 겁먹은 눈치다.

"…갑자기 왜…."

"게임오버예요. 도대체 뭐가 문제인지 통 모르겠단 말이에요. 면접관이 지난번과 똑같은 질문을 던졌어요. 시키는 대로 복장, 메이크업, 헤어, 네일, 스타킹까지 뭐 하나 신경 쓰지 않은 것이 없었어요. 이번엔 대답도 소신껏 열심히 했어요. 그런데 이게 뭐예요? 도대체 이유가 뭐예요? 내가 면접관이 좋아하는 이미지가 아니란 소리겠죠? 그래요. 나 키 작아요. 그렇게 눈에 띄게 예쁘지도 않고요. 작은 키가 이유가 될 것 같다면, 선생님도 처음부터 말리셨어야죠. 무조건 하라고 부추기기만 하면 어떻게 해요?"

억울하고 서러운 마음을 나는 상담원을 붙잡고 하소연했다.

"누리 씨, 외모 콤플렉스 있으세요? 외모 때문에 떨어졌다고 누가 그래요? 물론 워낙에 키가 크신 분들이 많아서 비교가 되긴 하지만 다른 장점들이 높게 평가된다면 키가 작은 것이 문제가 될 순 없어요. 면접관님이 누리 씨를 기억하고 같은 질문을 던졌다면, 그건 아마도 면접에 임하는 자세를 강하게 하기 위해서 단련하시려는 건 아니었을까요? 지금까지 열심히 준비해 오셨는데 여기서 포기하는 건 너무 아쉽잖아요. 진정하시고, 다시 한번 도전해 보세요."

그녀는 침착하게 웃으며 나를 위로했다.

"어디니? 직장은 잘 다니고 있는 거야? 요즘 일자리 구하기가 하늘의 별 따기라더라. 엊그제도 대학 졸업반 학생 하나가 취업 비관해서 자살했다는 기사 났더라. 회사 사람들하고 웬만하면 부딪치지 말고 잘 지내고, 사장한테도 마음에 들게 잘 하고 있어."

엄마는 전화기 폴더만 열면 녹음기처럼 이 멘트를 읊어댄다. 이젠 내용 수정을 해줄 때도 됐는데, 사회생활을 시작한 이후로 이 잔소리는 일관되게 이어져오고 있다. 서른을 바라보는 시점에서 엄마에게 승무원 시험을 준비하고 있다고 발설하면 과연 어떤 반응이 나올까? 안 그래도 떠올리는 일 자체가 걱정인 것도 모자라 애물단지인 내가 설상가상으로 이젠 허영심에 둥둥 떠 다니며 젊음을 함부로 방치하기로 작정했다고 생각할 것이 뻔하다. 이 말이 아버지 귀에 들어가면, 죽이 되든 밥이 되든, 당장 집으로 돌아오라는 불호령이 내려질 것이 뻔하다. 합격을 한다 한들 부모님은 딸의 인생에 새롭게 놓인 행로를 받아들일 수 있을 것인가. 여전히 미지수다.

"부모님도 점잖으시고, 이번에 아버지 회사에 새로 들어온 직원이라는데 사람이 참 성실하다더라. 동갑이라니깐 친구 삼아 일단 만나보고 좋으면 집에도 데려와."

엄마는 말쑥하게 생긴 젊은 남자의 증명사진을 내밀며 내가 한곳에 정착하기를 종용하기 시작한다. 허우대야말로 정말 훤칠하니 어디 같이 다니면 창피하진 않을 것 같다. 그 사람 앞에서 나를 어떤 사람이라고 정의해야 하나…?!

"사실 전 지금 승무원 시험을 준비하고 있습니다." 아니면, "지금 취업 준비 중입니다. 말하자면 백조다 이겁니다."라고 내 입으로 이실직고해야 하나. 상대가 나 같은 백조를 있는 그대로 받아들이고 귀엽게 봐줄 연륜은 아니라는 것이 내가 우려하는 바였다. 새로 만난 남성들 앞에서 이런 상황을 이실직고하면 보통은 이런 식의 답변이 돌아오곤 한다.

"얼마 전에 우리 사무실에서 아르바이트하던 여직원도 이번에 승무원 시험 합격했다면서 회사 그만뒀는데…."

"우리 사촌여동생도 ○○항공사 다니는데…."

"전에 사귀던 여자 친구도 승무원이었는데…."

이런 식으로 아직 꿈 근처에도 못간 나를 상대로 기선제압에 들어오는 것이다. 혹은 깊고 깊은 침묵으로 일관하면서 한심스런 눈길로 오래 내 얼굴을 응시하는 사람들도 있다.

"올해 몇이라고 하셨죠?"

연예인을 꿈꾸며 기획사 앞을 배회하는 철부지 여고생을 바라보는 시선으로 이렇게 묻는 사람도 있었다. 나는 엄마가 내민 사진을 도로 밀어내며 고개를 저었다.

살다 보면 소주 맛이 달다 싶은 순간이 온다. 아세톤을 한꺼번에 들이키는 것만 같아 코밑에 들이대기만 해도 구역질이 나던 어린 시절이 어느새 추억 저 편으로 사라지고, 나도 인생의 쓴맛을 알 때가 온 것인가? 맥주는 이제 음료수다. '날아요'를 비롯해 '날개 달기', '날아보세', '날아볼까?' 등 학원들이 우후죽순으로 모여 있는 거리를 터벅터벅 걸어 들어가 널따란 은쟁반처럼 펼쳐진 원형 테이블에 앉았다. 그리고 삼겹살을 주문해 지글지글 구우면서 소주를 비우기 시작했다. 이럴 때 도희가 있었으면 좋았을걸…. 나보다도 더 작고 못생겼다고 여겨온 도희는 어떻게 이 머나먼 강을 건넜을까…. 친구 따라 강남 간다고 백조 주제에 앞뒤 재지 않고 학원 등록부터 한 것부터가 경솔한 짓이었다. 그 돈이면 우선 작고 아담한 '구찌' 가방 하나는 얼추 맞출 수 있다. 세상에나! 이 상황에 '구찌'를 떠올리는 나, 이젠 정말 어쩌면 좋을까? 꿈을 꾼다는 것 자체가 나에게는 사치였을까.

어릴 때는 스스로를 돌아볼 시간이 필요하면 이불을 뒤집어쓰고 베개로 입을 틀어막으며 한소끔 울어버리거나, 북적거리는 식당 제일 구석에 앉아 자장면을 우적우적 비벼 먹거나, 그도 아니면 검은 머리를 산발한 귀신이 나오는 영화에 몰입하면서 부들부들 이를 갈았다. 새로운 인생의 2막을 열어야 하는 시기. 나의 젊음이 방치되며 무용지물로 전락하는가 싶어 하늘을 올려 다 보면 서울의 밤은 별다운 별도 하나 없이 나를 내려다보고 있다. 정녕 여기가 끝이란 말인가. 이제 어디로 가야 하나. 이래서 인생의 막다른 골목에 선 사람들은 과감하게 생을 포기할 용단을 내리는 걸까.

"엊그제도 졸업반 학생 하나가 취업 비관으로 자살했다더라…."

차디찬 소주를 들이붓는다. 쓰다. 이럴 때면 환청은 아주 커다란 공명이 되어 쩌렁쩌렁 귓가를 울린다. 오늘따라 연신 울려 퍼지는 엄마 목소리가 너무 선명하다. 내가 하는 일은 왜 늘 이 모양일까. 카드를 긁을 때만 해도, 이런 일이 발생하리라곤 예상 못 했다. 매달 30만 원이면 기름값 절약을 위해 주차장에 모셔둔 애물단지 차량으로 적어도 서울시내 주요 거리를 누비고도 남을 액수다. 모든 걸 정리하고 집으로 되돌아가 하루하루 잔소리에 시달릴 준비를 해야 하나.

핸드폰 폴더를 펼쳤다. '가, 나, 다' 순으로 저장된 이름들을 하나하나 넘겨보니 도합 285명이나 된다. 이럴 때 진심으로 내 마음을 열고 하소연을 할 만한 사람은 눈을 씻고 찾아봐도 없다. 머리싸움과 기선제압으로 밀고 당겨온 업무상 관계로 얽히고설켜 온 인간들만 부지기수다. 어쩌다 내 인간관계가 이렇게 겨울나무 가지처럼 앙상해지고 말았을까. 내 삶의 종착지가 어디인지도 모른 채 마냥 살아지고 있는 상황이 견딜 수 없이 처량하다. 이런 인간들 앞에서 내 심정을 털어놓고 울어버리기라도 한다면 코웃음을 치며 고소해 할 것이다. 그 순간 나는 약점 하나를 건네는 셈이 되고, 그 어떤 공적 업무에서도 할 말을 다 할 수 없게 된다. 나이를 먹을수록 공과 사를 분명히 해야 하는 이유가 여기에 있다. 이럴 때 제일 만만한 건 이름하여 옛날 애인, '김현우'의 이름에서 손가락이 잠시 멈춘다. 아직도 삭제하지 않고 번호를 갖고 있었다니. 그래도 좋았던 시절을 생각하면 오늘만은 덮어두고 불러내 하염없이 눈물을 쏟고 싶다. 그러나 그의 번호를 길게 누르려다 그만둔다. 크리스마스 이후로 아무런 연락도 없는 그에게 술을 빙자로 내 쪽에서 먼저 연락을 취하는 순간 지는 거다. 눈을 감고 참을 인(忍)을 그려본다.

"야! 여자랑 남자랑 똑같은 줄 알아?"

동갑내기 김현우가 마지막으로 내게 퍼부은 저주의 말이 생생하게 떠오르자 갑자기 제정신이 돌아왔다. 그래, 너무 쉽게 풀리는 게임은 재미없다. 꿈은 꿈을 좇는 자를 혹독하게 단련하는 법이다. 이대로 무너지고 주저앉아 김현우의 저주가 실현되는 일을 재촉할 순 없다. 다시 한번 이를 악물고 노력하자! 고작 이쯤에서 포기한다면 앞으로 그 어떤 어려움도 이겨낼 수 없을 것이다. 안 되면 될 때까지 노력하자. 이대로 포기할 순 없다. 나는 핸드폰 화면을 황급히 닫았다.

"연탄재 함부로 발로 차지 마라
너는 누구에게 한번이라도 뜨거운 사람이었느냐
자신의 몸뚱아리를 다 태우며 뜨뜻한 아랫목을 만들었던
저 연탄재를 누가 발로 함부로 찰 수 있는가
자신의 목숨을 다 버리고 이제 하얀 껍데기만 남아있는
저 연탄재를 누가 함부로 발길질 할 수 있는가"
—안도현—

Chapter5

꿈의 방향

끝없이 원하고 노력하라

지구상에는 과연 몇 개의 항공사가 존재하는 걸까. 저 먼 나라에도 승무원의 꿈을 갈망하는 사람들이 많을까? 승무원! 명확하게 꿈을 정하고 나니 국내외를 불문하고 관련업계의 모든 항공사가 눈에 들어오기 시작한다. 그러자 지원할 수 있는 기회는 배로 증가하니 마음의 여유가 둥실둥실 떠오른다. 학원 벽 한편에 걸린 어느 외항사의 광고 포스터를 바라본다. 이국적인 외모와 화사한 미소와 그에 걸맞게 섹시하고 늘씬한 몸매가 유니폼의 실루엣을 따라 길게 늘어져 있다. 그 안에 섞여서 어깨를 나란히 하고 함께 웃고 있는 내 모습을 그려본다. 영어로 자연스럽게 대화를 나누며 화기애애하게 웃음꽃을 피우는 나의 모습을 그리지 벌써부터 심장이 두근거린다. 국제적인 업무 환경 자체가 한 차원 다른 설렘과 도전의식을 고취시킨다. 삼십 대를 외항사 승무원으로 발 딛는다면 남은 인생은 지금까지와는 다른 가치관과 시각으로 바라볼 수 있는 깊고 넓은 식견을 얻게 될 것이다.

10년 후의 나, 대학에 갓 입학하던 3월에도 같은 질문을 노트에 남졌었다. 그때는 꿈에 대한 구체적인 그림을 그릴 줄을 몰랐다. 막연히 대학을 졸업하고 직장 생활이나 몇 년 대강 하다 결혼을 해서 가정을 꾸리는 것이 남들처럼 사는 법이라고만 생각했었다. 사랑받는 아내이자 현숙한 며느리며 딸, 엄마의 역할이 집에서 살림에 충실한다고 해서 허락되는 이름일까. 나중에 내 딸이나 아들이 이 세상에서 가장 존경하는 사람은 '나의 어머니'라고 서슴지 않고 말할 수 있는 사람이 되려면 살림꾼을 넘어서야 한다. 내가 태어나 자란 도시와 나라를 한 차원 뛰어넘어 전 세계를 무대로 세계 각국의 사람들과 친구처럼 격의 없이 어울리며 더 큰 꿈을 도모할 수 있는 능력을 가진 인간으로 성장하기 위해서 전에 없이 뼈를 깎는 고통을 감수해야 할 시점이 어쩌면 바로 지금 이 순간일지 모른다. 그리고 지금 눈앞에 놓인 서른이란 새로운 챕터(chapter)는 백 세 인생을 놓고 봤을 때 지금까지 살아온 30년 보다 3배는 더 중요한 시절들이 될 것이다.

성공이냐 실패냐를 판가름하기엔 너무 이르며, 이제부터가 사실 가장 흥미진진하게 전개될 게임의 절정인 것이다. 본인의 노력이나 사고방식의 전환은 꾀하지 않고, 문제의 원인을 끊임없이 환경의 탓으로 돌리며 불명과 불만을 일삼는 내내 인생은 낭비된다. 반면에 열악한 여건일수록 능력을 키워 한계를 뛰어넘으면서 책임감 있게 자신의 인생과 정면으로 마주하는 자만이 성공의 달인이 될 수 있다. 10년 후의 나, 나는 좀 더 커다란 세계에서 당당히 어깨를 펴고 서 있었으면 한다. 그래서 눈앞에 보이는 사소한 시비를 가리는 소인배의 굴레를 과감히 떨쳐버리고 커다란 산을 누비는 위엄 있는 한 그루의 멋있는 상록수로 성장하고 싶다. 내가 가슴 깊은 곳에서 끌어올리는 고운 목소리는 편견이나 속세의 기준 따위에 감히 치우치지 않은 채, 청화하게 울려 퍼졌으면 한다. 이제는 움직일 때 움직이고 입을 열어 내 목소리를 낼만한 가치가 있는 일에 공을 들이자. 나를 창조한 환경에 감사하고, 어떤 순간에도 나 자신의 소중한 가치를 스스로 폄하하지 말자. 세상의 모든 조직과 사회가 내 이력서를 도로 내민다 해도, 나만 당당하다면, 그따위 일에 굴하지 않으며 이제까지 해왔던 것처럼 이불을 뒤집어쓰고 훌쩍거리는 일을 반복하지 않을 수 있다. 이제 미련함의 소치는 거두어 버릴 것이다.

첫째, 내가 결정한 일에 후회하지 말 것
둘째, 어떤 경우에도 자기 자신을 굳게 믿을 것
셋째, 나에게 용기를 주는 사람과 가까워질 것
넷째, 언제나 감사할 것

나와의 약속을 상기했다. 고작 한 두 번 떨어진 걸 가지고 벌써부터 포기하는 습관을 들여선 안 된다. 이런 식으로 굴복한다면 나는 어떤 도전도 넘어서지 못하는 낙오자가 될 것이다. 성공의 길과 운명은 스스로가 만들어가는 것이다.

합격해 기뻐 날뛰는 내 모습을 그려 보았다. 앞으로 나에게 일어날 변화들은 어떤 것일까. 이제 세상을 정면으로 마주 보는 법을 터득하고, 무엇도 두려워하지 않을 것이다. 끝까지 해보지도 않고 망설이면서 하나뿐인 인생을 남의 것처럼 사느니 모든 인생을 통틀어 후회 없이 도전하고, 한계를 넘어서는 자가 되는 것이 훨씬 가치 있다. 간절히 원하고 노력하면 이루어진다는 피그말리온의 오랜 전설의 힘을 나는 주문처럼 읊고 또 읊는다.

간절히 원하고,	간절히 노력하면	이루어진다.
(열정) +	(노력) =	(꿈의 실현)

아무런 노력도 하지 않고서야 꿈이 이루어질 리 없다. 그에 합당하는 꾸준한 노력을 밤낮으로 해야 한다. 원하는 바를 그리고 추구하는 만큼 같은 부피의 능력으로 꿈의 균형을 맞추어야 한다. 성공은 내가 그 일을 해낼 수 있는 능력을 보유한 상황에서 꿈의 청사진을 더욱 자주 그리며 원할 때 더욱 빨리 도출된다. 하루빨리 실력을 키우고, 한순간도 빠짐없이 그 꿈을 가슴으로 그려야 한다. 원하고 노력하는 순간마다 능력이 배가될 것이다. 동기부여는 능력을 배가시키고 따라서 성과 달성이 보다 분명해진다. 우선은 목표가 외항사 승무원인 만큼 영어실력 함양에 무게비중을 두어야 한다. 거울을 보고 웃는 연습을 하면서 언제나 당당하고 밝은 이미지를 자연스럽게 표출해야 한다.

이대로 포기할 순 없다. 학원 면접의 걸림돌! 나는 내 앞을 가로막고 있는 예의 그 면접관을 떠올렸다. 날 탐탁지 않게 여기는 면접관 하나 때문에, 제대로 시작도 해보기 전에 소중한 내 꿈을 포기할 순 없다. 같잖은 현실 따위가 일확천금보다 눈부신 나의 꿈에 자를 들이댈 순 없다. 듣자 하니 학원에서 주관하는 모든 국내·외항사의 1차 면접은 그녀가 도맡아 하는 모양이었다. 가만히 앉아 있어도 카리스마가 줄줄 떨어지는 그녀는 한국말보다 영어가 더 자유로운 재미교포 2세. 여러모로 화려한 스펙이지만 승무원 출신이 아니라는 둥 보톡스를 많이 맞아 웃을 때 입꼬리가 잘 안 올라간다는 둥, 별의별 비하인드 스토리가 파다했다. 그녀는 비행飛行의 '비飛'자라도 제대로 알까? 따지고 보면 당신도 이 분야의 진정한 전문가는 아니지 않는가. 지금의 내가 그런 것처럼, 악의로 내 길을 가로막으려는 저의는 분명 아닐 것이다. 내 문제를 파악하고 노력하는 모습을 보일 때 나를 인정해 줄 것이다.

스터디 카페에 접속했다. '영어면접 스터디, 같이 하실 분을 구합니다. 8명 선착순!! 연락 주세요'와 같은 글들과 각종 항공사의 입시에 주안점들이 빼곡하게 게시판을 채우고 있다. 대부분은 파트 타임직을 병행하면서 하고 있는 모양인지 시간대 조정을 논하는 리플이 달려 있다. 매주 3번, 커피전문점의 제일 구석진 자리를 꿰어 차고 3시간여 동안 진행되던 영어스터디에 빠짐없이 참석하는 사람들은 오히려 직장의 구애로부터 자유로웠다. 혼자 준비하는 사람들은 풀타임으로 직장에 매인 몸인지라 주말에 잠깐씩 얼굴을 비추면서 분위기를 익혔다. 자주 출제되는 질문이나 한국을 찾아오는 현지 면접관의 인상이나 됨됨이 그리고 선호하는 사람들의 이미지에 대한 주옥같은 정보를 담아올 수 있다.

그새 반구성원들은 절반이 포기를 하거나 더러는 이미 합격해 더 이상 수업에 참여하지 않고 있었다. 사라지는 얼굴들이 남은 사람들의 뇌리에 초롱초롱 박혀 안 그래도 조급한 마음을 바짝 조여 왔다. 그새 나는 두 군데의 항공사 면접에 재도전했다. 언제나 내 힘으로 어쩔 수 없는 건 물리적인 부분의 경계에 있었다. 팔을 번쩍 뻗히고 발꿈치를 들고도 닿을까 말까 하는 작은 키는 언제나 절망적이었다. 작은 고추가 매운 법이라고 스스로를 위로해왔지만 태어나면서부터 장신의 유전자를 물려받은 사람들이 진정으로 부러워보기는 처음이다. 젖 먹던 힘을 다해 까치발을 들면 아쉬운 대로 손톱 끝이 마지노선에 닿기는 한다는 게 천만다행이었다. 일단 닿기만 하면 문제없다. 팔만 좀 길게 뻗어준다면 다행이다. 언제나 수분과 우유를 충분히 섭취하고, 몸에 좋은 영양소가 들어있는 음식을 챙겨 먹으며 내가 처음으로 보살피고 가꾸어야 할 것이 많은 인간이란 사실을 깨달았다. 발 앞에 떨어진 지폐를 내 것으로 얻으려 해도 허리를 굽히는 최소한의 수고가 소요된다는 삶의 진리를 내 안의 나와 싸워나가며 깨우쳐 갔다.

하루하루가 배움이고 좌절이며 극복이 아닌 날이 없었지만 어느 순간에는 나만의 과제가 아니란 것도 깨달았다. 쉽게 식지 않는 열정을 관리하는 법도 익혔다. 끝을 향해 한 가지만 떠올리며 매진하다 보면 어느 분야에서든 끝을 보는 습관을 들이리란 일념도 섰다. 스터디 멤버 중에는 이제 대학을 갓 졸업한 파릇파릇한 응시생들이 많았으므로 나는 시각적인 면에서도 뒤지지 않기 위해 매일 밤 마사지와 눈동자 운동으로 얼굴에 총기를 심기 위해 노력했다. 마음가짐을 어떻게 먹느냐에 따라서 세월도 저만치 비껴가는 법이라고 믿었다. 나만의 착각이라고 누가 뭐라든 말든 모든 건 자신의 마음가짐에서 비롯되는 것이라고 믿는다.

매일 오전부터 오후 2시 무렵까지 학원 수업을 듣고 월, 수, 금 저녁엔 영어 스터디를, 목요일 저녁에는 운동을 했다. 새벽에 일어나

CNN 뉴스를 한 토막씩 들으면서 받아 적고, 영어 공부가 끝나면 일어와 중국어 공부를 했다. 학원 강의가 종료된 이후론 낮 시간을 수영장과 헬스클럽에서 보냈다. 기본적으로 하루 60분씩 러닝머신을 달리고, 윗몸일으키기를 50번씩 연습했다. 집으로 돌아와 낮잠을 자고 스터디 준비를 하고, 옹골지게 세상에 나갈 준비를 했다. 필요한 것들을 갖추어나가자고 마음을 먹고 나니, 할 일이 너무 많아 몸이 열 개라도 모자랐다.

다시 아랍 항공사의 공채가 발표됐다. 떨어진 지 무려 5개월 만이었다. 목표물의 성향을 정확히 파악하고 준비하는 중이어서 그런지 채용기준이 조정된다 하더라도 쉽게 초조하거나 동요되지 않았다. 준비된 자의 여유라고 해야 하나. 이번에도 학원에서 진행하는 1차 개별면접에서 고배를 마시게 된다면, 적금을 털어서라도 '오픈데이' 해외 원정을 강행할 생각이었다. 목선이 우아하게 떨어진 엷은 화이트 색 재킷에 검은 치마로 단정하게! 스타킹은 무난한 살색으로 마무리했다. 머리는 깨끗하게 뒤로 넘겨서 망을 두르고, 안경은 과감히 제거한 다음 콘택트렌즈로 시야를 가까이 끌어당겼다. 앉을 때 자세나 걸음걸이, 남들이 이야기할 때 딴짓하지 않고 미소 띤 얼굴로 경청하는 자세를 보여주는 것도 내가 이 일에 얼마나 관심이 있으며 잘 할 자세가 되어 있는지를 보여주는 근거가 된다는 걸 명심했다.

마침내 1차 개별면접의 순간이 왔다. 예의 그 면접관이 역시 같은 자리를 지키고 있었지만 나는 개의치 않았다. 그녀는 환한 웃음으로 면접실로 들어서는 나를 맞아주었다. 나 역시 환한 웃음으로 그녀에게 화답했다.

"How do you handle pressure when somebody picks on you?"

다른 사람이 자신을 괴롭히는 상황에서 스트레스를 어떻게 대처하나요?

면접관은 마치 오늘이 오기를 기다렸다는 듯이 미소를 띤 채 물었다. 그녀와의 3번째 만남, 번번이 고배를 마시도록 나를 괴롭혀준 덕분에 아직 다음 단계로 나아가지를 못하고 스트레스만 받고 있는 상황이다. 그러나 나는 상황이 내 처지나 결정을 변화시키도록 놔두는 나약한 인간이 아니다. 면접관과 원수 관계가 아닌 이상, 어디까지나 이건 하나의 공식적인 관계이고, 나의 저력이나 끈기 인내심을 테스트해 보기 위한 단련의 시간이라고 여기면서 최대한 긍정적으로 받아들이려고 노력하고 있다. 쉽게 얻는 것은 또한 쉽게 잃는다. 어렵게 얻을수록 귀하게 간직하면서 최선을 다할 것이다. 나는 꼭 된다는 것을 보여주고 싶다. 그녀의 마음이 동하도록 감동을 주고 싶다.

"Well. There is always pressure in any kind of job, society, relation. When it comes to work, if somebody specially picks on me there might be a some reason. She might be jealousy, or she might hate me, she might love me too much. However the person is in high position which is affecting me a lot, I believe that she wants to test me and give me a good chance to develop myself. Actually this is stimulating. I have to face and enjoy pressure to show responsibility and opportunity for achievement. and we will be a good partners and friends for sure in the end of the day."

어느 직장이나 사회 관계에서든 스트레스는 존재합니다. 누군가 일부러 저를 괴롭힌다면 아마도 분명히 그만한 이유가 있을 겁니다. 아마도 저를 시기하거나 미워하거나 아니면 너무 좋아해서 일거라고 생각합니다. 하지만 저를 괴롭히는 사람이 저보다 윗자리에 계신 상사라면 아무래도 제가 많은 영향을 받을 수 있죠. 그러나 저는 그것이 제가 어떤 사람인지 증명하고 발전의 기회로 삼을 것입니다. 말하자면 어떤 자극이나 동기부여가 될 수 있죠. 전 이를 피해가지 않고 정면으로 부딪혀 되려 스트레스를 즐기며 책임감 있고 프로패셔널 하게 일을 처리할 것입니다. 그럼 결국엔 더 멋진 파트너가 친구가 될 것이라고 믿습니다.

면접관이 내 답변에 귀를 쫑긋 세우더니, 3초간 뚫어지게 바라보았다. 그리고 마침내 고개를 끄덕이며 수긍하는 모습을 보였다.

"Excellent! That is what I want to hear from you. Now I can see that you are vey persistent and positive person. Great! Keep it up!"

훌륭한 대답입니다. 복장상태도 대답만큼 훌륭합니다. 바로 내가 듣고 싶었던 답입니다. 이제 보니 누리 씨 굉장히 끈기 있고, 긍정적인 사람이군요. 정진하도록 하세요!

이제야 어떤 관문의 족쇄에서 풀려난 기분이다. 늘 침묵으로 나를 내보내던 면접관이 그 자리에서 한 마디의 코멘트를 언급해 준 것도 남달리 마음이 놓였다.

"축하합니다. 다음 2차 면접 일정은 O시 O분입니다."

이제야말로 받을 만한 상을 받는 기분이다. 어두운 터널을 더듬거리며 헤맬 때마다 일부러 누군가가 설치해 둔 돌부리에 걸려 넘어지며서 오기와 끈기를 축적하고 터널을 빠져나온 셈이었다. "축하합니다."로 시작하는 합격자 발표가 작은 키, 평범한 얼굴, 그루밍, 영어 이 중 어느 하나도 나의 진로에 문제가 되지 않음을 증명하고 있기 때문이다. 이제는 그 무엇에도 기죽지 않고 오로지 철저하게 무장된 자신감 하나로 헤쳐 나갈 수 있다.

그룹 디스커션의 달인

2차 그룹 면접은 7명이 한꺼번에 들어가 주어진 주제를 가지고 토의를 해서 결론을 도출해 내는 과정으로 심화되었다. 모두들 화사한 복장과 메이크업으로 한껏 자신의 개성을 강조하고 나타났다. 나를 제외한 6명은 하나같이 고운 외모를 지닌 데다 하나같이 장신이었다. 160cm를 조금 넘을까 말까 하는 나의 키는 쑥 파묻혀 잘 보이지도 않았다. 조별 면접이 이루어져 원형으로 둘러앉게 되어 그나마 다행이었다. 그러나 이미 자신감으로 기세가 등등해진 나는 주눅 들지 않고 허리를 곧게 펴고 앉아 방실방실 웃으며 토의 주제를 기다렸다. 1번은 핑크색 정장을, 2번은 실크 색 정장을, 3번은 레이스가 하늘하늘 달린 정장 분위기의 보랏빛 블라우스로 말쑥한 분위기를 연출하고 있었다. 어쩌면 하나같이 콧날도 오뚝하고 눈망울도 커다란지 성형하지 않은 나의 얼굴이 상대적으로 눈에 띄었다. 제한 시간은 7분. 한사람이 1분씩 맡아서 자신의 의견을 피력해야 했다.

"Well, I believe that you guys all understood which topic we are assigned. If the aircraft got an accident on ground and now we are in the desert what we should find to survive? Is that clear?"

자, 만약 비행기 사고로 우리가 무인도에 표류한다면 어떤 다섯 가지 물건을 준비해야 좋을지 다들 질문 받으셨죠?

주제가 떨어지자 1번, '핑크'가 유창한 미국식 악센트로 잽싸게 주도권을 잡았다. 보통은 이런 경우에 잘만 하면 꽃이 될 수 있고 너무 나섰다가 낭패를 보는 경우도 있지 않을까 싶어 나는 일단 잠자코 있었다.

"I will find some water to drink. As you all know, human being can't survive without drinking water."

전 인간에게 없어서는 안 될 물을 구하겠어요. 아시다시피 물 없이는 인간이 살아남기 어렵잖아요.

"Good idea. What about fire flame or some equipment which we can find from the aircraft. We can send some signal those who trying to find us."

좋은 의견입니다. 그 밖에도 조난신고를 할 수 있는 불꽃이나 기구를 준비해 구조대에 신호를 보내는 건 어떨까요?

이번엔 3번, 레이스 블라우스가 받아쳤다. 돌아가면서 알아서 한 마디씩 입질을 시작했다.

"Since we have to find anything to eat for survival until we are rescued. we need to find a knife to cut the tree or fruit."

아! 하나 더 있습니다. 구조대가 올 때까지 혹시라도 먹을 것이 무인도 내에 먹을 것이 있는 지 알아봐야 하니깐 나무나 과일을 벨 수 있는 칼을 찾는 건 어떨까요?

내가 입을 열고자 하는데, 이번에는 2번, 실크가 잽싸게 가로챘다.

"We already have three items. Water, fire flame, knife. Now we need to find two more items. So what else we can find more?"

벌써 4가지 아이템이 나왔네요, 이제 두 가지만 더 생각해보면 되겠어요.

5번이 정리 단계에 들어갔다. 저러다가 마지막 남은 아이템을 자신이 제시할 분위기였다. 나도 한 마디 하긴 해야 하는데…. 아, 언제 끼어드나? 초반에 주도권을 잡는 게 차라리 유리할 뻔했다. 손아귀에 땀이 쥐어졌다. 한 사람이 한 마디씩 거드는 사이 벌써 6분은 경과했을 터였다.

"Guys! Why don't you give her a chance to talk?"

왜 아직 의견을 제시하지 않은 저 친구에게는 기회를 주면 어떨까?

면접관이 질타하듯 말하자 깜박했다는 듯이 1번 '핑크'가 내 얼굴을 바라보며 말했다.

"What do you think about First aid kit and blanket? Do you agree?"

아! 구급상자랑 기내 담요가 어떨까요? 동의하세요?

"Good Idea, I do agree with you!"

좋은 생각이에요. 진심으로 동의합니다.

마침내 나도 입을 열었다. 손에 땀이 쥐어졌다. 졸지에 바보가 된 기분이기도 했고, 구원을 받은 기분이었다. 천국과 지옥을 왔다 갔다 하는 사이 면접관은 종이를 들고 서서 코멘트를 적어 내려갔다. 사뭇 긴장된 분위기가 감도는가 싶더니 볼펜 접는 소리가 들렸다.

"수고하셨습니다!"

일동은 일제히 일어나 면접실 밖으로 나왔다.

발표를 기다리는 순간의 초조함은 대입 합격생 발표 뺨칠 만큼 떨렸다. 이번 학원 면접은 별다른 페널티 같은 게 적용되지 않으니까 떨어지면 다른 공채가 날 때까지 기다렸다 다시 보면 된다. 하지만 하루빨리 현지 면접관을 만나 그 동안 갈고 닦은 기량을 마음껏 발휘해보고 싶은 마음은 굴뚝같았다. 그러나 함께한 4명의 조원들의 기가 워낙에 센 바람에 입도 벙긋 못 해보고 면접실을 나올 뻔하질 않았는가. 나는 시간이 갈수록 좌불안석이었다. 떨리는 손으로 주민번호와 이름을 입력하고 '확인' 버튼을 누른다.

'축하합니다. 이번 2차 전형에 합격하셨습니다.
다음 면접 일정은 오는 2월 26일 오후 4시입니다.'

나에게도 꿈처럼 현지 면접관과 직접 만날 수 있는 기회가 찾아왔다니 믿을 수 없었다. 전상 상의 오류는 아닐까? 어떻게 한 마디를 제대로 못하고 나온 내가 합격할 수 있을까?

"안녕하셨어요? 저, 지난번에 같이 면접 봤던 강지은이라고 하는

데요?"

전화벨이 울린 것은 그때였다.

"아, 네에, 기억나요. 그 핑크 정장 입으셨던 분 맞죠?"

"네, 혹시 합격자 조회해 보셨나 해서요. 전 이번이 2차에서 떨어진 지 벌써 3번째에요. 잘 보고 나온 것 같은데 뭐가 문제였는지 통 모르겠어요. 알아보니까 다른 분들도 다 탈락하신 것 같던데…. 아무래도 이번에 저희 조는 모조리 잠수함 탄 것 같죠?"

"전부 다요?"

한 마디도 못 하고 나온 내가 홀로 합격했으리라곤 전혀 생각도 하지 않는 그녀에게 나는 합격했노라고 말할 순 없었다.

"네에, 한 명도 안 뽑고 7명 모두 떨어뜨리는 건 너무하지 않아요?"

"그러게요. 다음에 또 보면 되죠."

나는 태연하게 너스레를 떨고 말았다. 한 마디를 거들었던 내가 혼자 합격했다고 말해버리면 주최측의 농간이라고 억지라고 쓸 듯이 그녀는 풀죽은 목소리로 수화기를 내려놓지 못하고 있었다.

"너 오늘 계 탄 줄 알아!"

도희는 메신저 창에 이렇게 말하며 데구루루 구르며 웃는 이모티콘을 날렸다.

"그지? 아무래도 전산상 오류 같지 않니?"

"아이고, 우리 온누리 양은 어디에 그렇게 복이 붙어 있을까? 이번에 아주 운이 좋았던 거지. 그런 걸 두고 묻어간다고 하는 거야. 다른 사람에게 의견을 피력할 기회조차 주지 않고 자기들끼리 앞다투어 토의를 마쳐버린 이기적인 팀원들 가운데서 네가 구원받은 셈이나 마찬가지야."

언제나 나의 브레인이 되어주는 구도희 양. 메신저 창에서 도희는 손으로 입을 가리고 웃는 하얀 강아지 이모티콘을 날려 온다. 상황을 이해할 수 없을 때 늘 이렇게 배경설명을 해줌으로써 나의 궁금증을 풀어준다.

"조원들이 팀워크를 발휘할 수 있는지를 확인하는 게 그룹토의 면접의 취진데, 일제히 한 사람을 확 매장시켜버리고 서로 떠들기 바빴다면 그야말로 이기적인 사람들이지. 너도 조만간 넘어와서 일해보면 알겠지만 꾀부리면서 은근히 일 안 하면서 뺀질거리는 애들이 얼마나 많다고? 모두가 한 팀이 되어서 누구 하나 낙오되는 사람 없이 우리 팀으로 챙겨주고 배려하는 게 사실 서비스인의 자질이라고 할 수 있으니깐!"

"야야, 그럼, 이번에는 순전히 내가 운이 무지하게 좋았던 거라고 할 수 있네!"

"하늘도 스스로 돕는 자를 돕는다더니만…. 이제 정신 바짝 차리고 더 분발해라.네가 이쪽으로 통 경험이 없으니깐 어느 장단을 타고 들어가야 할지 갈피를 못 잡고 헤맬 줄 뻔히 아시고, 하느님께서 자기주장 무지하게 강한 사람들만 조원으로 붙여 주셨나 보다. 다음에 또 다시 그런 성향의 조원들과 다시 만난다면 그땐 네가 말할 장단을 못타고 파묻힌 사람에게 알아서 "Do you agree?(동의하시나요?)"하고 기회를 주면 돼. 그럼, 둘 다 붙을 수 있을 거야!"

"Do you agree? 아하! 그러니까 조직에서 다른 사람들을 얼마나 잘 이끌고 함께 나아갈 줄 아는 사람인가를 보는 거구나."

"그걸 이제 아셨나요? 온누리 씨! 여하간 감축드리옵니다. 다음 달에 우리 옆방 플랫 메이트 그만둔다는데, 방 비어있을 때 빨리 합격해라. 우리 둘이 같이 살면 얼마나 좋을까? 맨날 같이 밥도 해먹고, 비행고 가고…. 완전 생각만 해도 신난다 신나!"

슬슬 고지가 보이기 시작했다. 그러보니 준비를 시작한 이후로 계절이 바뀌어 가고 있다.

"이번 면접에서 미끄러지면 6개월간 같은 항공사에 지원할 자격이 박탈된다면서? 그러니, 이번엔 심혈을 기울여서 마지막 기회라고 생각하고 최선을 다해. 6개월이 어디 짧은 시간이야? 아이가 태어나서 젖을 떼고 이유식을 시작할 시간이다. 페널티를 왜 주느냐? 가능성이 보여서 마지막 관문까지 함께 갔지만 결정적인 허점, 예를 들면 서비스인으로의 자질이 의심스러울 때 반기를 드는 경우가 있어. 본인이 정말 원하는 일인지 자문할 시간을 6개월에서 길게는 1년까지 주는 거야. 면접관들은 그 안에 또 새로운 얼굴들을 탐색할 기회이기도 하고요."

대학 입시도 아니고, 자칫하면 재수까지 할 수 있다. 몇 년씩 준비하는 사람들이 이제사 이해가 되었다. 결코 쉽게 갈 수 있는 길이 아니었다. 도희의 당부는 절박하게 들렸다. 어서 빨리 합격해서 도희와 한집에 살면서 밥도 같이 해먹고, 비행에서 있었던 일들도 나누며 붙어 다니고 싶다.

떨어지면 6개월 페널티

현지 면접관과의 만남은 노동부 건물 별관에서 이루어졌다. 새벽 비행기로 아랍에서 날아든 면접관은 앨리스, 바비, 그리고 제시카였다. 영국 국적의 앨리스는 브리티쉬 악센트가 강해 두 귀를 쫑긋 세우고 맥락을 따라가지 않으면 쉬운 표현도 따라잡기가 어려웠다. 그런가 하면 바비는 언제나 눈웃음을 치면서 미소를 머금고 있는데 그런 이유로 속을 들여다볼 수가 없다는 것이 문제였다. 마지막으로 제시카는 10여 년에 걸친 비행 생활을 청산하고 면접관으로 분하여 이제 막 채용 팀에 조인되어 일을 배우는 과정으로 이번 면접에서는 어떠한 권한도 부여되어 있지 않았다.

면접관과 응시생들을 구분하는 화장실이 따로 마련되어 있지 않은 관계로 행여나 화장실에서 맞닥뜨렸다가 공연히 나쁜 이미지를 남기지 않기 위해 앉으나 서나 누가 보나 마나 행실에 신경을 써야 했다. 가령 손을 씻고 나서 수도꼭지를 꼭 잠근다든가 용변을 보고 난 다음엔 다음 사람을 위해서 변기의 물을 반드시 내린다든가 화장을 고친 다음 나온 헌 티슈나 화장품 찌꺼기 등은 한데 모아서 쓰레기통에 버린다든가 하는 아주 사소한 행실들 말이다.

그날 모인 하루 응시생들은 150명에 달했다. 뽀송뽀송한 화장, 단정한 쪽 머리, 진주 귀걸이로 일관된 몸짓을 하고 한꺼번에 몰려있는 응시생들을 맞닥뜨리니 정신이 번쩍 들었다. 나도 나름대로 공들여 화장을 한다고 했는데, 다들 어디선가 전문가의 손길을 입고 온 듯했다. 일찌감치 자리를 잡은 응시생들은 다른 사람들과 조를 짜서 영자신문을 요약해서 말하는 연습을 하고 있었다. 그런 모습을 보고 있자니 다시금 초조해진다. 나는 초조함을 가라앉히며 미소를 머금은 채 이런저런 요령이나 정보를 나누며 긴장을 풀었다. 이런 식으로 5일 동안 같은 과정이 반복되니 경쟁률은 생각만 해도 아찔하다. 여기서 최종 면접 대상자로 남는 사람들은 불과 20명 남짓이다.

우선 1시간 동안 우리가 응시할 항공사의 소개가 슬라이드 화면과 함께 진행됐다. 면접관 중에서 가장 연륜이 높아 보이는 앨리스가 앞으로 나와 마이크도 없이 라이브로 쩌렁쩌렁 실내를 울리며 회사 연혁과 비전에 대해서 설명하기 시작했다. 이 과정에서 설명을 늘어놓느라 정신이 없어 보이지만 이미 마음에 드는 응시생들을 마음속으로 점찍어둔다고 들었다. 그래서 자세를 흐트리지 말고, 중요한 내용이 나오면 고개를 끄덕이거나, 노트에 메모도 해가면서 내가 얼마나 열심히 하고자 하는지를 보여줘야 된다. 그리고 면접관이 재미있는 이야기를 꺼내면 경쾌하게 웃어주면서 속사포처럼 빠르게 구사되는 고급영어를 내가 무리 없이 이해하고 있다는 걸 보여줘야 한다. 말하자면, 영어로 의사소통하는 데 아무런 어려움이 없다는 걸 증명해야 한다. 아무리 사랑스럽고 예쁘게 생긴 사람이라도 의사소통에 문제가 있으면 본인은 물론이고 회사의 앞날에까지 장애가 된다는 걸 그들은 모르지 않는다.

　설명이 끝나고, 화장실을 다녀온 다음, 키와 몸무게 측정이 있었다. 이 과정에서 참가번호를 부르면서 "How are you today? 오늘 기분 어때?", "You look so good today! 오늘 근사해 보이는데?"
　와 같은 간단한 인사말을 건넨다. 그럼, 씩 웃거나 무시하지 말고, 역동적인 자세로 "Great! It couldn't be better! 오늘 아주 좋아요! 이렇게 좋을 수가 없어요!" 내지는 "Thank you! You look also good! 감사해요. 면접관님도 근사하세요." 재빨리 긍정적인 반응을 보여야 한다.
　키와 몸무게는 늘 비례하지만 난 작은 키에도 과한 체중이 나왔다. 그러나 현지에서 온 면접관들 시선에는 건강해서 좋은 체중이라 문제가 없다고 생각하는 눈치였다. 일단 기준치에 미달하지는 않는다. 문제는 팔을 뻗쳐서 정해진 마지노선까지 손이 닿느냐였는데, 나는 손톱 하나 정도의 차이를 두고 간신히 통과하긴 했다.

　30분간의 티타임이 이루어진 다음 최종 면접에 참여할 사람들의 명단이 호명됐다. 가장 가혹한 순간이다. 호명되는 순간의 짜릿한 보람은 당해본 자만이 안다.
　"1번, 12번, 14번, 28번, 34번…."
　마음속으로 기도를 올렸다. 목표를 위하여 숨을 고르며 꾸준히 달리고, 실패가 찾아오는 순간마다 절대로 포기하지 않으리란 각오를 새로이 하며, 차근차근 열매를 거두는 수확의 기쁨을 누리면서 산다는 것이 생각해 보면 짜릿한 일이란 것을 깨달았다. 원하는 것들이 쉽게만 이루어지면 삶은 모르긴 몰라도 상당히 무료하고 재미가 없어, 언제나 스릴과 자극을 즐기려 드는 인간은 뭔가 다른 사건을 벌였을 지도 모른다. 열심히 살아온 날들이여! 부디 나의 이름을 불러주세요!

"42번!"

그 순간 머리가 무릎 밑으로 쿡 떨어졌다. 42번! 42번! 감사합니다. 열심히 살겠습니다. 정말 감사합니다! 옆에 앉아 있던 친구가 어깨를 토닥여 주었다. 웃는 얼굴을 보아하니 그 친구도 다음 관문으로 함께 가게 된 모양이다. 고마웠다. 모든 게 감사했다. 이젠 뭐든지 마음만 먹으면 다 해낼 수 있으리란 자신감이 반쯤 더 생겼다. 쉽지 않은 선택이고 쉽지 않은 과정이었다. 그리고 뼈저리게 얻었다. 인간은 어떻게 단련되느냐에 따라서 차원이 달라질 수 있다는 것을! 두려움으로 가득했던 불투명한 미래! 언제나 의심으로 가득했던 사랑의 미래! 그리고 적과의 동침이라 여겨졌던 지구상의 모든 직장 동료들과 섞고 나누던 웃음과 말들! 이젠 모두 내려다보면서 여유를 부릴 수 있을 것 같다.

선발된 사람들은 환한 얼굴로 다음 일정에 대한 안내와 주의사항을 듣기 위해 면접실로 소집됐다. 면접실 밖에 남은 탈락자들만이 금방이라도 울음보를 터뜨릴 것만 같은 얼굴을 하고 힘없이 쪽 머리를 풀어헤쳤다. 아무도 섣불리 서로에게 위로의 말을 건네지는 못했다. 거침없는 허탈감!

"지난 2년간 이것만 매달렸는데…. 이제 어쩌면 좋아요?"

쪽 머리를 풀어헤치던 응시생이 울먹이기 시작하자 사방이 별안간에 조용해졌다. 그리고 친구들이 하나 둘 다가와 흔들리는 그녀의 작은 어깨를 잡아 주었다. 이 시험을 준비한 지가 이삼 년씩 됐다고 말하는 사람들을 이해할 것 같다. 다 된 밥에 코 빠뜨리듯 여기까지 오는 행운을 용케 잡았다가 미끄러지면 대책 없이 6개월이고, 일 년이고 기다려야 하니 준비 기간이 햇수로 줄잡아 늘어나는 것이 이해가 됐다.

"묻는 말에 대답은 제대로 한 거야?"

"당연하지! 엊그제 우리가 연습한 질문만 받았어."

"다른 애들이랑 똑같은 대답한 거 아니야? 외워서 답하는 거 젤 싫어한다는데…. 남이 한 말 너도 모르게 앵무새처럼 따라하진 않았구?"

"아! 몰라, 몰라…."

하나같이 쪽머리에 단정한 화장으로 자신이 호명되길 기다리던 친구들은 그 와중에 빠른 논리와 설계로 그녀가 떨어진 원인과 해결책을 강구했다.

30분의 휴식이 끝나고 면접실 안에 여러 개의 의자가 원형으로 설치됐다. 한 번의 그룹토의를 통해 면접자들을 다시 한번 엄선해 최종 면접자를 가르는 시간이었다. 첫 번째 주제는 "함께 살고 싶은 룸메이트의 국적 5개와 그렇지 않은 국적 5개를 제시하고 그 이유를 설명해 보라!"였다. 예민하지 않은 질문이라 부담이 덜했으나 이럴수록 많은 사람들이 의견을 앞다투어 제시할 수 있기 때문에 어떤 말을 해야 할지 미리미리 생각을 정리했다. 다들 하나같이 총기인지 독기인지 모를 눈을 동그랗게 치켜뜨고 방실방실 웃으며 유창하고 능숙한 영어를 속사포처럼 쏘아댔다. 분위기를 보아하니 지난번처럼 적당히 묻어갈만한 상황은 절대로 아니었다.

"It's very good to see you guys again! Did you enjoy your lunch? Today's topic is to summarize the five nationalities of the roommates you want to live with and the five nationalities that you don't, and you all understand the question correctly, right? So, shall we get started?"

다시 뵙게 되어 정말 반가워요. 다들 점심은 맛있게 드셨나요? 오늘 우리가 논의할 주제는 함께 살고 싶은 룸메이트의 국적 5개와 그렇지 않은 국적 5개를 정리해보자는 건데요, 다들 질문 정확히 이해하고 계시죠? 자, 그럼 시작해볼까요?

아담하고 청순한 외모의 16번이 토의를 이끌어 나갔다.

"Who will be the volunteer to take some note? Anyone?"

네에, 누가 노트에 정리를 하는 게 좋을 거 같은 데요 자원하실 분 있으세요?

눈치 빠른 33번이 말을 이었다. 필기라도 하면, 자연스럽게 토의에 참여할 수 있는 기회가 주어지지 언제 말을 치고 들어갈지 고민하지 않아도 될 것이다. 그래서 손을 들려고 꼼지락 거리는데 예의 16번이 다시 입을 열었다.

"If you don't mind, May I?"

괜찮으시다면, 제가 해도 될까요?

모두들 눈을 반달로 포개며 동의하는 바람에 노트 필기를 자청하려던 나는 어깨죽지를 귀밑까지 올렸다가 도로 내려놓았다.

"Oh, Nunber 42! Do you want to try?"

앗! 42번님이 하시겠습니까?

16번이 겸연쩍은 미소를 띠며 물었다.

"Oh! Number 16. Do you also want to do it? Then please, go

ahead!"

16번님도 생각이 있으셨어요? 그럼, 어서 시작하세요.

양보가 미덕인지라 나는 면접관의 눈치를 살피고 얼른 16번에게 기회를 주었다. 여기서 서로 티격이며 시간을 허비할 순 없었다.

"Then let me take some note and Number 42, Would you mind checking the time?"

그럼, 제가 내용을 정리 할테니. 42번님이 시간 점검을 맡아 주시겠어요?

"Sure. That's perfect!"

네, 좋습니다.

16번이 내게 제한시간 체크 임무를 주었다. 어쩜 하나같이 이렇게들 준비한 영어실력을 잘 뽐내는지 모르겠다. 각자의 역할이 정해지기 무섭게 경합이 벌어지기 시작했다.

"I don't like living with Americans. When I was studying in L.A., I found out that they partied and drank at home almost every day. I want to take some rest when I'm at home and thoroughly prepare for the flight."

저는 미국인과 사는 것을 좋아하지 않습니다. 제가 미국 L.A에서 공부할 때, 그들이 거의 매일 집안에서 파티를 벌이고 술을 마신다는 것을 알았습니다. 저는 집에 있을 때 휴식을 취하며 비행준비를 철저히 하고 싶습니다.

'I don't like'로 운을 떼기 시작한 그녀의 고운 얼굴이 일순간에 표독스럽게 일그러졌다. 그 순간을 면접관는 놓치지 않고 체크하는 눈치다.

"For me, I don't have any problem with living together with

American. But if I have any other chance to choose my own flatmate I would like to stay with people from Arabic country like Moroco, Algery, Tunisia. I am an Asian, but wouldn't I be able to learn and broaden my knowledge of new cultures that I didn't know If I live with friends from Arab cultures such as Africa and especially Middle Eastern countries?"

전 미국 친구들과 아무 문제 없이 지낼 수 있지만, 다른 나라 친구들을 고르라면 아랍이나 아프리카 국적의 친구들이 어떨까 싶어요. 나는 동양인이지만 아프리카나 특히 아랍국가와 같은 아랍문화권 친구들과 지내다보면 미처 알고 지내지 못 했던 새로운 문물들에 대해서 배우고 식견도 넓힐 수 있지 않겠습니까.

"When I was in Canada, I stayed with Asian flatmate. She was Japanese and she really liked Korean food. Even she know better than me about Korean food recipe. I think it is more convenient to stay with somebody from at least from similar culture."

제가 캐나다에서 어학연수를 할 때 함께 살던 룸메이트가 같은 동양인이었습니다. 그 친구는 일본인이었는데, 아무래도 식문화가 비슷하다 보니 여러 가지로 서로에게 도움이 되었습니다. 같은 문화권을 가진 룸메이트가 좋을 것 같습니다.

"You are right. Staying with same Asian people from China, Thailand, Philiphines will be more comfortable. I think there are a lot of things that can be shared between friends of the same Asian culture."

그렇습니다. 중국인이나 타일랜드 필리핀 국적의 친구들도 나쁘지 않습니다. 같은 아시아권 문화의 친구들끼리는 아무래도 공유할 수 있는 부분들이 많은 것 같습니다.

"Yes, I agree with you. This is actually good chance to learn other culture very closely. I also want to stay with people from different country like Paris, London, Frankfrut. I might be learn another foreign language from my flatmate if she doesn't mind."

저도 동의해요. 서로 다른 문화를 아주 가까이서 배울 수 있는 정말 좋은 기회가 될 거예요. 파리나 런던, 프랑크푸르트 같은 도시에서 온 친구들과 함께 살면서 새로운 외국어도 배울 수 있다면 금상첨화겠죠? 물론, 그녀가 거부하지만 않는다면 말이죠.

그 말이 끝나자 조원들이 작게 웃음을 나눴고, 분위기가 한결 더 화기애애해졌다.

"I am sure that your future flatmate is willing to teach you."

미래의 플랫메이트께서 기꺼이 가르쳐 주실 것 같은데요.

"I think nationalities like Japan, Taiwan, and Singapore are not bad either. As far as I know, people in that culture know when to keep quiet by covering up the right place. I like people who respect other people's privacy. When I was studying in New Zealand, I shared a room with a Taiwanese friend and she was very considerate. She always smiled at me."

저는 일본, 대만, 싱가포르와 같은 국적도 나쁘지 않다고 생각해요. 제가 알기론 그 문화권 사람들은 때의 장소를 가려서 언제 정숙을 유지해야 할지를 잘 파악하고 있는 것 같아요. 전 이렇게 다른 사람의 사생활까지 존중해주는 사람들이 좋아요. 뉴질랜드에서 공부할 때 대만 친구와 한 방을 썼는데 굉장히 사려 깊었어요. 언제나 미소로 절대해주었죠.

"For me, It's more comfortable to stay with friends of the same nationality. Because we share the same cultural sentiment and bond, we don't have to engage in unnecessary conflicts or war of nerves over the smell of food or cleaning. I think I'll be able to spend time comfortably with my people."

전 같은 국적의 친구와 지내는 게 더 편하다고 생각해요. 같은 문화적 정서나 유대감을 공유하기 때문에 음식냄새나 청소문제로 불필요한 갈등이나 신경전을 벌일 필요가 전혀 없으니까요. 되려 가족과 함께 편안하게 지낼 수 있을 것 같아요.

시간 체크를 하던 나도 적극적으로 나서서 의견을 피력했다.

"Just a moment. We already got some list of the nationlaity which we want to stay together. Japan, Thailand, Philipines, Singapore, Taiwan!"

아, 그럼 벌써 함께 살고 싶은 국적의 룸메이트가 얼추 나왔네요. 일본, 필리핀, 타일랜드, 아프리카, 모로코, 알제리, 튀니지, 싱가포르, 대만….

노트에 선호하는 룸메이트의 국적을 정리하던 16번이 한 마디 거들었다.

"Now this time, Shall we talk about the nationality which we don't want to share together some more. The nationality of the roommates do not want a while ago, you mentioned that you don't like to stay with American however, It was already mentioned as a Nationalty whom we want to stay with."

그럼 이번에는 함께 살지 않았으면 하는 국적의 플랫 메이트를 생각해볼까요? 원치않는 플랫 메이트의 국적은 아까 미국이라고 언급하셨는데, 공교롭게도 이건 좋아하는 국적과 겹치는군요.

사뭇 진지한 표정을 감추지 못하고 미소 한 방울도 없이 심각하게 물어서 마치 사감 선생님 같은 이미지를 연출했다는 점이 다소 아쉬울 따름이다. 그러고 보니 남은 시간은 얼마 없었다. 시간 관리를 해주는 것이 내 몫이다. 벽시계를 보려는데, 면접관이 입을 열었다.

"It seems like everyone forgot that the time was set because they were thinking hard. It's almost time for the aircraft to descend, but are you still doing the service?"

다들 열심히 생각하느라고 시간이 정해졌다는 걸 깜박한 모양이네. 비행기 랜딩할 시간 다 됐는데도, 서비스 하고 있을 거야?

브리티시 악센트를 강하게 연발하는 면접관, 앨리스는 웃고 있었지만 말속의 뼈를 눈치 채지 못할 만큼 둔한 사람은 나밖에 없었다. 실전에서 강한 사람들은 많은경험에서 오는 지혜를 갖고 있기 때문이다. 우리 조원들은 걱정이 태산인 얼굴이었다. 10분도 안 되는 시간 동안 흑과 백을 나누어 말하고자 할 때는 시간분배를 먼저 했어야 했다고 돌아가며 한 마디씩 했다. 드러내놓고 말은 안 했지만 은근히 화살이 내게 쏠리는 것만 같다. 어쨌든 감은 온다. 나는 아니다. 나 땜에 밥이 되어야 할 그룹토의가 죽이 되고 말았다는 자책이 일었다. 어쨌거나 잘 한 사람들은 냉정하게 판가름 나서 다음 관문으로 이동할 것이다.

또다시 가슴을 졸여야만 하는 순간이 돌아왔다. 면접관은 함박웃음 지으며 최종면접자로 선정된 13명의 번호를 차례대로 불렀다. 혹시나 하는 마음으로 합장을 하고 기도를 했다. 우리 조에서는 미소 띤 얼굴로 능수능란하게 토의를 주도했던 16번만이 유일한 최종면접자로 남았다. 내 번호는 꿈에도 부르지 않았다. 이제 남은 거라곤 6개월에 달하는 페널티다.

바깥 날씨는 그 사이 혹독하게 추워져 있었다. 맨살을 드러낸 목과 두 손을 장갑과 목도리로 칭칭 동여매고 밖으로 향하는 문을 열어야 했다. 면접을 마친 몇몇 사람들이 재잘거리며 떡볶이집에 앉아 어묵 국물을 들이켜는 모습이 인상적이었다. 2년을 준비했는데 떨어졌다면서 자리를 떴던 종전의 그녀도 친구들 무리에 섞여 있었다. 언제 그랬냐는 듯이 다시 해맑은 미소를 되찾고 아작 아작 열심히 떡볶이를 씹고 있는 그녀의 모습을 창문 너머로 스치며 나도 모르게 신음처럼 얇은 웃음이 새어 나왔다. 입김이 거울처럼 나의 덧없는 웃음을 상기시켜주었다.

삶이란 뭘까? 잘 산다는 건 어떤 의미일까? 본능과 욕구를 초월해서 한 가지를 향해 달리게 만드는 이유는 뭘까? 자신이 가장 즐거운 마음으로 할 수 있다고 믿고 달리는 열정의 힘은 젊기에 가능한 것일는지 모른다. 그리고 알고 싶은 것이 더 많아 도전해 보고 싶은 분야가 많은 사람일수록 젊다는 뜻인지도 모른다. 어려운 고비를 겪고 스스로의 힘으로 뛰어넘으면서 자신을 믿는 힘을 키울 수 있다는 걸 지혜로운 자들은 이미 알고 있는지 모른다. 그래서 때론 울음이 잠을 재우지 않고 밤새 붙들고 있다 한들 동이 트는 시간이면 다시금 씩씩한 얼굴로 다시 시작할 수 있는 것이다. 실패와 유예의 시간이 길어질수록 나를 발견해가는 고통이 함께 한다. 내가 이만큼도 못 된다는 사실, 내가 이 정도 밖에 안 된다는 현실을 인정해야 하는 순간마저 과정으로 받아들인다면 마침내 나는 훌쩍 성장할 것이다. 꿈을 좇는 희열을 즐기는 자들은 어쩌면 반드시 그들 힘으로 꿈을 이루리란 걸 알고 있기에 실패 앞에서 의연할 수 있는 것인지도 모른다. 내가 두려워하는 것은 무엇인가. 내가 원하는 것은 무엇인가. 하나의 세계를 무사히 통과하고 나면 그 때는 알 수 있을 지도 모른다. 나는 참 열심히 사는 인간이란 것을…. 그리고 앞으로도 변함없이 열심히만 해나가다가 보면 어느 순간에 내가 원하던 걸 누리고 있는 나 자신을 발견하게 될 것이다.

속도가 아니라 방향이다

명절이라고 온 가족이 일산 집으로 모여 아침부터 떡국을 끓이고, 거실에 손님용 밥상을 대자로 펼쳐서 갈비며 파전이며 상다리가 부러지도록 음식을 내왔다. 얼마 전에 둘째 아이를 임신한 언니는 쿠션처럼 둥그렇게 나온 배를 자랑스럽게 내밀면서 거실을 활보하고 다녔다. 형부는 언니가 움직이는 동선마다 그림자처럼 따라다니면서 뒷짐 진 언니의 뒤를 살폈다. 형부…. 바보, 언니 바보…! 한술 더 떠서 아버지 밥그릇 앞에 놓인 갈비 접시를 번쩍 들어다가 언니 앞으로 놓아주기까지 한다.

"큰애가 한참 먹을 때야…. 자네가 좀 챙기게…."

아버지는 엷은 미소 띤 얼굴로 형부를 물끄러미 바라보다가 한 마디 했다. 젓가락 끝을 쪽쪽 빨면서 배시시 웃는 언니는 이제 남의 집 귀신이 다 된 게 분명했다.

"산달이 언제라고?"

"3월이에요. 아버지."

언니가 얌전을 있는 대로 떨며 다소곳하게 대답했다.

"그럼 나도 조만간 외손주를 안아보겠구나."

갈비를 접시 째로 빼앗기고도 아버진 흐뭇하신 모양이다. 아직도 먹는 거 갖고 잇속을 따지고 드는 내 머릿속이 유치해서 견딜 수 없다. 언니는 어렸을 때부터 나보다 공부도 잘했고, 늘 모범답안이었다. 임용고시를 합격해서 정식 발령을 받아 학교로 출근하기 시작하면서는 사사건건 나를 가르치려고 들기까지 했다. 모든 인간의 깊이는 상황과 환경에서 비롯되는 법이라고 생각하며, 나는 언니 앞의 갈비 접시로 젓가락을 쭈욱 뻗는다.

"우리 집도 이제 사람 사는 냄새가 나는구나. 이제 누리 하나만…."

'정신 차리고 사람 노릇하면 걱정이 없을 텐데…' 라고 엄마는 말하고자 했을 거란 걸 잘 알고 있다. 나는 말없이 국그릇 속으로 얼굴을 파묻고 수저질만 한다. 엄마가 말을 끊은 이후로 분위기가 갑자기 어정쩡해지자 각자의 은수저와 사기 그릇이 부딪치는 소리가 더욱 크게 들렸다. 그리고 보니, 6개월의 페널티를 포함해 준비기간이 자그마치 일 년에 도달하고 말았다. 아! 아무것도 이루지 못한 채 나의 스물아홉 해는 이렇게 야속하게 흘러간다. 그리고 보쌈 하듯 나를 가로챈 스물아홉이란 굴레는 커다란 중압감으로 둔갑해 짓누르기 시작했다.

"처제도 다 생각이 있겠지요. 너무 걱정 마세요."

어떻게 나의 안위를 생각해서 형부가 거들었다지만, 이 상황에선 그 어떤 말도 위로가 되지 않는다. 그동안 나는 아무 생각도 개념도 없이 살아온 인간이라고 공공연히 인정해 왔다는 말처럼 들린다.

"이제 서른인데…."

이런 말을 할 때 엄마는 그 누구보다도 잔혹하다.

서른! 오피스텔 계약도 곧 종료된다. 서울의 물가는 나날이 하늘로 치솟고 있으며, 내년이면 전세금을 올려달라거나 아니면 이 짐을 모두 지고 반지하로 내려가야 할 판이다. 인간은 언제부터 시간의 흐름을 수치로 기록하기 시작했단 말인가. 인간이 나이를 염두에 두기 시작한 것은 자신이 살아온 역사를 통해 과오를 반성하고 앞으로 살아갈 나날들의 무궁한 발전을 도모하기 위한 시기적 기준을 두기 위함이었을 것이다. 그러니깐 인간은 '나이'란 기준으로부터 구속당할 수고를 덜어도 좋다. 나이를 지배하는 것은 '나이'란 기준이 아니라 나이의 주인인 '인간'이어야 한다. 그러니까 흔히 말하듯 나이는 숫자일 뿐이다. 내 안의 의문들과 어떻게 판명 날 지 모르는 가능성들은 속이 후련하도록 타진해 보고 후회해도 늦지 않다. 막연하게나마 나를 부여잡고 있었던 자신감에 공기를 실어 힘을 얻고 싶다.

문제가 생기는 건 그렇게 나쁜 게 아니다. 과거에 문제를 성공적으로 해결한 사람들은 새로운 위협이 닥쳐도 위기감을 덜 느끼는 법이다. 성공하는 사람들은 위기 극복에 성공하거나 역경을 무사히 극복했을 때 더 강해질 수 있다. 나는 더욱 오래도록 귀하게 쓰이려고 더 혹독하게 단련을 받고 있다고 생각했다. 너무 쉽게 얻거나 빨리 달라는 걸 줘 버리면 인간은 게을러질 수도 있고 자만할 수도 있다. 아직 정해진 때가 다가오지 않았을 뿐이다. 조금 늦어졌다고 주눅들 필요는 없다. 아직도 꿈은 혹독하게 나를 단련시키고 있다.

"누리씨. 6개월이 대수에요? 항상 희망을 갖고 일하면 부정적인 생각도 사라지잖아요. 하늘도 스스로 돕는 자를 돕는 법이고요. 누리씨가 어떻게 마음먹느냐에 따라서 앞으로의 삶이 달라질 수 있다는 걸 잊지 마세요."

고맙게도 집안에서 동면하는 곰처럼 웅크리고 있는 나에게 상담원은 잊지 않고 전화를 걸어 주었다.

"네에. 고마워요…. 근데, 이제 전 어떡해야 하죠?"

"자꾸 떨어지다 보면 나중엔 이골이 나요! 맥없이 늘어져 있을 시간에 영어 단어 하나라도 더 들여다봐요! 초지일관! 이 길을 선택하셨으면 끝까지 집중하셔야죠. 힘내시고요. 내년 상반기 안에 제발 좀 합격합시다!"

초지일관! 그렇다! 시야를 흐린 채 이렇게 맥 놓고 있는다고 갑자기 합격 레터가 오진 않는다. 다시금 목표에 집중해야 성공할 수 있다. 꿈을 이루는 데 필요한 많은 요소들에 우선순위를 정해서 가장 급한 것부터 다시 시작해서 스스로 길을 열어야 한다. 목표를 향해서 일관되게 같은 방향으로 질주할 수 있는 연비를 상실해서는 안 된다. 자신이 가장 원하는 것을 선택하고 이에 집중할 때 꿈과 만날 수 있다.

긍정적인 기운을 방해하는 사람들 때문에 기운을 빼서는 안 된다. 그런 사람들은 머릿속에 있는 휴지통에 버려야 한다. 든든한 내 편이 될 수 있는 사람들과 교류하면서 서로 힘을 북돋아 줘야 한다. 좋은 에너지를 주는 사람들과만 말하고 배우면서 앞날에 대한 비전을 공유해야 한다. 나 자신을 믿자. 우울함의 늪에 빠져 허우적거리고 있을 동안에 십 년 후의 보란 듯이 성공한 모습을 그리면서 성공 에너지를 축적해야 한다. 호랑이는 죽어서 가죽을 남기고 사람은 죽어서 이름을 남긴다더니 죽기를 마음먹고 마지막 종이 한 장을 남기는 순간 인간은 자신에게 가장 정직할 수 있다. 난 꿈이 있다. 꿈이 있으니 이제 그 꿈을 이루기만 하면 된다. 행복의 기준과 잣대는 사람에 따라 천

차만별이다. 온전히 자기 자신에게 몰입할 수 있는 힘은 오히려 최악의 상황에서 구해지는 법이다. 어떤 경우에도 절대로 약해져선 안 된다. 자, 이제 스스로에게 묻기로 하자. 나는 어떤 인생을 어떤 세상에서 살기를 원하는가. 원하는 것들을 성취하면서 한 번 뿐인 인생을 정말 후회 없이 살고 싶다.

    나 자신으로부터 멀리 떨어져 나와 나 자신을 객관적으로 관조해보자. 세계 각지를 여행하면서 새로운 사람들을 만나고 싶었지만 명분도 없이 어학연수나 여행이랍시고 다녀온다고 해서 달라질 것은 많지 않았다. 나를 이루고 있는 모든 세포와 본질을 모두 뒤흔들어 새로운 인간으로 다시 태어나고 싶다. 내가 어떤 사람인지 알고 싶다. 인생을 통틀어 단 한 번도 뭔가를 간절히 원해본 적이 없는 것 같다. 물이 팔팔 끓어오르기 직전에 포기하고 단념했다. 욕심나는 물건, 욕심나는 직장, 욕심나는 사랑, 그 어느 것 하나에도 목숨 걸고 매달려본 적이 없었다. 점수에 맞춰 전공을 결정하고, 자존심 때문에 좋아하는 남자에게 내 마음을 표현해 본 적 없다. 제 인생 어디에도 진정한 건 없었다. 다른 사람들도 다 마찬가지라고 생각했다. 그런데 가장 친했던 친구는 나 몰래 바닥과 초월의 경지를 넘나들며 제가 위태롭게 생각했던 경계를 보란 듯이 초월했다. 두 눈은 초롱초롱 빛나고 입술은 생기 넘치는 말들로 넘쳐났다. 그렇게 예뻐 보일 수가 없었다. 스스로의 힘으로 성공을 거머쥔 자의 여유로움이 묻어났다. 누구도 내 인생을 대신 살아주지는 않는다. 이십대는 거의 지나가 버렸지만, 이 시점에서 자신에 대해서 분명히 파악한다는 건 삼십대 인생을 더욱 값지게 살 수 있는 초석을 마련한다는 뜻이나 마찬가지다. 지나간 과거보다 현재와 다가올 미래가 보다 소중하다.

10년 후의 내 모습과 위치를 꿈꾸면서 일관성 있게 한 길을 파고 들어가는 것이 관건이다. 자기 자신을 믿는 힘이란 뭘까? 그것은 스스로에게 거는 일종의 주문이다. 긍정적인 자기 세뇌를 거듭하다 보면 온몸에 긍정의 기운이 퍼져 이루지 못할 일이 없는 상태가 된다. 간절히 원하고 노력하면 뭐든지 이룰 수 있다. 나는 뭐든지 할 수 있다. 어떤 경우에도 절대로 남과 비교해서는 안 된다. 각자의 그릇과 재능에 맞도록 가장 잘 할 수 있는 일은 따로 있는 법이다. 이제 내가 할 일은 나 자신을 믿고 곁눈질 말고 목표를 향해 올곧게 집중하면서 능력을 키우는 일뿐이다. 의심 말고 집중하자! 한 가지에 몰입하면 마침내 길이 열린다. 이젠 속도가 아니라 방향이다.

국비연수생의 와신상담 臥薪嘗膽

합격한 친구들이 하나 둘 출국하자 스터디 멤버들도 몇 남지 않았다. 다시금 새로운 멤버들을 수소문해서 스터디를 재결성해야 했다. 긴장감 넘치는 면접을 오래 접은 탓에 활어처럼 날뛰던 면접의 감이 자꾸만 무뎌졌다.

년 초에 수강했던 2달간의 학원 수업은 매일매일 같은 꿈을 추구하는 사람들의 공동체란 점에서 수업에 참여하는 것 자체만으로도 자극과 동기부여가 되었다. 화장실에서 엘리베이터에서 그리고 편의점에서 마주치는 상담원들의 격려와 로비 벽면에 대문짝만 하게 붙어 있던 합격생들의 사진을 주야로 감상하는 것 자체가 커다란 동기부여가 되었던 것이다.

"아이고, 이쁜 아가씨! 이번엔 떡하니 붙어야지! 자, 내가 힘내라고 삼천 원 할인해 준다!"

이제는 너무 자주 세탁해 누렇게 바래진 하얀 정장을 세탁소에 맡기자 격려와 덕담까지 덤으로 주신다. 그러고 보니 1년이 다 되도록 고생한 건 나 혼자 만이 아니다. 여러 번 드라이클리닝을 당하며 눈물 보다 더한 고통을 쥐어짜면서도 언제나 반듯한 모습으로 나를 감싸주었던 것이 바로 이 정장이다. 얼마나 여러 번 세탁과 다림질을 반복했는지 이제는 노릇하게 색이 바래기 시작했다. 주인 잘못 만나 고생만 하는 한 정장을 보니 하루빨리 합격해야 한다는 바람이 더 강하게 일었다.

> 말도 마! 오늘 오사카 비행에서 승객이 두 명씩이나 졸도를 했어. 갤리에 커튼치고 다리 들어 올리면서 산소 공급까지 하느라 내가 어찌나 진땀을 뺐는지 몰라.

그 사이 장거리 비행을 시작한 도희가 비행 무용담을 전하느라 정신없이 자판을 두들겨댄다.

> 이제 와서 학원 수강을 다시 하는 건 좀 그렇긴 한데, 집에서 혼자 준비하려니까 영 감이 떨어져서 안 되겠어. 그래도 스터디 사람들하고 어울려 다닐 땐 눈에 총기도 좀 어리고 그랬었는데, 이젠 피부까지 칙칙해지고 화장도 잘 안 받아.

> 그러게, 이제 올해라고 해봐야 몇 날 안 남았는데, 어떻게 올해 안에 승부를 내야지! 안 그러면 누리 너, 평생 후회하지 않겠냐. 그렇다고 지금 마음 접고 다른 회사에 이력서 내는 건 좀 비겁하잖아. 하는 데까지 해본다는 마음으로 계속 두들겨야지 빨리 와! 친구야!

그 무렵, 산업인력공단 사이트에 항공기 승무원, IT 전문가, 보석

디자이너, 한국어 교사 등 다양한 분야의 해외취업 지망생들을 상대로 연수생을 선발해 사설학원에 위탁교육을 맡겨 해외취업을 도모해 준다는 공고가 떴다. 해외취업을 통한 한국청년들의 세계 진출을 위해 국가적 차원에서 마련한 제도였다. 국가에서 직접 소화할 수 없는 부분들을 현장에서 운영되는 사설학원에 교육비를 투자해 위탁교육을 지원함으로써 구직자의 해외취업을 권장하자는 것이 취지였다. 거듭된 학원 수강이 무의미하다고 판단되던 시점에 그래도 가만히 맥을 놓고 있는 것보다는 나았다. 어쩌다 보니 시간이 바람처럼 흘러 어느새 1년이란 세월을 만들어 가고 있었지만 꿈이란 것의 소중함을 깨닫고 반짝 하고 흘러가는 화려했던 시절이 아니라 평생토록 푸른 성공시대를 운항하기 위한 한 대의 연비 높은 비행기가 되어 훨훨 날기 위해서라면 재투자도 나쁘지 않다. 무대 위에 서려면 내가 아닌 것은 모두 버려야 한다. 온전히 나 하나로만이 조명을 받아야 관객들이 박수를 친다. 그래, 용기를 잃지 말고, 처음부터 차근차근 시작해 보자.

　이력서를 접수하고, 소정의 면접을 거친 다음, 나는 다행히 산업인력공단에서 관리하는 30명의 국비 연수생으로 선발되었다. 월, 화, 수, 목, 금! 주 5일 동안 하루도 빠짐없이 정확한 시간에 공단에서 지정한 학원으로 출근도장을 찍었다. 이젠 면접의 달인이 된 지 오래라 영문 이력서와 자기소개서 정도는 혼자 힘으로 얼마든지 다양한 방식으로 변화무쌍하게 출력할 수 있다. 매너, 메이크업, 영어 인터뷰 수업을 다시 듣기 시작하면서 한동안 무뎌졌던 면접의 감이 새록새록 돋아나기 시작했다. 관련업계의 동향이나 따끈따끈한 정보들을 들을 수도 있었고, 같은 꿈을 꾸고 있는 사람들과 어울리면서 교류하는 것 자체가 긍정적인 화학작용을 일으켜 자고 있던 뇌를 자극했다. 자극받은 뇌는 피가 펄펄 끓는 몸이 가만히 앉아 있지를 못 하게 했다. 손에 잡히는 대로 영자신문을 읽고 간추려 다시 영어로 풀이하고, 모르는 구절이나 어휘가 나오면 질겅질겅 씹어 삼켰다. 아침마다 헬스장을 찾아 2시간씩 운동을 하고, 잠들기 전에 계란 흰자를 얼굴에 착착 펴 발랐다. 피부, 몸매, 두뇌 어느 것 하나 소홀하게 관리할 수 없었다.

인생을 통틀어 그 어느 시절도 지금처럼 치열하게 살 수는 없을 것 같다. 한 가지 목표를 성취하기 위해 온몸과 정신이 거기에 묶여 그 이외의 세상은 하늘이 두 쪽 나도 관심 밖으로 밀려나는 시절은 지금뿐이다. 1차, 2차, 3차 면접의 관문을 차례대로 통과하는 순간마다 기대와 실망의 교차하면서 나 자신의 역량과 자질을 되돌아보며 업그레이드할 수 있었던 시절이 얼마나 되었을까. 심장이 하늘까지 들렸다 다시 가라앉는 그 기분, 면접을 통과하면서한 단계씩 성장해가는 내 모습과 마주할 때마다 이 모두가 꿈 덕분이란 사실을 잊지 않는다.

바빠서 못 하는 건 없다. 마음이 있으면 뭐든지 할 수 있다. 너무 멀리 있어서 사랑할 수 없다는 것도 거짓이다. 그런 사람과는 한 건물에 살아도 사랑하게 될 수 없다. 다만 마음이 없을 뿐이다. 여러 가지 환경의 제약과 관습을 탓하면서 지금 하고 있는 일을 꾸역꾸역 하는 사람들을 볼 때 나는 제일 답답하다. 키가 작아서, 못생겨서, 여자라서, 남자라서, 나이가 많아서, 대학을 안 나와서, 돈이 없어서, 남편이 안 도와줘서, 공부를 못해서 구구절절 변명을 늘어놓는 사람들은 모든 불만이 해소되더라도 반대의 이유를 들어 불평을 늘어놓는다. 키가 너무 커서, 너무 예뻐서, 아직 어려서, 학벌이 너무 좋아서, 식구들의 기대가 너무 커서, 공부를 너무 잘 해서도 인생이 짜증 난다고 서슴없이 말한다. 이런 사람들은 자신이 얼마나 형편없는 사람인지를 스스로 증명하고 있다는 사실을 전혀 모른다.

그러나 자신감을 갖고 마침내 꿈을 거머쥐는 사람들은 정반대의 사고를 한다. 불평불만을 늘어놓을 시간에 묵묵히 부족한 부분을 채우며 꿈 앞으로 성큼성큼 나아간다. 구태의연한 변명만 낭자하게 늘어놓는 것이 결국은 자신의 소중한 인생을 낭비하는 것과 같다는 것을 너무 나도 잘 알기 때문이다. 불만을 늘어놓을 시간에 주어진 환경에 감사하고, 어떻게든 극복해 나갈 방법을 찾느라 바삐 움직인다. 눈동자에 총기가 어리고, 사고가 혈류를 타고 진취적으로 나아간다. 앓던 병도 정신력으로 훌훌 털고 일어선다. 마음이 있는 곳이라면 모든 것에 통한다는 것이 언제나처럼 내가 주지하는 바다.

나는 이제 그 무엇도 두렵지 않다. 그 어떤 무대에 저울에 시험에 나를 올려놓는다 해도, 그 누군가가 작정을 하고 나를 난도질을 한다 해도 나는 얼마든지 이길 수 있다. 면접관이 나에 대한 편견으로 일부러 나에게 쓴맛을 먹이기 위해 연거푸 낙방시켰다 해도 절대로 낙심한다거나 흔들리지 않을 만큼 나는 이제 나에 대해서 누구보다도 잘 파악하고 있다. 꿈의 도전과 성취가 내 인생의 커다란 전환점이 될 수 있다고 확신한다. 꿈을 준비하는 과정을 통해서 이미 나는 과거와는 전혀 다른 사람으로 변화하고 있다. 앞으로의 날들 속에서 나는 내가 감당할 수 없는 일 앞에서 주저앉는 일을 만들지도 않을뿐더러, 예기치 못한 기습이나 믿음이 배신으로 돌아온다 한들 꿋꿋하게 내 길을 고수하며 끊임없이 꿈을 향해 나아갈 수 있는 저력과 강한 정신력을 함양할 것이다.

중도에 지칠 대로 지쳐서 스스로에게 지리멸렬해진 사람들은 치를 떨며 이 바닥을 달아났다. 그들은 보통 일반 사무직이나 보습학원이나 가정으로 돌아갔다. 길은 또 이것만이 아니란 그들의 생각은 결코 틀리지 않다. 각자에게 잘 어울리는 아스팔트 포장도로는 제각기 따로 갖고 있는 지도 모른다.

"언니, 나 이번에 주얼리 온라인 쇼핑몰 냈어요. 제가 금속디자인 전공이잖아요. 제가 디자인해서 만든 물건들 기대 이상으로 반응이 좋아요."

스터디를 탈퇴하겠다고 통보한 주영은 조심스럽게 말했다. 준비 기간 동안 부업 삼아 관리해오던 쇼핑몰이 점차로 부풀어 갔던 것이다. 어쩌면 학원 나와서 강의 듣고 떡볶이 먹으면서 수다로 점철하던 시간들 속에서 그녀는 새로운 아이템 구상과 사업 확장을 위해 필요한 점을 궁리하는 자신의 모습이 보다 그녀답다고 생각했는지 모른다.

"잘 만들어서 동남아 쪽으로 팔아도 대박이겠다. 스터디 준비하면서 영어도 많이 늘었잖아."

"그러게요. 안 그래도 필리핀 공장에서 엊그제 연락이 왔어요. 나 완전히 이 길로 나갈까 봐요. 이게 저한테는 더 잘 맞는 거 같아요."

방안에 앉아서 자신이 좋아하는 보석을 디자인해서 사이트에 올리고 주문받은 물품을 우송하면서 그녀는 물거품처럼 불어나는 통장

잔고를 주체하지 못하는 것 같았다. 하지만 나는 주영이처럼 손재주나 남다른 것도 아니고, 요즘 젊은 사람들처럼 컴퓨터 사이트 관리에 능한 것도 아니다. 나는 언젠가 대학로 점술가 아저씨 말대로 새가 되고 말 것이다. 하늘을 날아오르는 기분은 어떨까. 정말 날개를 달고 하늘을 나는 새가 된 기분일까. 현실이 그렇게 꿈결처럼 하루하루 새롭기만 하다면 신바람이 날까? 나는 이제 하나의 꿈이 부여하는 자신감과 노력의 가치와 보람마저 속속들이 알고 있다. 꿈을 향해 달리는 과정이 내게 하사한 삶의 가치들을 결코 가볍게 대할 수 없다. 모든 인생을 통틀어 온전히 내가 원하는 바를 목표로 정하고 한 가지 일을 위해 매진하는 나 자신을 감히 아름답다고 말할 순 없을지 몰라도 적어도 누추하거나 형편없어 보이진 않는다는 것을 나는 모르지 않는다. 1차 면접을 통과하고 2차 면접을 치르고, 다시 최종 면접을 기다리고 실패하고 그렇지만 포기하지 않고 다시 도전하면서 소중한 것일수록 쉽게 얻어지는 것이 아니며 오뚜기처럼 포기하지 않고 다시 일어서는 나를 보면서 스스로가 얼마나 잠재력 있는 인간인가를 발견하게 된다.

일제히 가식을 거두고 나는 태어나 처음으로 온 마음을 다해 기도를 올렸다. 나는 이제 모든 인간은 불완전하다는 것을 알고 있다. 신을 믿는 사람들은 그들 눈에만 온전히 신이 보여서가 아니다. 신은 누구에게나 함부로 당신의 모습을 드러내지 않는다. 다만 오직 믿는 자의 몫일 뿐이다. 끝이 보이지 않는 황무지로 귀양을 떠나는 마음으로 어려운 시절을 잘 견뎌야 한다. 꿈을 성취하는 시기는 상황이나 여건보다도 나 자신의 안위를 스스로 처신할 수 있을 때다. 꿈이란 세계의 중심에 선 나 자신과 끊임없이 대화하면서 새로운 나를 발견해 나가는 일의 진척이 이루어질 때 성취 시기가 결정된다. 어쩌면 나는 아무것도 일어나지 않고 그리하여 아무것도 얻을 수 없었던 지난 준비 기간 동안 평생에 거쳐 숙지해야 할 진리를 얻었는지도 모른다.

"아가야, 이제 너도 알거다.
우리가 왜 겨울 바람을 참고 견뎌야 했는지를
우리 매화나무들은 살을 에는 겨울 바람을 이겨내야만이
향기로운 꽃을 피울 수 있단다.

네가 만일 겨울을 견디지 못 했다면,
넌 향기없는 꽃이 되고 말았을거야.

꽃에 향기가 없다는 건, 곧 죽음과 마찬가지야."

-정호승, "울지말고, 꽃을 봐라."-

Chapter6

꿈의 성취

도전, 서울 오픈데이

"야, 역시 돈 많은 항공사는 사람을 뽑아도 전 세계에서 뽑는구나. 이야. 오픈 데이 일정 좀 봐. 아부다비, 알제리, 네덜란드, 방콕, 슬로바키아, 파리, 개트윅, 콜롬보, 델리, 베이징, 이스탄불, 마닐라, 파나마, 포르투갈, 싱가포르, 상하이, 오사카, 정말 전 세계 구석구석 안 가는 곳이 없구나. 여기 나온 도시들이 다 이 항공사에서 취항하는 도시들이라니. 이야! 무려 180개가 훌쩍 넘잖아? 이번에는 서울도 있다니. 이런 행운이 어디 있니?"

함께 스터디를 하던 친구 하나가 컴퓨터 화면에서 눈을 떼지 못하고 연신 싱글벙글이었다. 하루 면접에 2000명에서 3000명의 지원자가 한꺼번에 몰려 겁에 질린 면접관들이 일찌감치 마감을 해버리는 해프닝까지 벌어질 정도로 인기가 하늘을 찔렀다. 오픈데이가 서울에서까지 정기적으로 진행되기 시작한 것은 거의 꿈만 같은 일이다. 그동안 멀게는 유럽이나 가깝게는 싱가포르나 마닐라까지 사비를 들여 해외 원정을 강행해야 했던 애로사항을 덜게 되었다. 그러나 미모와 실력을 앞다투는 응시생들이 대거 몰리다 보니 모든 것을 순전히 하늘의 뜻으로 돌려야 할 만큼 더욱 피 터지는 싸움이 된 것만은 사실이다. 그래도 페널티를 무사히 넘기고 있는 시점에서 발표된 오픈 데이는 잘만 하면 사설학원에서 진행되던 사전면접을 모두 생략하고 직접 현지 면접관을 만날 수 있는 행운을 거머쥘 수 있다는 점에서 시간을 절약할 수 있었다. 그러니 오래 준비한 자에게 하늘이 내린 기회였다.

고기도 먹어 본 사람이 아는 것처럼 면접에는 이제 이골이 났다. 면접 의상, 메이크업, 걸음걸이, 표정관리, 영문 이력서, 자기소개서까지 모든 것을 한달음에 척척 누구의 조언을 구하지 않고도 내 선에서 해결할 수 있었다. 많은 응시생들을 상대하느라 면접관이 지치기 전에 나는 새벽부터 채용이 이루어지는 호텔에 장사진을 펴고 기다렸다. 예상대로 이미 많은 응시생들이 아예 자리를 펴고 호텔에서 노숙이라도 하면서 밤을 새우고 기다린 눈치였다. 살벌하고 피 말리는 면접 분위기. 이력서 접수가 끝나고 마음을 졸이며 연락을 기다렸다. 오후 3시 30분께가 되자 마침내 전화가 왔다. 전화 연락을 통해 면접을 볼 수 있는 기회를 얻은 사람들은 전체 응시자들의 5분의 1 정도가 되었다. 날이 날이니만큼, 나는 승무원 메이크업으로 가장 경험이 많은 메이크업실을 예약했다. 순번을 기다렸다가 화장을 받고, 다시 택시를 타고 쏜살같이 달려 면접이 이루어지는 호텔로 향했다. 하나같이 따뜻한 봄날의 만개한 진달래, 개나리처럼 화사한 모습으로 대기 중이었다. 이젠 면접 의상들도 화이트를 넘어서 핑크, 블루, 오렌지 계열의 색상 급기야는 야광색까지 발달의 변천사를 달리고 있었다. 초승달처럼 포개지는 눈 아래서 귀까지 걸리게 웃는 입모양을 다들 흐트러짐 없이 일관되게 유지하고 있었다.

오늘 우리를 맞아주실 면접관님들은 바비와 제이슨이다. 우선, 주요 면접관 프로필과 성향 파악에 들어가야 한다.

바비

- 국적: 싱가포르
- 전 싱가포르항공 승무원, 현 Q항공사 리쿠르터
- 전형적인 싱가포르항공 승무원 이미지의 소유자
- 언제나 밝고 응시생들에게 잘 웃어줌, 침착하고 밝은 성격
- 지난번 페널티를 받았던 3차 면접 때 왔었던 면접관 중 하나
  ∴ 나를 기억할 지도 모름,
    같은 실수 반복을 피하고 발전된 모습으로 어필해야 함

에릭

- 국적: 오스트레일리아
- 굴지의 메이저 항공사를 두루 거친 항공업계의 베테랑
- 한반도 정세, 한국의 전자기기에 관심이 많다고 알려짐
- 관대하고 넉살 좋게 넘어가는 것 같으면서도 세밀한
  부분까지 체크해서 꼬리 질문을 잊지 않고 마구 날림
- 예리하고 치밀한 성격

　　면접관 중의 한 명은 지난번 한국을 다녀갔던 싱가포르 국적의 바비였다. 지난번 면접 때는 내내 참관만 하던 바비가 이제 실무에 투입되기 시작했는지 회사소개 슬라이드가 넘어갈 때마다 회사에 대한 전반적인 사항에 대해서 줄기차게 브리핑에 들어갔다. 그러는 사

이 180cm가 넘는 장신을 자랑하는 남자 면접관은 연신 그 모습을 지켜보는 척하면서 앉아서 경청하고 있는 모든 응시생들의 1차 점검에 들어갔다. 이때 면접관들이 중요시 여기는 것은 경청하는 자세이다. 흐트러짐 없는 자세로 끝까지 경청하고 있는지, 졸거나 딴짓을 하지는 않는지 우선적으로 살피는 눈치였다. 그리하여 나는 새벽에 마신 물 때문에 자꾸만 화장실에 가고 싶은 것을 가까스로 참아내느라 진땀을 뺐다. 회사소개가 진행되는 순간만큼은 중간에 화장실을 가느라 자리에서 일어나 분위기를 깨는 소행을 저지르지 않기 위해 허리를 꼿꼿이 펴고 정자세로 앉았다. 메모지를 꺼내 중간중간 중요한 사항들을 받아 적으며 적절히 고개를 끄덕거리기도 하면서 내가 지원하고자 하는 회사에 얼마나 관심을 많이 갖고 있는지를 온몸으로 알렸다. 이때 이미 누구를 떨어뜨리고 누구를 남겨야 할 것인가를 면접관들은 대강 마음으로 추려낸다.

다음은 필기시험이었다. 동사의 시제, 완료, 가정 등등 중고등학교 배운 문법의 범주 내에서 문제가 출제되었다. 필기시험이 이루어지는 동안 한쪽에서는 순번에 맞춰 체중과 신장 측정이 이루어졌다. 내게는 이 순간이 사실 가장 살얼음 위를 걷듯 가장 떨리는 순간이다. 체중은 보기보다 과하게 나올까 봐 부끄러워서이고, 신장은 그들의 기준에 미달하다고 단정이라도 할까 봐 우려 되어서였다. 그러나 나는 키에 비해서 길게 빠진 팔을 갖고 있지를 않은가. 팔을 위로 뻗어 정해진 기준까진 그럭저럭 손끝이 닿았다. 기내 좌석 위의 오버 헤드 빈(overhead bin)의 덮개를 무리 없이 다룰 수 있을 정도의 팔 길이면 통과할 수 있다. 겁을 먹지 않기 위해 나는 힘을 내자고 다시 한번 주문을 외운다.

"Very healthy girl!"

아주 건강한걸요?

체중계 바늘이 튕기는 길이가 시간이 길어진다 싶자, 바비가 찡긋 윙크를 날린다.

"Yes! Somehow. Because I drank lots of Ginsaeng tea this morning. If you try it, I am sure you will love it."

네, 약간 그런 편이죠. 오늘 아침에 인삼차를 많이 마셔서 그런가 봐요. 면접관님도 한번 드셔보시면 아주 빠져드실걸요?

애교 섞인 미소로 부끄러운 순간을 유머로 넘긴 나는 길게 숨을 내쉰 다음 체중계에서 내려선다. 이번에는 팔을 길게 뻗어 암 리치(arm reach) 체크를 한다. 오늘따라 연체동물 신이 강림하셨을까. 팔이 담쟁이덩굴처럼 유연하게 뻗어 올라간다.

"Number 6, Number24, Number 41, Number 44…."

잠시의 휴식을 있은 후 다음 사뭇 의미심장한 얼굴의 바비는 서류에 적힌 번호들을 우렁차게 호명하기 시작했다. 지금 부르고 있는 이름들이 낙오된 자의 이름인지 살아남은 자들의 이름인지 분간할 수 없는 나는 두근거리는 심장을 어찌할 줄 몰라 양주먹을 말아 쥐고 가슴을 쥐어뜯을 수밖에 없었다. 호명된 번호의 주인공들은 자리에서 일어나 처분만 바라고 있었다.

"The number that I am calling now doesn't fit our image of the company. Those people may go home now. Thank you very much for your time today!"

지금 호명된 사람들은 이제 집으로 돌아가도 좋아요. 오늘 시간 내서 와주서서 정말 감사합니다.

늘 밝고 다정하게만 보였던 바비의 얼굴이 그렇게 냉혹하고 살벌하게 느껴질 수가 없었다. 2초간의 적막이 흐른 후 자리에 남게 된 사람들이 하나같이 낮은 함성을 지르며 환호에 젖었다. 천국과 지옥을 오가는 순간의 희비가 교차하던 순간의 끝에서 생명을 건진 기분이란 게 이런 것일까. 두 손에 땀이 흥건히 쥐어질 때까지 하느님의 이름을 연신 가슴으로 불렀다.

7명의 조원들은 동그랗게 모여앉아 운명적으로 한배를 타게 된 기쁨을 환한 미소로 나누었다. 그룹토의에 제한된 시간은 오로지 7분, 7명의 조원이 번갈아 가면서 많아야 일 인당 1분의 발언 기회를 가질 수 있었다. 이 시간이 어느 한 사람에게 편중되어서도 안 되고, 어느 한 사람만이 왕따가 되어 배제되어서도 안 된다. 팀워크의 활성화가 잘 이루어지는 팀인지를 중점적으로 평가하는 시험이었다.

"Alright, Now I will give you one scenario about the case that occurred during the flight. During the service, you spilt hot water one lady holding an infant. The lady was so frightened and baby started crying loudly. Now tell me how you guys deal with this situation?"

좋아요, 지금부터 비행 중 발생한 한 가지 사건에 대한 시나리오를 주겠어요. 아기를 안고 탄 엄마 승객에게 뜨거운 물을 엎지르는 실수를 해서 엄마 승객이 소스라치게 놀라고 아기가 울기 시작했습니다. 이 상황에서 어떻게 대처할지 각자의 의견을 종합해 보세요!

"First of all I will apologize to the customer immediately and at the same time find cold water and flush the area the customer got hurted quickly."

가장 먼저 사과를 드리고 동시에 재빨리 찬물로 상처 입은 부위를 식혀드려야 합니다.

노랑색 블라우스에 검은 스커트를 입은 사람이 재빨리 입을 열었다.

"That's correct. Also we need to bring medication from the first aid kit immediately. It contains cooling gel or Jelonet. and we can also put some cream to prevent scar which could happen later on. Do you agree with me?"

기내에 비치된 응급 상자에서 상처의 열을 식혀주는 젤이나 부대 또는 화상 흔적을 예방하는 크림들을 찾아 제공해야 합니다. 제 생각에 동의하시죠?

본의 아니게 말이 길어지는 것을 감지한 나는 서둘러 옆 사람에게 발언권을 넘겼다. 사뭇 아랫배에 긴장이 감돌았다. 그녀가 나에게 자연스럽게 참여할 기회를 줘서 고맙다는 눈인사를 보내왔다. 그러는 사이 면접관은 노트에 한 사람 한 사람 유심히 살펴보며 체크를 했다. 면접관이 펜대를 굴릴 때마다 심장이 바들바들 손에 땀이 쥐어졌다. 젖 먹던 힘을 다해서, 오 분만…. 오 분만…. 더 긴장 잃지 말고 최선을 다해줘….

"I agree with you. That is the first action that we have to do. But if baby keeps crying loudly. That might be noisy for other customers. After all the emergency measures have been completed, we must strive for the stability of the other customers."

네, 동의합니다. 말씀하신 것들이 우리가 우선적으로 취해야 할 응급조치입니다. 그치만 아기가 계속 운다면 저희와 함께 한 여행에 대한 추억이 좋을리만 없어요. 모든 응급조치가 끝난 다음 손님의 안정을 위해 노력해야 합니다.

"Then what can you offer to the customers?"

조원들의 주위를 맴돌며 점수를 체크하던 바비가 질문을 던졌다.

"We should provide blankets and light snacks to help customers to rest comfortably, and we should try to provide baby items and toys to make it a comfortable journey again."

승객분이 다시 편안하게 안정을 취하실 수 있도록 담요와 가벼운 간식을 제공해드리고, 아기용품과 장난감을 제공해 다시금 편안한 여행이 될 수 있도록 노력해야 합니다.

"Then we should inform the supervisor who will handle from the line. Perhaps she will extend sincere apology to ensure customer's well-being was looed after by 100%."

이 사고를 우리끼리만 알고 있어서는 안 되고 사무장에게 보고해서 사무장 선에서 합리적으로 처리할 수 있도록 해야 합니다. 아마도 사무장이 승객분의 안녕을 확인하는 차원에서 다시 사과드리겠죠?

"You! No. 72." 72번

"Yes! Are you calling me?" 네? 저 저요?

"Yes! You!" 그래요! 72번

나는 토끼눈으로 자리에서 벌떡 일어났다.

"Could you please tell me again all this story from the beginning?"

72번이 이 상황을 처음부터 다시 한 번 정리해서 말해보겠어요?

감사하게도 전체 토의 내용을 정리해 제 시간에 토의를 마무리할 수 있는 기회가 내게 주어졌다.

"Sure. Cabin crew accidentally spilt juice on the customer who boarded with an infant. Crew immediately apologized and action was taken appropriately at the same time. And It was informed to the supervisor who will solve problems by pursuing a help. If supervisor will apologize once again the customer might feel better. Also we can provide more aid to help the customer to calm down and relax. Teamwork is very important in this kind of case. We have to monitor the customer on a regular basis and continously share this information with other team members."

승무원이 실수로 아기를 안고 타신 승객에게 더운 물을 쏟은 경우 즉시 사과드리고 동시에 적절한 응급조치를 취해야 합니다. 그리고 매니저에게 보고해서 더 나은 도움을 도모해서 문제를 해결해야 합니다. 승객이 안정을 찾을 수 있도록 물품을 제공해드리고 비행이 끝날 때까지 지속적으로 체크해서 동료들과 공유해야 합니다.

나는 자신만만한 얼굴로 또랑또랑하게 발표를 마치고 자리에 다시 앉았다.

"Very good!" 좋아요!

그룹 토의는 어디까지나 토의, 적과 적이 되어 싸움으로 번지는 일만은 막아야 한다. 모두들 숙련된 면접자들이라 이 사실만은 분명히 파악하고 있었다. 화기애애하게 영어 그룹토의는 잘 굴러가고 있었다.

"Alright. 7 minutes are done already. When it comes to teamwork, You guys are very good. Very good teamwork. Great job!"

모두가 한 팀이 되어 아주 멋진 토의를 해냈군요. 아주 멋진 팀이에요.

경청하며 점수를 체크하던 바비가 기염을 토하듯 한 마디 했다.

"Thank you so much. B.B" 감사합니다. 비비 면접관님!

이렇게 말하며 일제히 면접관을 향해 이 순간 지을 수 있는 가장 멋진 미소를 선사함으로써 그룹 토의는 일단락됐다.

느낌은 여기까지 그리 나쁘지 않다. 단, 이렇게 착각하고 있다가도 영문도 모른 채로 낙방하는 경우가 많이 있어왔기에 혹시나 하는 우려를 완전히 제거하긴 어렵겠지만, 나와 목표물의 본질을 모두 아는 지금은 이제 내가 성취해도 좋을 시기란 걸 모르지 않는다. 이제 성취한다 해도 어렵게 이루어진 꿈을 우습게 여기는 교만을 떨거나 성취의 기쁨을 밤새 술잔 돌리기로 축하할 만큼 경솔하지 않다. 나는 이제 강인하다.

"Thank you very much for all of you who have participated in the interview so far and all of you who have been interested in and applied for our airline. Now I'll call out the numbers of the people who will participate in the final interview. Those who are called, please come out to the right."

자, 지금까지 면접에 참여해 주신 여러분들, 저희 항공사에 관심을 갖고 지원해 주신 모든 여러분께 진심으로 감사드립니다. 지금부터 일대일 최종 면접에 참여하실 분들의 번호를 부르도록 하겠습니다. 호명되신 분들은 오른쪽으로 나와 주세요.

그녀는 우렁찬 목소리로 번호를 읊기 시작했다.

"1, 12, 32, 42, 47, 48…."

40번 대에 인재들이 몰려있었나 보다. 긴장된다. 내 번호는 70번대다. 1초, 2초, 3초!

"72!"

72, 72, 72! 나다! 바로 나! 정상을 일보 앞으로 남겨둔 등산가의 희열과 안도의 한숨이 흘러나왔다. 나도 모르게 감격해서 앉은 자리에서 오래도록 고개 숙여 감사 기도를 올렸다. 잃어버린 줄만 알았던 꿈 앞으로 마침내 바짝 다가선 것 같았다.

고지가 눈 앞에: 파이널 면접

　최종 면접은 이튿날, 시청 근처의 호텔에서 이루어졌다. 면접 시간은 오전 11시였다. 아침 7시에 일어나 목욕재계를 하고, 화장대 앞에 앉아 공들여 화장을 했다. 머리를 올리고, 정장을 갖추어 입은 다음, 책상에 앉아 그동안 정리해온 연필을 물고 면접 노트를 펼쳐 소리 내어 읽으며 목이 잠기지 않도록 발성연습을 했다. 나는 강하다. 더 이상 약하지 않다. 나와 대적할 수 있는 유일한 경쟁자는 이 세상에서 나뿐이다. 내가 누구이며, 무엇을 원하며, 얼마만큼 잘 해낼 수 있고, 이 일을 해나가는데 방해요소가 무엇인지 나보다 잘 아는 자는 없다. 다른 응시생들과 함께 바른 자세로 앉아 대기실을 지키고 있던 나는 우선 긴장을 풀고 스스로에게 주문을 걸었다. 이제야말로 전력 질주하여 고지를 향해 달려야 할 순간이다. 이번이 마지막 기회일지도 모른다. 결코 올해를 넘겨서는 안 된다. 서른을 시작하는 시작은 여기와는 다른 무대여야만 한다. 지금까지 내가 쌓아온 바를 잊지 말자.

꿈의 속도는 꿈을 이루기 위해 노력한 시간, 거리에 비례한다.
간절히 원하는 열정의 부피만큼 노력해 능력을 키우면
어떤 여건에서도 성공할 수 있다.
선택한 목표를 향해 몰입하고 집중하는 시간만큼
성공은 앞당겨진다.

그러나, 어떤 시련이 오더라도 잊지 말자.
중요한 것은 속도가 아니라 방향이다.

그러므로, 포기하지 말고, 끝까지 도전하면 성공한다.

피그말리온!

"Where is Noori?"

누리 어딨니?

주문을 마치자 이윽고 바비가 나의 이름을 불렀다. 웃는 모습이 참으로 예쁜 면접관, 바비가 나의 이름을 부르자 설레던 가슴이 구름을 타고 둥실둥실 떠오른다.

"Yes, I am here."

네, 저 여기 있습니다!

"Please, Come in."

자! 어서 들어와!

"Very good morning. It is very nice to see you again today!"

너무 좋은 아침입니다. 면접관님! 다시 뵙게 되어 반갑습니다.

웃음 가득한 환한 인사말과 함께 방안을 들어서며 분위기를 화기애애하게 장악하기 시작한 나, 이런 나를 애정 어린 미소로 바라보면서 자리를 권하는 바비의 얼굴을 보자 마음이 편안해진다.

"Is there any special reason that you feel so very good today?"

오늘 왜 그렇게 기분이 좋은데?

"Actually I have been preparing this moment almost one year. I got 6 months penalty from last interview so I had to wait another chance to succeed. Finally now I am here with you to have a final interview, It couldn't be better."

실은 마침내 이 자리까지 오는 데 거의 일 년이나 걸렸거든요. 6개월 전에 현지면접에서 탈락해서 다시 때를 기다려야 했구요. 그러니 지금 이 순간 너무 행복할 수밖에요.

"Wow. That's so cool! Alright! So let us talk about yourself."

그랬군요. 자, 그럼 누리씨에 대해서 한번 얘기해볼까요?

"What did you study in University?"

대학에선 뭘 공부했지요?

"I studied Hotel hospitality and tourism."

호텔관광학을 공부했습니다.

"Wow, That's wonderful."

훌륭해요.

인상 좋으신 우리 면접관님은 내가 무슨 말을 할 때 마다 환호성을 연발하신다. 아주 좋은 조짐이다.

"Well…. I can see that you have been working in private English Academy from your resume."

이력서를 보니 줄곧 어린이 영어학원에서 근무했었군요.

"Yes, I did. I like children and also like to meet different kinds of people. Most customers were parents who have children. Sometimes they were very demanding but it was a quite good opportunity to learn about people skill more. We had many native language speakers from different country who has different accent, religion, culture. I found that Korean peninsula is not the only world that I have to see. The more I know about the world the more I can be happier. My best friend is already flying with your company and she told me the same thing. and I realize cabin crew is the position that I should apply and go through. Otherwise I will have lots of regret in my life."

네, 그렇습니다. 저는 아이들을 좋아합니다. 또한 다양한 사람들 만나는 일도 좋아합니다. 개중엔 까다로운 학부모님들도 계셨지만 저는 되려 사람을 상대하는 기술을 배울 수 있었습니다. 또한 종교와 문화가 다른 국가에서 오신 원어민 교사들이 많았는데, 그것은 저에게 어떤 깨달음을 주었습니다. 제가 나고 자란 대한민국만이 세상의 전부가 아니란 깨달음과 함께 더 많은 세상을 경험할수록 제가 행복해지리란 기대가 싹텄습니다. 제 친구는 벌써 회사에 조인해서 비행을 하고 있는데 친구도 저와 같은 생각을 토로했습니다. 저는 전세계를 두루 여행하며 많은 사람들을 만나 인생을 배울 수 있는 이 직업이 정말 저와 잘 맞다고 생각합니다. 이 직업을 얻지 못한다면 많이 후회스러울 겁니다.

"So what your friend said about her new life with us?"

친구가 뭐라고 하던가요?

"She said it is one of the few job which provide us with seeing the sky and all over the world everyday. It is amazing and fantastic job."

전세계를 누비며 아름다운 하늘을 마음껏 친구할 수 있는 이 세상에서 몇 안 되는 멋진 직업이라고 했어요.

"That's the only reason that you want to be a cabin crew?"

그게 네가 승무원이 되려는 이유의 전부니?

"I like to meet various people and I am very outgoing and I always dreaming of being a cabin crew since I was little kid. My friend just gave me idea and information about this dream. Actually this is not the first time to meet you!"

활달하고 사람 좋아하는 제 적성에도 가장 잘 맞아요. 저는 어려서부터 전세계를 두루 여행하는 일을 꿈꾸었어요. 제 친구는 그런 제 바람에 불을 지폈을 뿐이죠. 사실 오늘 처음 면접관님을 오늘 처음 만난 것은 아니에요.

"Wow, That's interesting. When did I see you before?"

그래? 우리가 어디서 봤지?

"Exactly 6 months ago. That was the first time I saw you. I was looking forward to seeing you again in this moment. I was preparing so hard to go through all the procedure from the beginning. Of course, it was not easy at all, however I believed that the old saying 'Easy come, Easy go'. So if I can make it through this time finally, I will devote myself diligently and will be a supervisor in 10 years. Last 6 months, I learned a lesson that career is not just where I work, That is who I am, where I am, where to go in the future. Seriously I really want to grow with your company!"

6개월전 면접에서요. 그 이후로 면접관님을 이렇게 다시 만날 날을 고대하며 열심히 준비했습니다. 전 '쉽게 얻은 것은 쉽게 잃는다'는 옛속담이 일리가 있다고 믿습니다. 이렇게 어려운 관문을 뚫고 꿈에도 그리던 이 직업을 얻는다면 전 누구보다도 근면하고 성실하게 일할 겁니다. 10년 후에는 관리자의 위치에 있는 저를 그리면서 말입니다. 지난 페널티 기간 동안 커리어란 단지 어떤 일을 하느냐가 아니라 내가 누구이며 장차 어디로 갈 것인가까지 모두 결정짓는 존재라는 걸 깨달았습니다. 전 회사와 함께 성장하는 사람이 되고 싶습니다.

"Why do you think you didn't pass the last interview?"

지난번 면접에서는 왜 합격하지 못 했다고 생각하나요?

"I should be more myself. To be honest with you, I was not really sure about myself last time. Therefore I was nervous whenever I had a eye contact with interviewer."

그때는 제 자신에 대해서 확신이 없었어요. 그래서 좀처럼 자연스럽게 면접에 임하지 못했던 것 같아요. 그 점이 면접관님들 눈에 띄었을테고요.

"What do you mean by that?

그게 어떤 의미지?

"I mean I didn't know what kind of person I am. What I really can do and what I really want to. To figure out the difference between these 2 things, Everyday I had to ask many questions to myself. But I couldn't find the correct answer by the time. That made me more nervous and afraid. and I think it was shown to others as well. But It was good opportunity to revive and get proper answers regarding all the questions that I confused for last six months. Now I am sure that I am very fit for this position."

음…. 어떤 일이든 가장 중요한 건 자기 자신을 있는 그대로 드러내면서 진가를 보여야 하는데, 6개월 전만 해도 그 연습이 부족했던 것 같아요. 저 자신도 제가 뭘 원하는지 알고 있다고는 생각했지만 떨어지고 나서야 착각이란 걸 깨달았죠. 그래서 무엇을 우선으로 두어야 하는지 내가 가진 것은 무엇이고 필요한 것은 또 무엇인지 통 알 수가 없었으니 마음 한 구석은 언제나 불안했어요. 그런 부분들이 다른 사람들 눈에는 약하고 자신감 없어 보일 수도 있었다고 인정합니다. 하지만 지금은 달라요. 페널티 기간 동안 제 자신과 싸워 이기기 위해서 많이 노력했습니다. 하고자 하는 일에 집중하고 능력을 두 배로 키우기 위해 공부하고요.

"Excellent!"

면접관은 나의 이야기를 경청하며 미소로 화답했다. 그들은 이런 질문을 통해서 면접관은 내가 세상을 바라보는 안목과 긍정적인 마인드를 얼마나 갖고 있는가를 살폈다. 외항사 승무원으로 살아남을 만큼 강한 배짱을 가진 성격인지를 파악하려는 저의인 것이다. 이때, 무엇보다도 중요한 것은 절대 긴장하지 말고 편안한 자세와 표정으로 "Be myself" 하는 것이었다.

실패는 배워나가는 과정이지 끝은 아니란 걸 이제 모르지 않는다. 많은 순간, 이 당연하고도 소중한 진리를 터득하기 위해서 신이 내린 싸움에 온전히 나를 걸었다. 고지를 점령하기 위해 산의 정상까지 있는 힘을 다해 타고 올랐다. 이제 깃발을 꽂을 수 있는 신호만 받으면 된다. 그들은 새로운 세상을 이미 열어주었다. 내가 목표를 향해 고군분투하고 있는 모습을 애정 어린 눈길로 바라보면서 내가 살아온 나의 이야기를 경청해 주었다. 그 이야기에 근거하여 나를 평가했지, 남자친구를 비롯한 다른 면접관들로부터 당해왔던 것처럼 키, 나이, 외모에 대한 편견 따위가 나의 가능성을 좌지우지하지는 않았다. 심장이 뛰는 동안 하나의 인격체로서, 자연인으로서 내가 하고자 하는 바를 추구하는 모습 자체를 높이 평가해 주신 두 분 면접관에게 나는 다시 한번 경외하는 마음을 갖고 차분하게 결과를 기다렸다.

"언니! 메일 확인해 봤어요?"

호들갑을 떨면서 한밤중에 전화를 걸어온 것은 함께 최종 면접을 봤던 주희였다.

"무슨 메일?"

"어제 새벽에 합격자들에게 메일을 보냈더라구요."

"아니 벌써? 그럼, 넌 받은 거야? 됐구나!"

"네에, 언니 이름도 있어요!"

주희의 목소리에 기쁨 어린 물기가 촉촉이 젖어 들었다.

내 꿈의 시작이 나에게 전해준 자신감, 그리고 미래를 향한 비전, 나는 편견과 시기어린 유치한 질투를 말을 모두 뿌리치고 마침내 나 스스로와 싸워 이기는 힘을 얻은 기분이었다. 이젠 아무것도 두렵지 않다. 눈물이 볼을 타고 떨어지더니 턱 밑으로 방울방울 맺혔다.

간절히 원하면 꼭 이루어진다는 '피그말리온'의 전설을 나는 굳게 믿었다. 연이은 해고를 당하며 자신감을 잃고 괴로워하던 시절이 아니었더라면 나는 이 전설의 주문 따윈 믿지 않았을 것이다. 그런 것은 어린이들이나 읽는 동화나 그리스 신화집에서나 간혹 등장하는 유치한 거짓말일 뿐이라고 간과했을 것이다. 아스팔트를 타고 쌩쌩 달리는 고급차처럼 연비와 성능이 높은 인생만이 줄기차게 뻗어 있다면 그 인생은 얼마나 무료하고 지루할 것인가. 아버지 허리를 꼭 잡고 타던 자전거를 혼자 힘으로 타기 시작할 때의 자신감, 자전거를 오토바이로 업그레이드해서 도로를 질주할 때의 쾌감, 그리고 마침내 운전면허를 따고 나만의 자가용을 스스로 몰게 되었을 때의 단계별로 성장하고 변화하는 나의 새로운 주소를 보게 된다. 기름을 넣고 차를 몰게 되면서 오일머니나 세계정세의 흐름도 더불어 생각해야 하고, 성능 좋고 연비 높은 차로 갈아타면서 더욱 큰 자신감을 얻기도 한다. 1300cc에서 1500cc로 마침내 1800c중형차가 내 성공의 끝이라고 만족하지 않고, 비행기가 되어 온 하늘을 훨훨 날아오를 수 있는 자신감의 시작을 돌파하고서야 인생은 무궁무진 살맛나게 전개되는 것이다. 숱한 고배와 가까운 사람들로부터 더욱 잔인하게 날아드는 편견의 시선을 보란 듯이 통과하고 비전을 현실로 이뤄내기까지 언제나 내 마음 깊이 뿌리내린 주문은 스스로를 믿는 힘은 결코 나를 배반하지 아니한다는 진리였다. 이제 알 것 같다. 나를 비롯한 모든 인간은 소중하며, 그들은 가슴에 뜨거운 불 하나씩을 품고 사는 법이라고. 그리하여 불씨가 잦아들 즈음에 우리는 서로에게 불을 놓아줌으로써 공생하도록 설계된 유전자를 지니고 있는지 모른다. 결국, 모든 인간은 꿈을 먹지 않고서는 살 수 없다.

합격 소식을 확인한 후 제일 먼저 생각난 것은 생뚱맞게도 김현우였다.

"굼벵이도 구르는 재주가 있다더니, 그 얼굴에 그 키에 용케도 한 건 올렸구나!"

그는 일 년에 걸쳐 실현시킨 소중한 내 꿈을 기어이 '한 건'으로 폄하했다. 그것도 그냥 '한 건'이 아니라 '그 얼굴에, 그 키에 그 학벌에 한 건' 용케도 올렸다고 했다.

"아무래도 너 같은 바퀴벌레보다야 구르는 재주가 한 수 위 아니겠어?"

나는 이에 지지 않고 흐트러짐 없이 맞섰다.

"뭐? 바퀴벌레?! 그래, 넌 이게 문제야. 한 번도 지지 않고 꼬박꼬박 말대답을 해. 이러니 우리가 궁합이 안 맞는 거야."

"이제 와서 무슨 궁합 타령이야? 그래! 나 같은 여자 감당할 남자가 대한민국에 그리 흔치가 않아. 그래도 김현우! 넌 좀 다르게 봤는데, 너도 별 수 없나 보구나."

"네가 승무원 됐다고 너랑 결혼해 줄 것 같아? 갔다 오면 네 나이가 몇이야? 내가 전에도 말했지? 남자랑 여자랑 다르다고?"

"내가 지금 너랑 결혼이나 하려고 승무원 된 줄 알아? 야! 넌 하여간 그놈의 왕자병 때문에 틀려먹었어. 걸핏하면 남의 나이나 들먹거리는 생각 머리가 그렇게밖에 생겨먹지 못했으니…. 넌 죽었다 깨어

나도 퍼스트 클래스 타고 여행 다닐 팔자는 못 되는 거야. 그래도 옛정을 생각해서 최소한의 우정에 대한 예의로 연락한 거야. 다른 뜻은 없어! 그 이상도 그 이하도 아니니까 이제 신경 꺼라!"

"누가 걱정한대? 내가 네 걱정을 왜 해?"

유치찬란한 김현우, 네 명이나 되는 누나들 틈에서 삼 대 독자로 곱게만 자라서인지 이럴 때는 꼭 어린애 같다.

말을 생각나는 대로 뱉어놓고도 마음이 불편했는지 김현우는 출국하는 날 공항에 나와 나를 기다리고 있었다. 탑승수속을 마치고 이미 그레이션을 향해 걸음을 옮기려 하자 문자가 날아왔다.

'뒤 좀 돌아봐, 나 지금 게이트 옆에 있음.'

고개를 돌려 두리번거리자 게이트 옆 벤치에 검은 모자를 푹 눌러 쓴 청년이 하나 보였다. 낯익은 실루엣 속에서 점차로 얼굴의 형체를 드러낸 그는 피곤하면 부었나 가라앉기를 반복하는 입술과 눈가에 여전했다. 어려서부터 착용해온 도수 높은 안경, 잘 때도 몸에서 분리할 수 없는 안경을 더운 음식을 먹을 때도 김이 뿌옇게 서리는데도 빼놓을 엄두를 내지 못 하는 내가 아는 유일한 인간, 한 달 월급은 죄다 외제 리스차 할부금이랑 오피스텔 월세로 투자하면서 점심 끼니는 툭하면 사발면으로 때우는 궁상맞은 현실을 뛰어넘지 못하는 칠칠치 못한 인간.

"저녁은 먹었어? 또 컵라면 먹은 거 아니야?"

김현우의 공항 배웅은 예상 밖이라 조금 고맙기도 하고, 어리둥절하기도 했다. 어제까지 나에게 온갖 저주를 다 퍼붓던 김현우란 사실을 잊은 나는 배까지 곯으며 기다린 건 아닌지 걱정이 되기 시작한다.

"대강 먹었어."

그는 애써 태연하게 말한다.

"뭐 먹었는데?"

"떡볶이."

철딱서니 없는 김현우. 야근한 나를 데리러 온 김현우는 이미 저녁을 먹어버렸다고 말하는 나를 태우고 어느 학원가의 떡볶이집으로 가서 혼자 우물우물 떡볶이를 먹으며 항의했었다. 아, 미안한 마음을 전하며 뽀로통한 김현우를 달래느라 애교를 부리던 시절도 어느덧 다정했던 한때가 되고 말았다.

"마중까지 나올 줄은 몰랐어. 바쁠 텐데…."

"이거 가져가. 승무원들이 많이 쓴다더라…."

"이게 뭐야?"

"알람시계. 여기저기 다니면 시차가 틀릴 테니까 갖고 다녀. 지각하지 말고."

나는 그가 내미는 선물 꾸러미를 받아들며 미소를 짓는다.

"뭐 이런 걸 다…."

"그래도 우린 친구니까."

"그래, 우린 친구잖아."

"넌 잘 할 거야. 욕심도 많고, 꿈도 크니까."

"고마워…."

김현우 앞에서 끝끝내 참았던 눈물이 기내 좌석을 찾아 자리를 잡고 앉아 우두둑 떨어지기 시작했다. 금빛 포장지가 행여 찢어질세라 조심스럽게 벗기자 핸드백에 쏘옥 들어갈 크기의 핑크빛 알람시계가 나온다. 알람 버튼을 누르자 '일어나! 이 잠꾸러기야.'를 연거푸 반복하는 장난기 어린 목소리가 울려 퍼진다. 그 욕을 퍼붓고도 어딘가에서 이 알람시계를 고르느라 내 생각을 했을 김현우를 떠올리니 모진 말을 퍼부었던 것이 미안해진다. 그러고 보면 지기 싫어하고, 인정받기 원하는 성격이 우린 참 많이 닮은 사람들이었다. 나보다 생일이 여섯 달은 더 빠르다는 이유로 동갑내기임에도 불구하고 '오빠'라고 부르기를 강요하면서 그는 늘 내 머리 꼭대기에 서고 싶어 안달이었다. 부디, 행복해라! 나 같은 여자가 욕심 좀 부린다고 괜히 시기, 질투나 하지 말고! 부디 크게 성공해서 커다란 산처럼 넓은 가슴의 사나이가 되어라! 키크고 어리고 고분고분한 여자 만나 행복하게 살아라. 이제 한반도에서의 서른 해의 마지막 남자로 기록될 김현우. 잘 있거라. 안녕. 두둥실 비행기가 구름을 딛고 올라서 창공을 향해 질주하기 시작할 때 나는 솜사탕처럼 피어나는 구름 사이로 김현우도 사뿐히 떨궜다. 어쩌면 일년여의 시간동안 나를 지탱해준 힘은 김현우의 저주가 실현되어서는 안 된다는 강박관념과 오기였는지도 모른다. 꿈을 이루고 보니, 이제야말로 자유롭게 놓여난 듯 홀가분하다.

피그말리온의 전설

　나는 슈케이스와 트롤리에 짐을 꾸려 세계 여러 나라를 드나든다. 각기 다른 나라에서 아침과 점심을 먹고, 늘 새로운 풍경을 접하며 보고 듣고 말하고 배운다. 그러나 다국적 외국 크루들과 모국어가 아닌 외국어로 소통하고 우정 어린 동료의식을 키워 마침내 강인한 체력과 정신력이 요구되는 비행 생활을 즐기기까지, 아랍지역에서 승무원으로 살아남는 일은 결코 만만치 않았다.

　함박미소를 머금고 기내식만 제대로 대접하면 된다는 무식한 발상은 7주간의 고된 훈련 가운데 산산이 부서지고 말았다. 문화적 차이에서 오는 벽을 뛰어넘는 일도 순전히 내 몫이었다. 겸손을 미덕으로 여기는 동양 문화에 기인한 다소곳한 말씨와 행동은 자칫 자기표현이 어눌한데다 어린애처럼 수줍음이나 타기 좋아하는 프로답지 못한 인상을 남기기 쉬웠다. 본인이 말하고자 하는 바를 명확하게 영어로 표현하고 늘 여유 있는 모습을 보일 때에야 그들은 온전한 인격체로 동양여성을 다시 보기 시작했다. 그리하여 외항사 승무원 생활을 통해 내가 얻은 것은 어디에서고 스스로 나를 대변하고 보호하는 능력이라고 말하고 싶다.

　한국 사회에서는 학력위조가 판을 치는 현상으로도 알 수 있듯이 당사자 고유의 실력이나 됨됨이 보다는 배경을 우선시하는 경향이 지나칠 정도로 심하다. 그러나 외국인들과 함께 일할 때 가장 중요시 되는 것은 하늘이 두 쪽 나도 능력이다. 맡은 업무를 얼마나 잘 해내 는지만 판명되면 출신학교가 어디며, 돈은 좀 있는 집 자식인지, 결혼 은 했는지, 했다면 남편은 무슨 일을 하는 사람인지가 아무런 영향도 끼치질 못 한다. 그래서 달랑 고등학교 졸업장만 가지고도 열심히 일 하고자 하는 열정만 인정받으면 중역의 자리까지 보란 듯이 꿰어 찰 수 있다. 이런 분위기 하나 만으로도 나는 새로운 세계에 놓인 기분 이었다. 고학력이 대세를 이루는 한국 사회에서 명문대 졸업장을 가 지고도 원하는 직업을 구하지 못해 자기 비하를 한 나머지 결국 자살 이란 극단적인 선택을 한 젊은이들의 이야기가 신문지상을 장식하는 안타까운 현실이 우리 한국의 상황이지를 않은가 말이다. 이런 답답 한 현실의 한가운데 국가적 차원에서 젊은 한국의 인재에게 해외로 눈을 돌릴 수 있도록 지원하고 배려하는 제도를 마련한 것은 너무나 도 반갑고 감사한 일이 아닐 수 없다.

　나는 서울에서 대학을 졸업한 직후, 모교에서 가까운 타대학교 총 장실 교직원으로 사회에 첫발을 내디뎠다. 직장 생활은 온실 속의 화 초와도 같이 매우 안락하고 순탄했다. 함께 근무하는 교직원들은 모 두가 점잖았고, 근무환경이 교육의 장이다 보니 언제나 마음만 먹으 면 배울 것들이 많았다. 당시 모시고 있던 총장님도 나에게 신임을 두시는 눈치라 여러모로 자신감을 갖고 직장 생활을 할 수 있었다. 그러던 어느 날 나는 문득 이런 생각을 하게 되었다.

"언제까지 온실 속의 화초처럼 살 수 있을까? 내 인생의 항로는 여기가 종착점인가? 이런 식으로 10년 후에도 행복하다고 말할 수 있을까?" 나는 보다 확실한 커리어 구축해보려는 심산으로 대학원에 진학에 사회복지 분야에서 필요로하는 모든 자격증을 취득했다. 그러나 문을 두드릴 수 있는 곳은 얼마 되지 않았고, 어쩌다 자리가 마음에 든다 싶으면 내 사회적 나이와 경력에 비추어 충분한 보수가 주어지지 않았다. 그렇다고 무엇에 쫓기듯 맞선을 보고 결혼을 하자니 피어보지도 못 하고 시드는 꽃의 형국처럼 아쉬웠다.

승무원이란 직업을 선망했던 것은 대학 졸업반 때였다. 그 당시 국내 항공사에 지원에 최종 임원면접까지 가는 행운을 얻었지만 결과는 낙방이었다. 그때의 상처가 생각보다 깊어 일찌감치 단념을 했었는데, 시간이 흐를수록 못 다 이룬 첫사랑과의 인연을 되찾는 심정으로 마음 깊은 곳에서 꺼내어 들게 되는 것이었다. 그래서 2006년 1월에는 하던 일을 모두 접고 승무원 학원에 등록해 본격적인 준비를 시작했다. 행운의 여신은 고맙게도 나를 잊지 않았는지, 다소 늦게 승무원 면접 준비를 시작한 나에게 아랍에서 손꼽히는 두 개의 항공사 모두에 최종 면접까지 이르는 기회를 주었다. 그러나 결과는 양 항공사 모두 낙방이었고, 설상가상으로 6개월이란 페널티까지 받아 나는 한 계절을 시름과 좌절로 보낼 수밖에 없었다.

그러나 누구에게나 적절한 때가 예비되어 있는 법인지 나의 행운은 늦가을이 되어 다시 찾아왔다. 쓸쓸한 마음으로 해외취업의 꿈을 포기하려 할 때 『산업인력공단』에서 국비 연수생을 선발해 해외취업에 우선권을 준다는 소식을 접한 것이다. 면접의 감을 잃고 나태해진 나는 뒤늦게 찾아든 이 소식에 귀가 솔깃했다. 그러나 용케 선발된다 해도 주 5일을 하루도 거르지 않고 오전 9시부터 오후 5시까지 수업을 받아야 한다는 사실은 아르바이트와 스터디를 병행해야 하는 나로서는 부담스러운 것이 사실이었다. 그만큼 공단에서 지원하는 교육 프로그램이 만만치 않다는 이야기였다. 기나긴 고심 끝에 나는 마지막 전력을 다한다는 생각으로 일단 연수생 선발 면접에 도전했다. 다행히 합격이었다. 나는 아르바이트를 야간 시간대로 전환하고, 매일 공단에서 지정한 위탁교육업체에 나가 하루 종일 영어 인터뷰, 매너, 메이크업 수업을 받으며 면접의 감을 되찾기 시작했다. 공단에서 정기적으로 직원분이 출두하셔서 우리가 받고 있는 수업의 질과 분위기를 체크하셨다. 나와 함께한 30명의 친구들은 도시락을 싸가지고 다니면서 늦게까지 학원에 남아 영어그룹토의를 연습했다.

당시 내가 최종적으로 합격했던 카타르항공 공채는 기준 신장과 최종학력 등의 자격조건이 갑작스레 상향 조정되고, 전형 절차도 예상을 뛰어넘었다. 그래서 프레젠테이션 시간은 물론이고 쉬는 시간에 화장실을 갈 때의 걸음걸이나 표정관리에도 무척 신경을 썼다. 답변 하나하나 신중하게 임했다. 실제로 면접 초반에 이름을 불린 지원자들이 대거 집으로 돌아가는 이례적인 상황이 벌어져 남은 지원자들은 극도로 긴장한 상태에서 더욱 열심히 면접관의 말에 귀를 기울였다. 정말이지 살벌하다는 말을 이럴 때 쓰는구나 싶었다. 나는 이번이 마지막 기회라고 생각하고 일단 최선을 다하자는 마음으로 면접에 임했다.

당시 전형은 그룹토의가 배제된 대신에, 필기시험에 기내방송문 리딩 테스트가 추가되었고, 필기시험을 치르는 사이사이 지원자들을 뒤로 불러내 체중과 키를 재면서 그루밍 체크를 하는 것으로 진행됐다. 나는 긴장한 나머지 면접관 앞에서 종이로 얼굴을 가리지 않기 위해 허리를 꼿꼿이 펴고 웃는 얼굴로 밝은 목소리에 감정을 실어 기내방송문을 낭송했다. 이때 발음도 보지만, 살짝살짝 엿보이는 지원자의 성격을 통해 승무원의 자질을 파악하는 눈치였다. 여기서 또다시 살아남은 지원자들의 번호를 27명 정도 불렀다. 그때 나는 두 손 모아 하느님께 기도했다. 그 때 "72번!" 하고 내 번호가 호명되자 감격의 눈물이 터져 나왔다. 나는 앉은 자리에서 오래도록 고개 숙여 감사기도를 올렸다. 얼마 만에 파이널 인터뷰 대상자로 지명을 받아 보는 것인지…. 생각지도 않게 잃어버린 줄만 알았던 꿈 앞으로 바짝 다가선 것 같아 너무 행복했다.

다음날 바로 일대일 면접이 진행됐다. 면접관은 4년이 넘는 시간 동안 대학 총장님을 보좌하며 느낀 VIP 서비스에 대한 소견과, 대학원에 진학에 새로운 분야에 도전하게 된 동기에 대해서 많은 관심을 보였다. 나는 커리어를 개발하고자 열심히 살아온 진심을 진지하게 피력했다. 그리고 6개월 전 카타르 항공 최종 면접에서 고배를 마신 이유가 뭐라고 생각하는지에 대해서도 질문을 받았다. 이런 질문을 통해서 면접관은 내가 세상을 바라보는 안목과 긍정적인 마인드를 얼마나 갖고 있는가를 살폈다. 외항사 승무원으로 살아남을 만큼 강한 배짱을 가진 성격인지를 파악하려는 저의인 것이다. 이때, 무엇보다도 중요한 것은 절대 긴장하지 말고 편안한 자세와 표정으로 "Be myself"해야 한다는 것이다. 결국 진심은 통했다.

다양한 부류의 사람을 상대해야 하는 서비스직 중 하나인 항공사 승무원 면접에서 의외의 사람들이 합격하는 것을 간혹 볼 수 있다. 서비스직에 전혀 어울릴 거란 그림이 나오질 않았는데, 미스코리아 뺨치는 외모의 후보자를 제치고 합격소식을 알리는 모습을 보면서 승무원 면접의 당락을 결정짓는 기준이 도대체 무엇인지 가늠할 수 없다는 말을 하는 사람들이 있다. 해외연수 경험과 긍정적이고 상냥한 성격 그리고 단정한 용모까지 갖춘 지원자들이 전국 각지에서 모여들어 합격하기까지의 과정을 지켜보면 그야말로 승무원 되기가 서울대들어가기보다 어렵다는 현실을 절감한다. 혹자는 외항사 승무원의 당락을 결정짓는 기준으로 유창한 영어 실력과 웃는 얼굴, 피부 상태, 심지어 고른 치열까지 들먹인다. 하지만 결국 최종 합격자로 살아남는 무기는 다양한 사람들과 구김 없이 융화할 수 있는 능력, 즉 대화의 기술인 것 같다. 승무원이 될 생각을 품었으리라곤 상상하지 못했던 친구들이 당당히 합격해 한국 여성을 대표하는 민간 외교사절로서의 몫을 톡톡히 하며 느낄 행복과 보람은 그만큼 감당할 그릇으로 성장하리라는 면접관들이 판단에 기인한 것이다. 다른 사람들의 질문 요지, 알아듣기 쉽게 자신이 겪은 경험 중 관련 있는 일화를 곁들여 원하는 답을 제시하면서 결국 자신이 어떤 사람인가를 보여주는 것이 면접의 기술이다. 면접 때 주고 받은 대화들이 긍정적인지 부정적인지 그 느낌에 충실한다면 면접을 잘 봤는지를 스스로 가늠할 수 있다.

　과연 내가 원하는 것이 무엇이고, 어떻게 해야 얻을 수 있으며 또한 어떤 이들과 더불어 행복할 수 있는지를 결정하는 것은 순전히 본인 몫이란 사실을 나는 해외취업을 준비하면서 깨달았다. 떨리는 마음으로 합격자 메일을 읽으며, 가슴 앞으로 모은 두 손 사이로 흐르던 내 뜨거운 눈물 속에는 오래도록 변치 말자고 스스로와의 다짐과 약속이 있었다. 아랍이란 새로운 환경과 생각보다 고된 비행 그리고 문화적 차이에서 오는 좌절이 있을 때 마다 나는 당시의 약속을 떠올린다. 그리고 내가 이곳에서 얻어 갈 수 있는 보람의 목록을 백지에 하나씩 적어 내려간다. 당당히 말할 수 있는 커리어, 거기서 파생되는 자부심, 넓어지는 시야와 세상을 바라보는 새로운 안목, 그리고 국제적 마인드…. 이것만으로도 앞으로의 인생이 보다 새롭게 펼쳐지란 판단이 설 때 마다 에너지를 재충전할 수 있다.

　뜨거운 태양의 도시 카타르, 도하에서 새 삶을 꾸린 지 어느덧 일 년이 되어간다. 지난 1월, 카타르 땅을 처음 밟았을 때는 날씨가 꽤 추웠다. 40도에 육박하는 습한 무더위를 자랑하는 이곳이지만 때가 때인지라 전기장판 없이 잠을 잘 수 없었다. 금빛 모래벌판 위로 돔 지붕을 머리에 이고 웅장하게 솟은 아라빅 건물들…. 카타르의 첫인상은 하루가 다르게 바쁘게 돌아가는 한국과는 달리 무엇보다도 평화롭다는 것이 마음에 들었다. 조용한 적요의 땅 아래를 의미심장하게 흐르고 있을 석유의 율동과 리듬에 휩싸이는 묘한 기분에 설레는 밤이 많았다. 축복받은 땅이라는 경외심이 일 즈음엔 사막의 모래

알 하나도 예사로 볼 수 없었다. 아랍의 거센 에너지가 그 안에 도사리고 있는 것만 같았다. 그 무렵을 떠올리면 아주 오래 전 일처럼 아득하고, 깊고 먼 강을 애써 건너온 것만 같다. 비행을 할 수 없었더라면, 내가 살고 있는 지구별에 이렇게 다양한 종류의 사람들이 공존한다는 사실을 깨닫지 못했을 것이다. 더불어 내가 어떤 외모적 특색을 지닌 동양인으로 존재하는 가를 영영 알지 못했을 것이다. 이토록 찬란하고 넓은 세상이 있다는 것을 알만큼 나는 여유롭지 살 수 없었을 것이다.

오늘 아주 오랜만에 하늘을 올려다봤다. 반달이 예쁜 모습으로 하늘 위에 떠있었다. 이렇게 아름다운 사막의 반달을 바라보며 깊은 숨을 쉬던 내 젊은 날에 감사하며 매일같이 하늘 한가운데를 가로지르면서도 내다볼 수 없었던 하늘을 나는 언제 다시 얻지 못할 기회라도 되는 것처럼 오랫동안 바라보았다. 이런 순간이 있어 견딜만하고, 더불어 행복하다고 말할 수 있다.

간절히 원하면 꼭 이루어진다는 '피그말리온'의 전설을 나는 굳게 믿었다. 그리고 마침내 서른 살이 되어서야 승무원이란 번듯한 커리어를 얻었다. 숱한 고배와 가까운 사람들로부터 잔인하게 날아드는 편견의 시선을 보란 듯이 통과하고 전설의 주인공이 되기까지 언제나 내 마음 깊이 뿌리내린 주문은 스스로를 믿는 힘은 결코 나를 배반하지 아니한다는 진리였다. 이제 나는 슈케이스와 트롤리에 짐을 꾸려 세계 여러 나라를 넘나드는 어엿한 외항사 승무원이다. 각 나라의 다양한 음식을 먹고, 걷고, 말하고, 웃으며 산다. 노을이 지는 순간의 희열이 각 나라와 도시의 기운에 따라 달라진다는 사실이 감격스러울 때만큼은 줄곧 한 가지 이름만 기억하고 싶다. 정처 없이 떠도는 외로운 모양새가 나의 삶이라 해도 내 마음이 적을 둘 곳은 '꿈'이란 이름의 신념이란 걸 언제까지고 지키고 싶다[1].

---

1. 2007년 『산업인력공단』, 해외취업수기 공모전 최우수상 수상작

안 부

뉴욕에서 하룻밤을,
베이징에서 이틀밤을 보내고,
마침내 도하집으로 돌아왔다.

회사에서 잡아준 쾌적한 호텔로 돌아와
화장을 지우고 베개에 머리를 묻으면
한반도는 여기서 얼마치 먼가를 헤아리다
스멀스멀 잠이 들곤 했다.

새벽에 깨면,
검게 드리워진 커튼 틈으로 아직도 출렁이는 어둠을
망연하게 바라보다가
우두커니 화장대 앞에 앉아
매뉴얼을 들척이다가
영어책을 끄적이다가
그리운 이름을 하나하나 적어보다가
그러다 보면
어느새 아침이 왔다.

연습장 한 가운데를 가득 메운
깨알 같은 글씨들...

'난 잘 지낸답니다.'

비행일기@오사카 -2012.04.08-

Chapter7

꿈의 진화

책임감, 합격 이후의 삶

　이혼율도 높아지고 '비혼'이란 말까지 생겨나는 세상이지만 대부분의 한국인 동기들은 장거리 연애를 결혼으로 성사시켰다. 육 개월에서 일 년 남짓한 경력을 기반으로 국내 항공사로 이직했다. 삼 개월이 멀다 하고 온라인 청첩장이 날아들었는데, 도희라고 예외는 아니었다. 지난달까지 나와 함께 살던 도희는 놀랍게도 소싯적 내가 짝사랑했던 준수 오빠와의 결혼을 발표했다. 그녀가 준수 오빠와 연락하는 정도의 사이인 줄은 알았지만 결혼까지 하게 될 줄은 몰랐다. 도희는 한 번도 준수 오빠를 남자친구로 인정한 적이 없었다. 남자친구라기보다 무수한 남자 사람 친구들 중 하나에 불과했다. 준수 오빠를 향한 내 마음은 어릴 적 치기에 불과했으니 괜히 내 눈치를 볼 필요가 없다고 난 도희에게 분명히 말했다. 그럴 때마다 도희도 고작 남자 하나 때문에 친구를 잃을 만큼 어리석지 않다며 손사래를 쳤다. 솔직히 말하면 준수 오빠 수준의 남자가 더 이상 남자로 보이지 않기는 서로 마찬가지였다. 가는 남자 안 잡고, 오는 남자 안 막는 도희의 속내를 준수 오빠는 짐작도 못 했을 것이다. 그런 줄도 모르고, 준수 오빠는 우리가 한국으로 휴가를 나올 때마다 소매를 걷어붙이고 삼겹살을 구웠다. 돼지고기를 금기하는 이슬람 국가에 살면서 삼겹살 결핍을 앓던 나는 빠짐없이 그 자리에 동석했다. 둘이 티격태격하는 사이 나는 불판 위로 고소하게 퍼져 오르는 고기 향을 맡으며 삼겹살이 익기만을 잠자코 기다렸다. 말수가 줄었느니 어쩌니 하면서 준수 오빠가 거추장스러운 내 존재를 부각시키면 나는 다소 신경질적으로 반응했다.

"밥은 도대체 언제 나오는 거야? 이모! 여기 비빔밥 추가한 지가 언젠데 아직도 안 나와요?"

마지막 남은 한 점의 고기까지 야무지게 먹어치워야 준수 오빠도 포기하는 눈치였다.

한국에서 도희만 목이 빠지도록 기다리던 준수 오빠는 우리가 좋아하는 추억의 분홍소시지, 초코파이, 새우깡과 마스크 팩을 바리바리 챙겨 꾸준히 카타르로 보내줬다. 하지만 도희는 초지일관 시큰둥했다.

"뭐, 내가 억지로 시켰나? 자기가 좋아서 저러는 걸 어쩌라고!"

"철 지난 노총각 만나주는데 이 정도 감사 표시는 해야지."

박스를 뜯으면서 도희는 공연히 투덜거렸다. 덕분에 도희와 함께 사는 내내 집안에 한국 간식이 끊이지 않았다. 분주한 아침에 초코파이를 블랙커피에 곁들여 먹으면 빈속으로 나가는 것보다야 든든했다. 도희는 한국 땅에 준수 오빠를 박아놓고는 카타르에서는 무함마드나 카림처럼 체격 좋은 친구들과 어울렸다. 노을이 지는 해변가에서 요트를 타고 말린 대추야자에 홍차를 곁들여 마시거나 낙타를 타고 모래 언덕을 신나게 가로질렀다. 그런 줄도 모르고, 미련한 준수 오빠는 도희가 자기 애인이라도 되는 줄 알고 있었다. 부지런히 한국을 드나들면서 다양한 부류의 맞선남들을 저울질하느라 도희의 전화통은 늘 불이 났다. 꼭 결혼하기 위해서 태어났거나 아니면 꼭 이럴 때 써먹으려고 승무원이 된 사람처럼 열정적이었다.

"애! 모르는 소리 마, 결혼은 제때 해줘야 돼! 부모 형제랑 떨어져서 언제까지고 남의 나라에서 말뚝 박을 수는 없잖아. 결혼도 다 때가 있는 법이야. 한 살이라도 어린 신부가 신부 화장도 훨씬 잘 받는 거 몰라?"

"애, 이번에 소개받은 남자 말이야, 진짜 웃기지도 않는 거 있지 뭐니? 내가 삼겹살 1인분 추가하자니까 굳이 말리더라고! 그래서 '제가 낼게요!' 이랬더니!"

"그랬더니?"

"된장찌개에 냉면까지 곱빼기로 시키는 거 있지?"

"어머나! 세상에나!"

"애, 남자가 진짜 쩨쩨하지 않니?"

"맙소사! 그나저나 너 맞선자리 나가서 삼겹살 좀 그만 먹어!"

한국에 다녀올 때마다 맞선남의 신상이며 데이트 후기를 늘어놓느라 상기된 도희는 그 많은 맞선남을 엑셀로 정리해서 다니는지 누구 하나 헷갈리는 법이 없었다. 결혼 자금이랍시고 달랑 삼천만 원짜리 적금 하나 부어놓고는 건물주 아들이 아니면 상대를 안 했다. 그러니 준수 오빠 같은 후줄근한 보험회사 대리가 성에 찰리가 없었을 것이다. 늘 마음을 졸이는 쪽은 준수 오빠였다. 바보가 아니고서야 이상한 낌새를 눈치채지 못했을 리 없었다. 준수 오빠는 의처증 환자처럼 도희의 일거수일투족을 캐물었고 그럴수록 도희는 미꾸라지처럼 빠져나갔다. 그러던 도희가 별안간 준수 오빠와 결혼을 결심하다니!

"얘! 글쎄 준수 오빠가 나름 알부자였지 뭐니? 알고 보니 오빠네 아버님 앞으로 양평 금싸라기 땅이 자그마치 십만 평이래! 그 땅 물려받을 사람이라곤 외아들인 오빠 하나뿐이니, 이게 로또가 아니고 뭐겠니? 결혼식 올리는 대로 바로 임신 준비 들어가야겠어! 떡두꺼비 같은 아들 손주 낳아서 빨리 안겨드려야지!"

"도희, 너! 그 말을 곧이곧대로 믿니? 괜히 환심사려고 그러는 거 아냐?"

"넌 속고만 살았니? 지난달에 한국 갔을 때, 오빠랑 임장까지 마치고 왔어. 부동산 등기도 낱낱이 확인시켜줬다구! 그 땅에 캠핑장이며 펜션이 수두룩해! 임대료만 갖고도 충분히 이제 돈 걱정없이 살게 생겼다구, 보험회사 영업은 오빠의 취미였다는 게 마침내 드러났지 뭐니? 하하하!"

도희에게는 이미 계획이 있었다. 그녀는 매일 밤 준수 오빠와 긴 통화를 지속하더니 서둘러 주변 정리를 시작했다. 신혼살림을 아파트도 아니고 빌라에서 시작할 수 없다며 준수 오빠를 무시하던 도희는 땅부자 집 큰며느리가 될 생각에 들뜬 기색이 역력했다. 도희가 하도 자랑을 하는 통에 도희의 결혼이 부럽기까지 했다. 야무진 손놀림으로 차곡차곡 떠날 준비를 하는 모습을 보자, 내 앞에서 준수 오빠를 대놓고 무시한 건 내 관심을 따돌리기 위한 자작극이었을지 모른다는 생각이 들었다. 에스프레소 커피 머신이며 전기장판, 전기밥솥 같은 제법 부피가 나가는 물건을 제하고도 도희의 짐은 좀처럼 줄지 않았다. 미국 아웃렛에서 사둔 명품 브랜드의 옷이며, 가방, 신발만 줄 잡아 100kg에 육박했다.

도희와 친하게 지내던 무함마드와 카림은 진심으로 도희의 결혼을 축하해 주었다. 환송회가 열리던 날, 그들은 이 사막의 나라에서 가장 유서 깊은 양고기 집으로 우리를 안내했다.

"함둘라! 진심으로 결혼을 축하해! 모든 일엔 다 때와 이유가 있는 법이라고."

"그동안 다들 고마웠어. 나중에 한국에 오면 꼭 연락해!"

"인샬라! 신의 뜻대로 우리는 꼭 다시 보게 될 거야!"

술이 금지된 카타르의 어느 저녁, 우리는 콜라 잔을 부딪치며 연신 건배를 외쳤다. 건장한 체격의 골목대장들은 도희의 새 출발을 뜨거운 함성으로 축하해 주었다. 그 순간, 나는 도희의 가슴 앞으로 작은 탑을 이루는 갈비뼈를 똑똑히 보았다. 다이어트를 이유로 새 모이만큼 먹던 도희가 '게 눈 감추듯' 양고기를 먹어치우고 있었다. 그러고도 성이 풀리지 않는지 평소 잘 먹지도 않던 아라빅 빵까지 맨손으로 척척 뜯어먹었다. 양 한 마리를 순식간에 먹어치우고 있는 도희를 골목대장들은 흐뭇한 눈으로 바라보았다. 그들은 친절하게도 남은 고기를 모두 그러모아 도희의 가슴 앞으로 밀어주었다. 그렇게 인상적인 모습으로 우리와 작별하고 한국으로 돌아간 도희는 어느 새 산달을 코앞에 둔 임산부가 되어 한밤중에 문자를 날려왔다.

'나 환송회 날 너희들이랑 같이 먹었던 양고기가 너무 먹고 싶어 죽겠어.'

'서울에서 유명한 양고기 집 맛은 다 거기서 거기야. 현지 요리사 실력을 따라갈 수 없다구! 그래서 말인데, 휴가 나올 때 그때 그 집

양고기 좀 사다 주면 안 되겠니? 친구 좋다는 게 뭐냐? 우리 신랑이 엊그제 이태원에 있는 터키 레스토랑에 데리고 갔는데, 맛도 별로고 비싸긴 또 왜 그리 비싸니? 우리 신랑 월급으로 감당이 안 돼. 말이 땅부자지 현금이 통 안 돌아! 시댁 어른들이 얼마나 고지식하신지, 눈에 흙이 들어갈 때까지는 부동산을 넘겨줄 기미가 안 보여. 이참에, 너도 생명보험이나 하나 들면 어때?'

아침에 눈을 뜨면 도희의 양갈비 타령이 하루도 거르지 않고 날아들었다. 양갈비가 부담되면 아라빅 커피나 대추야자를 구해오라고 성화였다. 막상 구해다 주겠다고 답을 주면, 그 사이 입맛이 싹 바뀌었다며 곧장 다른 메뉴를 들이댔다. 임산부 변덕이 날마다 죽 끓듯 하여 준수 오빠가 얼마나 고생하고 있을지 알 만했다. 그래도 준수 오빠를 '우리 신랑'으로 승격시킨 걸 보면 신혼 재미가 쏠쏠한 모양이었다. 은근슬쩍 내게 보험영업까지 하는 걸 보면 어떻게든 주어진 삶을 지키기 위해서 애쓰는 것 같았다. 도희의 부푼 배를 애정 어린 눈빛으로 내려다보고 있는 준수 오빠의 모습이 도희의 카톡 프사에 떠올랐다. 준수 오빠의 얼굴엔 뜻한 바를 이룬 자의 성취감이 출렁이고 있었다. 건실하고 모범적인 가정의 모습이 담긴 공익광고의 한 장면 같았다.

하지만 나와는 건실한 청년이 쉽사리 만나지지 않았다. 이 직업이 화려해 보이는 탓인지 아는 척, 있는 척하는 남자들이 많았다. 그동안 새로운 인연을 점쳐볼 만한 기회가 두어 번 있었지만 늘 어색하고 불편했다. 지인의 소개로 알게 된 회사원 박 씨는 다짜고짜 반말이었다."내가 오빠니까 말 놔도 되지?" 무례가 대서양이었다. 만나기도 전에 말부터 놓는 남자가 공항으로 픽업을 나오겠다느니 어쩌니 소리를 할 때는 덜커덕 겁이 났다. SNS에 걸린 사진을 보고 꾸준히 쪽지를 보내온 한 남성은 아프리카 난민 구호활동을 하는 자선사업가라고 했다. 목사 안수까지 받을뻔했을 정도로 신앙심이 두텁다는 그는 매일 성경 구절을 발췌해 메일로 보내왔다.

'꾸준히 보내주시는 성경 말씀, 깊이 감사드립니다.'

유달리 심신이 지치던 어느 날 새벽, 나는 무심코 답장을 했다. 그러자 제멋대로 자신의 SNS에 내 사진을 떡하니 걸어놓고 '하늘 위의 천사!'라고 사진 설명을 달았다. 누구냐는 댓글이 쇄도하자 '여자친구'라고 답을 달더니만, 내 SNS에 있는 사진마다 '좋아요'를 눌러서 마치 누가 보면 공개 연애라도 하는 줄 알게끔 선수를 쳤다. 일면식도 없는 남성의 전도활동은 공포스럽기 짝이 없었다.

한편, 카타르 거주 한인기업의 통역 자원봉사를 나갔다가 알게 된 3살 연하의 대기업 최대리와는 안부 정도 주고받는 사이였다. 안부 교환이 길어지던 어느 날 카톡으로 일종의 고백을 해왔다. 연하는 처음이었다. 최 대리는 동탄 신도시 쪽에 아파트를 분양받아 놨다며 마침내 운을 뗐다. 떠보는 것 같았다. 그럴 땐 애써 무관심한 척해야 했는데, 솟아오르는 호기심을 억누를 수 없었다. 몇 평이냐고? 은행 융자 같은 건 없냐고도 꼬치꼬치 따져 물었다. 그는 당황스럽거나 불쾌한 내색 없이 하나하나 친절하게 일러주었다. 융자는 다달이 갚고 있고, 34평짜리 소박한 아파트라고 했다. 내년이면 연봉 인상도 제법 있을 거라고 묻지도 않았는데 일러줬다. 계획을 실행하면서 삶을 가꾸는 모범생 스타일이었다. 학벌도 대한민국 최고로 아주 훌륭했다. 부모님께는 벌써 나의 존재에 대해 말씀을 드렸으니 이제 나만 결정하면 된다고 했다. 깜짝 놀란 내가 토끼 눈을 뜨고 두 귀를 쫑긋 세우자, 그가 어렵사리 말을 이어나갔다.

"딱 하나! 나보다 네 살이나 많은 건 모르셔."

네 살이나 많은 누나를 감히 '너'라고 짓누르면서 겨우 네 살 많은 게 무슨 대단한 흠이라도 되는 것처럼 말하고 있었다. 상황에 따라 나를 조종하면서 야무지게 실속을 차리는 타입같았다. 결혼이 급물살을 타기라고 하면 정갈한 손글씨로 빼곡하게 적어 내려간 혼수 목록을 내밀 것 같았다. 허나 내 마음은 쉽사리 흔들리지 않았다. 결혼해달라고 소동을 벌여도 내 마음이 움직일까 말 깐데, 연상이라는 것이 무슨 결격사유라도 있는 것처럼 말하는 모양새가 마땅찮다. 나이를 걸고넘어지면 내가 주눅이라도 들거라고 계산한 모양인데, 그 좋은 머리로 거기까지 밖에 생각 못 했다는 것이 실망스러웠다. 연상의 신부를 맞이하는 걸 밑지는 장사로 몰아가는 건 본인이지 그의 부모님이 아니었다. 아니면 엄마가 시키는 대로 말하고 있는지도 몰랐다. 엄마로부터 심리적으로 자립하지 못한 남성을 남편으로 두고 사는 것처럼 피곤한 삶이 또 있을까? 쓸만한 인물이라곤 당최 나타나지 않았다.

갑작스러운 도희의 결혼에 자극을 받아 즉흥적으로 김현우와 재회한 건 아니었다. 연락처를 통틀어 사무적 용건 없이 연락할 수 있는 유일한 남자기도 했거니와, 지금쯤 어떻게 지내고 있는지 궁금하기도 했다. 여의도에서 다시 만난 김현우는 전에 없이 해쓱한 얼굴이었다. 입술이 파리한 게 얼굴에 핏빛이라곤 통 돌지 않는 모습이었다. 그 모습을 보고 있자니, 우리가 헤어진 이후의 타격이 컸으리란 생각이 들었다. 측은해진 마음으로 와인을 권하자, 김현우는 스스럼없이 잔을 받았다.

"독일 가는 항공권 얼마나 해?"

독일? 빈 와인잔을 채우다 말고 나는 토끼 눈으로 그를 올려다본다. 바야흐로 이제야 우리의 때가 당도한 걸까? 애증과 밀당으로 점철됐던 치욕의 역사에 종지부를 찍고 나의 손을 잡겠다는 뜻일까? 김현우와 나란히 비행기에 앉아 해외로 여행을 떠난다니! 비행기는 우리를 43,000 피트 창공에 떠있는 구름 위로 올려놓고, 모형처럼 작아진 세상을 펼쳐주며 일러줄 것이다. 미워하고 그리워하며 살기엔 인생이 얼마나 덧없고 짧은 가를 말이다. 그런데 인터넷에 접속해서 마우스로 클릭만 몇 번 하면 되는 일에 대해서 나의 조언을 구하는 이유가 어쩐지 좀 석연치 않다. 내 생각이 너무 앞서갔을 수도 있다. 돌다리도 두들겨 봐야 했다.

"갑자기 독일은 왜?"

정녕 나와 여행 갈 생각인 걸까? 여행을 핑계 삼아 재결합을 요청할지도 모를 일이다. 보통 이렇게 재회한 커플은 결국 결혼에 골인하는 사례를 무수히 봐왔다. 우리의 인연은 아직 끝나지 않은 것이다.

"독일로 여행가?"

'우리'란 주어를 굳이 붙이진 못 했지만, 물론 나와 함께 가는 여행인지를 물은 것이다.

"응, 좀 싸게 구할 수 있나 해서."

그가 고개를 푹 숙인 채 덤덤하게 말을 잇는다. 자존심 강한 김현우에게 이런 문의를 받게 될 줄은 꿈에도 몰랐다.

"뭐, 아무래도 직원들은 90% 정도 저렴하지."

혹시라도 부담을 가질까 봐 나는 브리 치즈를 앞니로 단정하게 잘라먹으며 대수롭지 않다는 듯 말했다.

"뭐? 90%?"

김현우는 와인잔을 유리 테이블 위로 내려놓으며 감탄했다. 나는 김현우가 입고 나온 물 빠진 티셔츠를 찬찬히 들여다봤다. 손수 몰고 나온 외제차도 리스 계약이 끝나가는 모양이었다. 두 달 간격으로 새 직원이 들고 나는 강남 사무실 월세를 감당하는 일이 신통치 않은 것 같았다. 옛정을 생각하니 어쩐지 불쌍한 인간이란 생각이 마음을 약하게 만들었다.

그날 김현우는 집 앞까지 바래다주면서 십초간이나 내 양손을 꼬옥 쥐었다. 오랜만에 덮어보는 솜 이불처럼 포근하고 익숙한 체온이 내 손등으로 전달됐다. 그는 조수석 서랍을 열어 작은 선물 꾸러미를 내밀었다.

"백화점에서 세일하길래 하나 샀어. 잘 어울릴 것 같아서."

떨리는 손으로 선물 포장을 풀자, 스와로브스키 목걸이가 나왔다. 김현우가 자신의 두 손으로 목걸이를 상자에서 집어올려 내 목에 걸어주었다. 그의 차 안에서 풍기는 향수도 고향의 내음처럼 달달하고 따스했다. 아직도 내가 사준 향수를 쓰고 있었다. 조수석 문을 열고 밖으로 나서는 내게 "그럼, 우리 또 보자."라고 그가 말했다. 나는 앞으로도 변함없이 서로에게 남아주자는 말 일 거라고 마음대로 생각해 버렸다.

　사무실 이전으로 바쁜 김현우의 사정을 살피어 그 후로 한차례 더 만남을 가졌다. 출국 사흘 전, 나는 그의 회사 앞으로 찾아가 토마토 리조또와 하와이안 피자로 점심 식사를 했다. 같은 날 저녁엔 도희를 불러내 삼겹살에 냉면을 종류별로 시켜 먹었다. 김현우는 회사일로 바빠 도희와의 저녁 식사 자리까지는 동석할 수 없다고 했다.

　"야, 저녁에 만나야 진짜 아니야? 네가 얼마나 먼 데서 왔는데, 고작 점심 시간, 1시간 밖에 시간을 못 낸다는 게 말이 돼? 그건 아니라고 본다!"

　도희는 예비 엄마가 되어서도 마음을 곱게 쓸 줄 모른다. 끝까지 시기 어린 경계심을 놓지 않는 걸 보면 임신에 따른 몸의 변화로 예민해진 게 분명하다. 땅부자 집에 시집갔지만 생각했던 만큼의 현금이 돌지를 않으니 답답할 것이다. 그래도 최소한 난 부동산이 아닌 사랑에 눈먼 결혼을 꿈꾸고 있으니 다행이었다.

　"한국 들어오는 날 바로 만났잖아. 그날은 저녁에 만났거든?"

　"네가 휴가 내고 들어온 건데, 매일 만나야 정상 아니야?"

　"아직 뭐라고 정리된 사이가 아니잖아."

　"나 사랑해?"

　연애 시절에 이렇게 물으면 김현우는 허허 웃으며 답을 회피했다.

　"이야! 진짜 어려운 질문이다!"

　야속하게도 김현우는 본인의 마음을 모르고 있었다.

　"대답하기 어려워?"

"현재 제일 좋아하는 여자지? 지금은 그 정도로 말할 수 있겠다."

김현우는 누구와도 결혼할 생각 자체가 없어 보였다. 색다른 매력과 다양한 혜택을 베풀 수 있는 여자가 나타나면 언제든 나를 떠날 사람이었다. 그럼에도 불구하고 이렇게 질긴 인연의 끈을 놓지 못하고 있는 건 어쩐지 그런 그가 가여워서였다. 전생에 제대로 거두지 못한 아들 같다는 측은함이 언제나 내 마음을 혼탁하게 했다.

카타르로 돌아갈 시간이 며칠 남지 않았다고 보채자, 김현우는 퇴근 후 강남에서 일산까지 와줬다. 요란한 그의 스포츠카에 곱지 않은 시선을 던지는 동네 주민들도 의식하지 않은 채 조수석에 올라탔다. 김현우는 나를 향해 다가오더니 안전벨트를 단단히 여며주었다. 내가 부끄러워 볼을 붉히자 귀엽다는 듯 나의 볼을 꼬집었다. 한동안 돼지고기를 섭취하지 못할 나를 위해서 그는 삼겹살 맛집으로 나를 안내했다. 상추쌈을 볼이 미어터지도록 입안에 넣고, 오물거리는 내 모습을 김현우는 흐뭇하게 바라봤다. 김현우는 아랍 경제며 항공업의 비전에 대해서 줄기차게 늘어놓는 나를 귀엽다는 듯 바라보았다. 그사이 식견이 괄목상대(刮目相對) 할 정도로 넓어졌다면서 종종 맞장구도 쳐주었다. 기분 좋게 식사를 마친 나는 계산대로 향했다. 김현우가 극구 말리는데도 손사래를 치며 나는 카드를 긁었다. 내일 출국장을 빠져나가면 눈코 뜰 새 없이 바쁜 비행 생활이 시작될 것이다. 이 순간의 설렘과 기대도 꿈처럼 아득해질 것이다. 밥값 정도는 얼마든지 낼 수 있다.

날개의 균형을 맞춰야
날 수 있다

'친구' 할인 티켓을 끊으려면 우선 김현우의 여권 사본이 필요했다. 지정된 기한 안에 그를 친구 목록에 등록해야 한다. 집 앞에 그의 스포츠카가 정차하고, 조수석에서 내리기 전 나는 여권 사본을 찍어보내라고 당부했다. 그랬더니 대뜸 비즈니스 좌석도 가능하냐는 질문이 돌아왔다. 작은 것에도 도무지 감사할 줄을 모르는 인간이라는 걸 모르는 바는 아니었다. 그래도 이런 예의 없는 질문을 받으니 언짢았다. 본인은 다리가 길어 장시간 일반석에 장시간 앉을 수 없다고 아이처럼 보챘다. 나는 쓸데없는 소리 말고 여권 사본이나 보내라고 했다. 그랬더니 이번에는 두 명도 가능하냐고 물었다.

"내 티켓은 내가 알아서 끊으면 되는데…. 뭘."

재회 기념 여행을 떠나는 마당에 그에게 항공권까지 부담 주고 싶지 않았다.

"아니…. 아니…. 그게 아니라 넌 바쁘잖아."

그는 배시시 웃으면서 마치 내 사정을 봐주듯 또 한 번 타일렀다.

"그럼, 누구?"

"나랑 같이 사업하는 형!"

일순간 발길질하는 태아처럼 거칠게 심장이 튀어 올랐다. 출처 없는 의심이 일수록 최대한 침착해야 한다.

"어떤 형?"

"아, 나 참! 또 꼬치꼬치 캐묻네."

"뭐? 꼬치꼬치 캐물어?"

"종대 형이라고, 너도 알잖아."

'종대 형'이라면 인물이라곤 별반 볼 게 없어서 늘 말이 많은 남자였다. 과거에 김현우와 동반한 자리에서 소개팅을 주선한다고 두어 번이나 동석한 적이 있다. 김현우가 과묵하게 밥을 먹고, 차를 마시며 외마디씩 거들어주는 동안, 쉴 새 없이 조잘거리며 주목을 끄느라 들으나 마나 한 우스갯소리 혹은 자신의 연봉 자랑을 늘어놓던 형이었다.

"종대 형이랑 둘이 독일 바이어 만나러 가. 그 형이 업계에선 경험이 많잖아."

굳이 사업차 나서는 출장이라고 못을 박고 나오는데 사사건건 캐물으면서 신경 쓰이게 만들고 싶지 않았다. 내가 잠자코 들어주기 시작하자 그가 부연 설명을 덧붙이며 안심시켰다.

"올 상반기에 직접 만나서 바이어랑 담판을 지어야겠어. 이번 건만 제대로 올리면, 올해는 어느 정도 기반을 잡을 수가 있으니까 마지막으로 최선을 다해 보는 거야. 너도 알지?"

알고 보면 본인이 얼마나 불쌍한 인간인지 진작에 알고 있지 않냐고 묻는 소리였다. 너만은 나의 민낯을 받아줄 수 있지 않냐고 묻고 있었다. 나는 그가 열등감에 가득 찬 인간이라는 걸 알고 있었다. 아무래도 괜찮다. 아직도 우리가 인연의 끈을 놓지 못하는 걸 보면 전생에 못다 한 인연임에 분명하다. 출장비마저 아쉬울 만큼 재정상태가 악화된 모양이었다. 물 빠진 청바지에 해묵은 티셔츠를 받쳐 입고 스포츠카 운전석에 앉아 있는 쓸쓸한 모양새가 어떻게든 나에게 잘 보이려고 노력했던 흔적이라고 생각하니 뜬금없이 울컥했다. 강남 사무실 월세에 관리비를 감당하기는 일만으로도 벅찬 것 같았다. 이 참에 머리도 식히면서 새로운 사업을 구상할 수 있도록 힘을 북돋워 주는 것이 내 몫이라는 계시가 귓전을 울리기 시작했다.

"언제 가야 되는데?"

"다음 주말엔 출발해야 그래도 월요일쯤 도착해서 일을 보지 않을까?"

"음… 그럼, 알겠어. 그렇게 해."

나는 아쉬움을 뒤로하며 그의 제안을 어렵게 수락했다.

카타르에서 한차례 환승 절차를 밟으면 프랑크푸르트에 도착할 수 있다고 김현우에게 전달했다. 항공권 예약은 이미 끝마쳤다고 알리자, '고맙다!'는 문자가 또르르 달려왔다. 김현우가 탑승하는 날은, 마침 비수기라 인천발 도하행 비행기에 잔여석이 30개나 있었다. 나는 프랑크푸르트 비행을 내 비행 스케줄과 바꿔줄 동료가 있는지 수소문해야 했기에 벌써부터 마음이 바빴다. 체류 수당의 차액까지 기꺼이 지불하겠노라고 메시지를 넣자 상대측에서 '굳이 그럴 필요까지는 없어요.'라며 기분 좋게 수락했다. 나는 기꺼이 스케줄을 바꿔준 친구에게 연신 고맙다는 인사를 전했다. 브리핑 건물에서 만나면 늘 환하게 웃어주던 예쁘고 늘씬한 모로코 승무원이었다. 나중에 밥이라도 사겠노라 다짐을 두자 "인샬라!"하면서 미소로 화답한다.

---

2. 인샬라! Inshallah, '신의 뜻대로' 란 의미의 아랍어

마침내 도하발 프랑크 푸르트 비행이 찾아왔다. 나는 일찍 일어나 헤어와 메이크업을 만드는 일에 평소보다 공을 들였다. 기압차로 헛배가 부풀어 오를까 봐 간밤에 저녁도 건너뛰었다. 브리핑을 어떻게 마쳤는지 기억도 잘 나지 않는다. 일반인이 인천에서 카타르까지 10시간에 가까운 시간을 기내에 머물렀으니 지금쯤 상당히 피곤할 것이다. 워낙 깔끔한 성격이라 건조한 기내에서 미스트를 얼굴에 뿌리고 있을 김현우를 떠올리나 자꾸 웃음이 새어 나왔다. 그 어느 때보다도 환한 미소로 맞아주어야지! 나는 손거울을 꺼내 연신 화장을 고치며 김현우의 탑승을 손꼽아 기다렸다.

"캐빈 크루, 보딩 포지션!"
마침내 승객들의 탑승을 알리는 기내방송이 들렸다. 자신이 탑승할 비행기에서 내가 기다리고 있는 줄 까맣게 모르고 있을 김현우! 김현우가 나를 발견하고 어떤 표정을 지을지 궁금해서 벌써부터 기대가 됐다. 비행기 문에 발을 디디는 순간부터 프랑크푸르트에 도착하는 일곱 시간 동안 김현우를 요리조리 지켜볼 수 있게 됐다. 그때, 저만치에서 짐 가방을 든 승객들이 마침내 하나 둘 모습을 드러내기 시작했다.

"저희 항공사에 오신 것을 환영합니다."
"탑승권 확인해 드리겠습니다."
봄날 개나리처럼 파릇파릇한 미소를 지으며 하나둘 밀려드는 승객들을 맞이하기 시작했다. 나도 열심히 눈동자를 굴리며 김현우의 모습을 찾아 헤맸다. 마침내 졸린 눈을 부시시 뜨고 엉거주춤 걸어오는 김현우의 형체가 시야에 잡혔다. 김현우를 중심으로 온 세상이 떠오르는 태양의 아침처럼 환하게 밝아왔다.

"안녕하십니까? 김현우 님. 탑승권 확인해 드리겠습니다."

핑크빛 매니큐어를 곱게 바른 손을 뻗어 김현우의 손에 들려있던 탑승권을 낚아챘다. 김현우는 잠깐 멈칫하나 싶더니 탑승권이 들어 있던 여권 지갑을 통째로 내주고는 그 자리에 우두커니 멈추어 섰다. 정신을 차리고 내 손에 들린 여권을 확인하자 두 사람 몫이다. 하나는 김현우의 여권이 맞는데, 나머지 하나는 조선미라는 생소한 여자의 이름이었다. 그러고 보니 현우의 어깨너머로 앳된 얼굴의 여자가 매달려 있었다. 170cm이 넘는 늘씬한 키에 우윳빛 살결을 드러낸 여자는 포도알만 한 눈동자로 해맑게 웃고 있다. 종대 형은 어디에도 없었다.

"김현우 님⋯!"

믿을 수 없었다. 그를 향한 어리석은 믿음이 마침내 산산히 부서져 심장 위로 떨어졌다. 나는 원망 어린 눈으로 김현우의 얼굴을 노려보았다. 나를 뚫어지게 바라보던 김현우는 유니폼 왼쪽 가슴에 박힌 내 명찰에서 다시 한번 이름을 확인했다. 제 눈으로 보고도 믿기지 않는 모양이었다. 이윽고 그는 소스라치게 놀란 걸음으로 여자의 팔을 끌며 기내 일반석 구석으로 종적을 감춰버렸다.

김현우 일당을 쉽게 찾을 수는 없었지만, 뛰어봤자 벼룩이었다. 비행기 내부 구조며 좌석의 행렬이 내 손바닥 위에 있었다. 기체가 이륙하여 안정궤도에 들어설 때까지 어떻게든 못 본 걸로 하자고 최면을 걸었다. 누가 나를 부르면 심장부터 덜컥 내려앉았다. 뜨끈하게 데워진 캐서롤을 맹렬한 속도로 카트에 채워 넣기 시작했다. 머리가 돌연 무겁게 내려앉는 기분이 들었다. 그럴수록 빠른 속도로 손을 움직여 뜨겁게 익은 캐서롤을 개별 식판에 담아야 한다는 생각뿐이었다.

　"앗! 뜨거워!!!"

　오른팔 손목 언저리가 오븐에 데여 연하디연한 내 살갗이 일순간에 일그러졌다. 곁에 있던 동료들이 나를 갤리에서 끌어내 점프 시트에 앉혔다. 찬물을 주전자에 담아와 데인 손목에 붓자 울음 섞인 비명이 터져 나왔다. 데인 팔이 아파서만은 아니었다. 밀월여행을 떠나는 김현우에게 내 손으로 왕복항공권을 끊어준 내가 세상에 둘도 없는 바보 같았다. 동료들이 응급처치 상자를 가져와 약을 발라준다고 부산을 떨기 시작했다. 그러자 끄억끄억 서러운 눈물이 빗발쳤다. 공들여 눈가에 바른 아이라이너가 검게 녹아 흘러내렸다.

　서비스가 끝나고 기내 조명이 꺼진 연후에야 용기를 내어 기내 구석구석을 찾아헤매기 시작했다. 그는 이코노미석 중간 비행기 문 근처 중앙 복도 좌석에서 다리를 쩍 벌린 채로 잠들어 있었다. 동행한 여자는 말똥거리는 눈으로 영화 감상에 열중하고 있었다. 김현우는 자리가 불편했는지 잠결에 여자의 어깨 위로 고개를 파묻었다. 못 볼 것을 보고야 말았다. 팔의 상처가 타들어가는 것만 같다. 감히 내가 운항하는 비행기에서 천하태평 잠을 청할 수 있다는 것이 놀라웠다. 하기야 이 순간을 모면할 방법이 달리 없을 것이다. 지옥 열차와도 같았던 7시간의 비행이 끝나고, 승객들이 모두 빠져나가는 동안 모자를 푹 눌러쓰고 썰물처럼 빠져나가는 그의 뒷모습을 가만히 노려보았다. 다시는 보고 싶지 않은 그의 뒷모습을 향해 날카로운 시선을 세워 겨냥하면서 나는 그를 버렸다.

'통화 요망 '

비행을 마치고, 숙소에 도착해서 방에 들어서서 스마트폰을 켜자 기다렸다는 듯이 통화음이 울렸다. 김현우의 이름으로 끊임없이 보이스 톡이 걸려왔다.

"그 여자 누구야?"

통화가 연결되기 무섭게 내가 먼저 따져 물었다.

"가끔 만나는 애야."

"그러니까 '가끔 만나는 애'가 뭐냐고?"

"말 그대로 가끔 만나는 애지."

"그럼, 난 뭔데?"

"넌 그냥 너지…."

"내가 만만해?"

"무슨 그런 말이 다 있어?"

그가 어린아이를 타이르듯 점잖게 말했다.

"나한테 왜 이러는 거야?"

이 질문에 대한 답은 꼭 듣고 싶었다.

"넌 나 없이도 잘 살잖아!"

이런 무례와 치욕을 당해도 되는 원인을 마치 내가 제공했다는 듯이 말했다.

"내가 네 덕 좀 보고 사나 했더니…."

그는 의연하고도 뻔뻔하게 말했다. 그 어떤 떨림도 미안함도 담겨 있지 않은 담담하고 공허한 음성이었다. 데인 상처를 감고 있던 붕대 위로 꽃잎처럼 핏물이 올라왔다.

나는 목에 걸려있던 싸구려 목걸이를 매만졌다. 사랑의 징표라고 믿었던 물건이 한낱 미끼였음을 왜 몰랐을까? 나는 원하면 언제든지 꺼내 쓰는 소지품이나 이용 도구에 지나지 않았다. 이런 악성 나르시시스트에게 몇 년간이나 놀아난 죗값이 너무나 가혹했다.

"그래, 난 그냥 나야! 앞으로 나답게 처신할 거니까! 다신 연락하지 마!"

나는 전화를 끊고 원망과 분노로 흥분된 가슴을 진정시켰다. 김현우는 나를 이용해 절약한 비행기 삯으로 '가끔 만나는 애'에게 자그마한 명품 클러치 백을 선물할 것이다. 맛있는 걸 사주고, 멋진 경치를 함께 바라보며 마음껏 웃을 것이다.

'가끔 만나는 애'의 존재까지 알아버린 이후로 나는 어마어마한 우울감에 휩싸이기 시작했다. 우울증은 나를 급속도로 무기력하게 만들었다. 한 발 한 발 깊이를 알 수 없는 늪으로 빨려 들어갔다. 흡입에 가까운 속도로 우울감과 무력감에 빠져버리자 나를 빛나게 했던 모든 것이 순식간에 빛을 잃었다. 생존의 이유나 삶의 빛깔이 모두 사라져버렸다. 다 마른 줄 알았던 눈물샘이 독한 구슬을 퉤퉤 뱉어댔다. 나도 모르는 사이 울다 지쳐 잠이 들었다. 깨어 보니 아래와 같은 뻔뻔한 문자 메시지가 나를 기다리고 있었다.

'우리 이제 그만 만나자. 뭐 이렇게 말할 사이도 아니지만, 네가 원하는 거 다 이루려면 살길…. 멀리서 늘 응원할게. 현우'

끝까지 잘난 척이었다. '멀리서 응원할게'에서 다가오는 걸음을 멈추기로 용단을 내린 현우의 마음을 확인하자 화산 같은 분노가 폭발했다. '뭐 이렇게 말할 사이도 아니다!'라고 선을 그어온 그의 심리가 우월감인지 열등감인지 헤아리고 있자니 머리가 터져버릴 것만 같았다. 지금쯤 프랑크푸르트의 어느 광장을 거닐며 뜨끈뜨끈한 와인을 한 잔씩 들고 사골 국물처럼 뽀얀 그 여자의 손을 잡고 있을 것이다. '가끔 만나는 애'는 한시적 '여친'으로 승격됐을 수도 있다. 스마트폰 액정 화면 위로 닭똥 같은 눈물이 떨어졌다. 번듯한 커리어를 얻으면 내가 원하는 것은 뭐든 가질 수 있는 줄 알았다. 그런데 고작 김현우의 마음도 거머쥘 수 없었다. 농락이나 당하고 있는 이 현실을 만들어낸 나에게 문제가 있는 걸까? 날개를 얻어지만 나는 아직도 제대로 날 줄 못하는 아기새이다. 그 날의 기분, 내 삶에 대한 전망, 내 삶을 비행하는 좌우 날개의 균형이 터무니없게도 타인에 의해서 너무 쉽게 흔들리고 있다.

'얘! 제발 정신 좀 차려! 네가 자꾸 받아주니까 이런 일이 생기는거야. 김현우는 남의 에너지만 빨아먹는 악성 나르시시스트일 뿐이야. 이제라도 알았으니 하늘이 도왔다고 생각하고 손절해!'

현우에게 당한 어처구니없는 사건에 대해 인어 운운하며 푸념을 늘어놓자 도희는 냉철하고 논리정연하게 상황을 정리했다. 한창 태교에 바쁜 임산부에게 차마 털어놓을 일이 아니란 걸 모르진 않았다. 하지만 내 속이 내 속이 아닌지라 제3자의 시선에서 이 사태를 어떻게 판단하는지 짚어봐야 했다.

'누리야, 그거 다 남자가 영원히 자기 잊지 못하게 하려고 그러는 거래.'

'남자 마음은 남자가 알잖니? 지금 우리 신랑이 옆에서 그러네?'

비 오는 날 마른 장작 같은 내 연애사가 어느새 지방방송을 타고 준수 오빠 귓속까지 들어간 모양이다. 준수 오빠답지 않게 감성적으로 정리를 해줘서 하마터면 현우 가슴에 좁쌀만큼의 애정이 있다고 혼동할 뻔했다. 김현우가 진정 그런 계산까지 했다면, 그건 어김없이 우월감 때문일 것이다.

'잊어! 아마 지금쯤 제대로 한 방 먹였다고 아주 신났을 것이다. 워낙 자격지심이 많은 인간이잖아. 그렇다고 너 그 인간이 더 멋있어 보이거나 그러는 건 아니지? 우리 누리가 그 정도로 맹한 애는 아니니까. ㅋㅋㅋ ㅋㅋㅋ'

'ㅋㅋㅋ'를 좌르르 쏟아내는 도희의 쾌락이 도를 넘어서자 차츰 정신이 들었다. 나의 불행이 남의 즐거움이 될 수 있다는 생각을 차마 못 하고, 미주알고주알 알차게 늘어놓고 말았다.

'참, 티켓값의 10%는 계좌로 보내면 되지? 나도 경우는 아는 놈이다.'

현우의 후줄근한 문자가 추가로 날아들었다. 입이 열 개라도 할 말이 없을 줄 알았는데, 죄의식이라곤 전혀 없는 뻔뻔한 태도였다. 돌아오는 여정이 무사히 보장될 것인가에 뒤늦게 고민한 결과였을 것이다. 상처받은 내 마음은 안중에도 없었다. 돈이면 다라고 생각하고 있었다. 그러고 보니 눈물 콧물을 짜며 자학하느라 여태 이 파렴치한 인간의 돌아오는 여정을 취소할 생각을 못 하고 있었다. 내 꿈과 희망이 어린 비행기에 겁도 없이 다른 여자와 나란히 발을 디딘 그를 결코 용서할 수 없다. 차라리 구걸을 했더라면 나는 우정을 빌미로 선의를 베풀었을 것이다. 어떤 방법으로도 절대 날 꺾을 수 없다는 걸 똑바로 보여줘야 한다. 나는 예약 사이트에 접속해 현우 앞으로 예약된 왕복티켓을 마우스로 클릭했다. 심호흡을 길게 한 연후에 두 눈을 질끈 감고 delete! 버튼을 길게 눌렀다. Delete! 김현우는 지금 이 순간부터 내 인생에서 삭제되었다. 다신 그를 집어 들지 않을 것이다. 물론 이런 상황을 자초한 것은 나다. 누굴 탓할 마음 같은 건 없다. 나를 견고하게 만들어야 했다. 비행과 비행 사이의 텅 빈 시간을 잠으로 보내고, 심심하면 습관적으로 유튜브나 돌려보았다. 이런 식으로 에너지를 방치하고 생각없이 살았으니 벌을 받는 것이다.

그 일이 있고 얼마 동안은 극도의 우울감과 함께 무기력증이 동반된 몸살을 앓았다. 사흘 내내 이불을 머리끝까지 뒤집어쓰고 기절한 듯 잠을 잤다. 마침내 비행이 시작되는 날 벼락을 맞은 듯 벌떡 일어나 찬물로 샤워를 하고, 평소보다 뚜렷한 색조로 화장을 마쳤다. 매니큐어와 일치된 색상의 립스틱으로 마무리를 한 후에 유니폼 다려입는다. 비루한 연애, 대답 없는 외침, 쓰린 속은 모두 집에 가둬두고 또렷하고 총총한 걸음으로 집을 나선다. 창공의 중심으로 나를 쏘아 올려줄 비행은 지금 이 순간, 유일한 구원의 출구다. 그때 마침 카톡 알

림음이 시끄럽게 울려대기 시작했다.

'온누리! 너 꼭 이렇게까지 해야겠어? '

'내가 잘못했다. 진심으로 사과한다. 전화 좀 받아봐!'

이런 종류의 극적인 전갈이 달려들었을 줄 알았는데, 대학동창회 단체 채팅 방에서 뜬 메시지였다. 00학번 아무개 동문이 권위 있는 학회지에 논문을 발표해서 학계에 센세이션을 일으켰다는 소식이었다. 여러 동문들의 후일담과 갖가지 정보 공유에 대한 댓글이 26개나 들어있었다. 날씨 정보도 두 개쯤 있었고, 치과 임플란트 할인 광고도 있었다. 놀랍게도 김현우의 메시지가 아니었다는 사실이 내심 서운하게 느껴졌다. 심장을 가득 채운 피가 위태롭게 출렁인다. 아! 나는 왜 아직도 그의 연락을 기다리고 있는 걸까? 마지막까지 미련을 버리지 못하고 추적대는 젖은 낙엽 같은 내 자신이 한심스럽다. 구둣 발로 또각또각 걸어서 트롤리를 끌고 현관문 밖으로 나선다. 이 문을 나서는 순간부터 두 번 다시 내 삶의 비행을 방해하는 것들과 엮이지 않을 것이다.

바람의 기류를 타고 활공하라

　서비스를 마치고, 비행기 도어 옆 점프 시트에 앉아 쉬고 있는 내게 사무장이 말을 걸어왔다. 요 며칠 푹 쉬었는데도 몸살 기운이 쉽게 떨어지지 않았다.

　"온누리 씨! 아까부터 안색이 왜 그리 안 좋아요? 무슨 걱정이라도 있어요?"

　이른 새벽 브리핑임에도 불구하고 정갈한 그루밍과 에너지 넘치는 목소리로 등장해 기운을 북돋워주던 19년 경력의 사무장이었다. 20년이 가까운 세월 내내 비행만 한 사람 같지 않게 에너지가 넘쳤다. 174cm 넘는 장신에 군살 없는 날렵한 몸매 그리고 초점이 살아있는 눈빛을 지키고 있었다. 브리핑을 주도하는 그녀는 도도해 보일 만큼 카리스마가 넘치지만, 승객들과 일일이 눈높이를 맞춰 웃으며 대화를 나눌 때는 천사 같았다. 그녀의 이름은 애슐리, 동유럽의 유서 깊은 가문에서 고명딸로 사랑을 듬뿍 받고 자라 한번 친해지면 뭐든 챙겨주는 살가운 스타일이란 평판으로 유명했다.

　"혹시 고향 생각이 나서 그래요?"

　창백한 안색 때문에 공연히 승객들의 오해를 산 게 아닐까? 사무장에게 한 소리 듣게 될까봐 적잖이 겁먹은 얼굴을 머뭇거리자, 사무장은 내 손등을 따뜻하게 어루만졌다.

"혹시 집에 무슨 일이라도 있나요? 그도 아니면 혹시 애정전선 문제?"

갑작스러운 질문에 당황한 나머지, 나도 모르게 얼굴이 붉게 상기되었다. 그런 나를 가만히 지켜보던 그녀는 빙그레 웃었다. 그녀는 자신에게 좋은 방법이 있다는 얼굴로 벌떡 일어났다. 그녀는 날렵한 몸집으로 갤리로 이동하더니 뜨거운 물에 꿀과 레몬즙을 가득 넣어 약차를 만들어왔다.

"어서 들어요. 몸이 따뜻해지면 기분이 한결 나아질 거예요."

섬섬옥수 같은 애슐리 사무장의 손에 들린 차를 받아들자 콧방울 밑으로 달달하고 시큼한 꿀과 레몬향이 맡아졌다. 마른 입술 사이로 새어들어간 따뜻한 차는 어느새 식도를 타고 내려와 온기라고 돌지 않던 위장을 따뜻하게 감쌌다. 그동안 강해져야 한다고 스스로를 채찍질해왔다. 이렇게 누군가 나의 외로움을 헤아려주며 먼저 헤아려주는 일은 기대도 하지 못했다. 혹여라도 내가 잘 웃지 않아서 핀잔이라도 받게 될 줄 알고 마음을 졸였건만, 예상 밖의 위로를 얻자 눈물이 터졌다. 애슐리 사무장은 갑자기 울음을 터트리는 나를 보고 놀란 기색을 감추지 못했다.

"갑자기 왜 그래요? 누가 괴롭히나요?"

"아닙니다. 감사합니다. 사무장님, 차 정말 잘 마셨습니다."

남아있는 차를 마지막 한 방울까지 남김없이 마시고, 한국 인사법에 따라 허리를 45도 각도로 숙이며 정중하게 인사했다.

"몸살 기운이 있는 것 같은데, 이거 갖고 있다가 시간 맞춰 챙겨 먹어요."

애슐리 사무장은 자신의 핸드백에서 감기약을 꺼내 내 손에 쥐여 주었다. 나는 목례로 감사의 마음을 대신하고 땀이 가득 고인 손으로 감기약을 꼭 움켜잡았다. 나를 필요로 하는 일이 있고, 든든한 리더와 함께한다는 사실이 정말이지 큰 힘이 되었다. 그래서인지 다음 서비스를 준비하는 내내 조금씩 기운이 솟았다. 마음의 근육에도 탄력이 붙었는지 콜벨을 확인하며 승객들을 응대하는 일이 편안하고 즐거웠다. 무사히 비행을 마치고 하기를 준비하고 있는데, 애슐리 사무장이 환하게 웃으며 나를 불렀다.

"오늘 비행, 정말 수고 많았어요. 다음 비행부터는 이 세상에서 가장 행복한 사람이란 마음으로 나와요! 개인적인 문제나 고민은 쓰레기통에 버리고, 소중하고 행복한 나만 데리고 오는 거예요! 약속할 수 있죠?"

"I will not bring my personal feeling to the flight!"

나는 애슐리 사무장의 말을 되풀이하며 스스로에게 굳은 다짐을 했다. 그녀의 우아한 음성이 비행을 마치고 집으로 돌아오는 내내 귓전을 맴돌았다. 그녀가 이십 년에 가까운 세월 동안 비행을 즐길 수 있었던 비결은 뭘까? 오늘처럼 여전히 활력이 살아 숨 쉬는 눈빛으로 존재감을 과시하는 리더를 만나는 날은 내 삶이 한 단계 진화하는 기분이다. 동년배들에 비해서 동안인 그녀는 인상과 목소리 어디에도 세월의 더께를 입지 않았다. 수십 년의 세월을 한 업에 종사하며 닦아왔을 서비스인으로 자세와 눈빛에서 격조를 갖추고 있다. 아, 나는 언제쯤 그 경지에 이를 수 있을까? 긴 세월 안에 한 번뿐인 소중한 청춘과 애정을 녹여 하늘에서 보낸 시간들이 그들의 미소 뒤에서 별처럼 반짝였다. 커피 한 잔에는 바리스타의 정성을, 와인 한 잔에는 소믈리에의 해박한 식견을 곁들이면서 서비스를 받는 고객의 격을 한 단계 끌어올리는 예술인의 경지에 이른 것이다. 서양 의학의 아버지 히포크라테스는 "인생은 짧고 예술은 길다."라고 말했다.

> 'Life is short, and Art is long. The crisis is fleeting. Experience is perilous, and decision is difficult. the Physician must not only be prepared to do what is right himself. But also to make the patient, the attendants, and externals cooperate.'[3]

히포크라테스가 지칭한 예술은 우리가 흔히 떠올리는 음악이나 미술과 같은 단순한 의미가 아니다. 모든 의미의 의학, 건축, 항만 등 당대의 지식을 통틀어 말한다. 환자의 위기적 상황이 급박하게 돌아갈수록 결정을 내리기 어려우니, 의료인은 독단을 내리지 말고 주변 사람들과 협력하여 신중하게 진료해야 한다고 말한다. 승객의 안전과 안녕을 기원하는 승무원도 마찬가지로 독단적으로 서비스를 해서는 안 된다. 승객의 의견과 편의에 귀를 기울여서 안전과 편의, 모든 면에서 대다수가 만족할 수 있는 서비스를 제공해야 한다. 승객과 눈높이를 맞춰서 소통해야 하는 일의 중요성이 여기에 있다. 이는 인류가 충돌 없이 행복하게 한 시대를 풍미할 수 있는 길이기도 하다.

---

3. 영문번역, Charles Dawin Adams'인생은 짧고, 의학(예술)은 길다. 위기는 순식간에 들이닥치며, 경험은 불완전하여 매우 위험하며, 결정을 내리는 일은 더욱 어려운 일이다. 의료인은 스스로 옳은 일을 할 뿐만 아니라 환자, 간호사, 외부 조언자들 모두와 협력을 도모해야 한다.' -잠언집(Aphorisms), 히포크라테스-

내가 선사하는 서비스가 승객의 하루, 여정 그리고 미래에 영향력을 행사한다는 사실을 알고 있다. 서비스의 내용은 매뉴얼에 적혀 있는 그대로 일 테지만, 어떤 서비스 마인드를 가진 자가 제공하느냐에 따라 서비스의 격이 달라진다. 서비스에 철학과 견문을 전달하면 예술이 된다. 같은 서비스 현장 안에서도 누군가는 평생 고용주 탓만 하는 노동자로 전락하는 반면 누군가는 섬세한 예술가로 태어나는 것이다. 모든 차이는 마인드에서 벌어지는 것이다. 노동자의 걱정은 한낱 푸념으로 들리고, 예술가의 걱정은 세상을 깨우치는 이치로 다가오기 마련이다. 서비스가 노동이냐 예술이냐는 한 끗 차이다. 이는 비단 서비스 업계의 꽃으로 군림하는 항공업계에서만 통하는 이야기가 아니다. 법조계, 의료계, 무역업, 여행업, 호텔관광업 등 불특정 다수의 사람들을 언제나 잠재적 고객으로 상대해야 하는 모든 종류의 산업에서 성공을 앞당기는 촉매 역할을 한다. '인생은 짧고 예술은 영원하다.' 자신이 하는 일이 무엇인지 정확하게 파악하지 않으면 자존감은 물론이고 그나마 자신이 보유하고 있던 약간의 서비스 자질마저 높은 경지까지 향상시킬 수 없다. 자신의 업무에 대한 정확한 인지와 자부심이 없으면 직원을 채용한 기업이 추구하는 브랜드의 가치를 전달할 수가 없다는 뜻이다. 하루하루 업무 현장에서 마주쳐야 하는 상황들이 본인에게 극심한 고통과 스트레스로 다가올 것이다.

서비스가 끝나면 일정 간격을 두고 건조한 기내 공기와 압력에 익숙하지 않은 승객들의 탈수를 방지하기 위해서 음료 서비스가 제공된다. 쟁반 가득 물과 주스를 담아 어두운 기내를 거닐면서 승객들의 갈증을 풀어주는 것이다. 이 과정에서 우연치 않게 당뇨 합병증으로

의식을 잃거나 탈수 증세를 보이는 승객들을 발견하는 일도 제법 있다. 이를 재빨리 발견하고 승객에게 당류가 함유된 주스나 생수를 공급하면 금세 의식을 되찾는다. 필요한 응급처치를 하고 하기후 의료진에게 인도하면 소중한 생명을 구하고 무사히 안전비행을 완료할 수 있다. 누군가에게 물 한잔 건네는 단순한 일에도 목적과 의미를 부여하면 이렇게 예술이 된다. 누구도 낙오되는 일 없이 최종 목적지까지 모두가 안전하게 도착하는 일은 사소한 일 하나하나에 가치를 부여하는 목적의식에서 시작된다. 눈에 보이지 않는 세상이 눈에 보이는 세상을 지배하기 마련이다. 그래서 우리의 마음가짐이 품는 힘은 위대하다. 노동자로 전락할 것인가? 아니면 예술가로 영원히 남을 것인가? 그것은 오로지 선택에 달려있다는 교훈을 얻은 오늘 비행 이후의 시간은 축복으로 가득할 것이다. 스스로 나는 법을 터득한 자의 책임, 그것은 좌우 날개의 균형을 잡고 꾸준히 비행하는 것이 아닐까? 그러기에 무엇에도 흔들리지 않는 넓은 날개를 키워야 한다.

실제로 비행을 조금이라도 해 본 사람들은 잘 알겠지만, 이타심이나 배려심 그리고 팀워크가 부족한 사람에게는 이 일이 잘 맞지 않는다. 눈만 마주치면 무언가를 가져다 달라고 청하거나, 아프고 어지럽다고 호소하는 사람들을 기내에서 거의 매일 상대해야 한다. 누군가의 도움 없이는 휠체어에서 일어나지도 못하는 승객들의 손발이 돼야 하는 일도 허다하다. 나는 최선을 다했는데도 불구하고, 승객은 내내 못마땅하다는 듯 핀잔을 주기도 한다. 어떤 의미에서 열심히 해도 티가 나지 않는 일이기도 하다. 모든 일에는 장단점이 있기 마련인데, 이와 같은 애로사항에만 집중하다 보면 궁극적인 목적의식을 상실하고 정신적 공황상태에 이르기 쉽다. 그래서 서비스에 마음을 담아야 한다. 내가 건네는 물 한 잔, 내가 다녀간 자리의 흔적 하나하나까지 의미를 부여하지 않으면, 허공에서 아까운 청춘을 낭비하는 꼴이 된다. 커피 한 잔에도 바리스타의 마음을 내리고, 와인 한 잔에는 소믈리에의 자부심을 따르며, 물 한 잔이 담긴 쟁반을 나를 때도 내 인생을 나르는 마음으로 책임을 다해야 한다. 작은 시내가 모여 강을 이루고 마침내 바다로 나아가듯 내가 행하는 사소한 일 하나하나에 진심을 다하지 않으면 언제까지도 진짜 인생을 살 수가 없다는 사실을 늘 명심해야 한다. 진심은 언제나 통하는 법이다.

영어로 'hardworking'이란 말은 근면 성실하게 일한다는 뜻이다. 기업의 일원으로서 오너십(ownership)을 갖고 주체적으로 행동하며 쉬운 일, 어려운 일 가리지 않고 최선을 다한다는 뜻도 된다. 자기가 받은 돈의 액수만큼 일하는 사람들은 그 액수만큼만 대우받는다. 인간이 아닌 부속품이나 도구로 취급해도 괜찮다는 인상을 남긴다. 그러나 금전의 액수를 초월해서 근면 성실한 재원의 진짜 마음, 그러니까 진심은 기업을 넘어 하늘도 굽어살핀다. 한 번뿐인 소중한 우리의 삶, 얼마만큼의 진심을 담아 커리어를 닦느냐에 따라서 풍요롭고 안락한 삶의 울타리를 짓기도 하고, 평생 여러 직장을 전전하다 가난을 대물림하기도 한다.

우리 나라에서 해외 여행의 자유화가 전면적으로 이루어진 것은 1989년이다. 해외여행이 자유화된 지 불과 30여 년이 지나지 않았다. 1980년대 이후 국민들의 경제생활이 향상된 상황에서 1986년과

1988년에 아시안게임과 올림픽을 성공적으로 치르면서 세계화를 향한 국민들의 열망이 정부에 긍정적으로 반영된 것이다. 해외여행이 자유화되기 전에는 외교관 및 고위급 기업 간부들의 해외출장, 장기 해외취업, 유학 등 특수한 목적과 여건을 갖춘 자들만 비행기를 타고 출국할 수 있었다. 하여 그 시절에 유독 인기 직종으로 떠오른 직업이 바로 항공기 승무원이었다. 그 당시 여성의 신분으로 자유롭게 국내외를 넘나들며 견문을 넓힐 수 있는 유일한 직종이라 해도 과언이 아니었다. 국내항공사의 승무원 지원자격도 일정 수준의 신장과 용모와 더불어 대졸자로 제한을 두었기 때문에, 당시 여승무원은 지성과 미모를 겸비한 최고의 신붓감으로 손꼽혔다. 지금도 남녀를 불문하고 항공기 승무원에 대한 높은 선호도 때문에 매년 경쟁률이 치솟고 있음은 물론이다.

1990년대 후반까지만 해도 항공산업과 관련된 기술을 배울 수 있는 곳은 직업학교뿐이었다. 직업학교에서는 항공서비스, 항공정비, 조종과 관련된 기술을 단기간에 습득할 수 있었는데, 그때만 해도 교육부의 정식 인가를 받은 곳이 드물었다. 당시 교육부의 인가를 받고 항공서비스 관련 업무를 교육하는 학교는 '인하공업 전문대학'이 유일했는데, 그 당시에는 졸업과 동시에 대한항공 승무원으로 특채 선발되기도 했다. 2000년대 중반까지만 해도 승무원으로 취업하려면 4년제 일반대학을 졸업해서 승무원 면접에 필요한 기술이나 요령을 배울 수 있는 사설학원을 각자 알아서 찾아다녀야 했다. 승무원 해외취업에 필요한 서류, 시시때때로 바뀌는 취업 정보, 글로벌 매너, 영어면접 요령에 대한 정보를 제공받았다. 하지만 실질적으로 비행 현장에서 활용할 수 있는 전문지식들을 가르치는 학원은 없었다. 실제로 승무원이 된 이후에서야 훈련 과정을 통해서 비행기 구조 및 안전, 식음료 & 주류 서비스와 관련된 전문 지식들을 습득할 수 있었다. 지식을 습득하니 내가 만들어 제공하는 커피 및 와인에 대한 자신감이 붙었다. 어떻게 하면 더욱 깊은 맛의 커피와 와인을 선사하여 고객의 감동을 끌어낼 수 있을지를 연구하고, 이 마음을 알아주는 고객을 만날 때 이 직업의 보람을 느낄 수 있다. 지식은 곧 자신감이란 말에 십분 공감하지 않을 수 없다.

우리 나라 항공업계가 성숙하면서 관련 분야의 인재를 일찌감치 발굴하여 교육시키는 시대를 맞이하게 되었다. 요즘은 중고등학생 시절부터 일찌감치 '승무원'으로 진로를 결정하고, 관련 지식을 습득할 수 있는 항공과 진학을 위해서 내신 및 수시전형 관리를 시작한다. 항공서비스학과가 정식으로 교육부의 인가를 얻어 항공서비스학, 항공정비학, 비행기 조종학과가 전문대 및 4년제 대학에 다양하게 개설되어 있다. 학부에서 일찌감치 승무원의 소양교육을 받고 전문지식까지 습득한 항공과 출신의 후배들과 일을 해보면 기내 업무의 지시 및 소통 면에서 훨씬 효율적이라는 입장이다. 개인적인 소견인지는 모르겠지만, 일단 항공과 출신들은 업무 관련 지시나 업무에 대한 피드백을 감정적으로 받아들이지 않는다는 점이 인상적이었다. 문제점에 대해서 지적하면 곧바로 인지하고 개선하겠다고 즉각 호응한다. 이는 모두 고객 응대법이나 서비스 예절에 대한 훈련의 결과라고 생각한다. 서비스 마인드를 담아 분명한 어조로 소통하며 밝고 화기애애한 분위기를 조성한다는 느낌을 강하게 받았다. 기내 업무를 전문적으로 교육하는 대학들이 늘어나면서 국내 항공업계의 분위기도 세련되면서도 체계적으로 쇄신된 지 오래다. 예부터 동방 예의지국의 명성을 자랑해온 한국은 상대를 배려하는 말투와 예의범절이 특유의 문화로 자리 잡은 경제 선진국이다. 질서정연하고 고급스러운 동양의 선진문화에 빠진 외국인들도 K-Drama, K-POP을 탐닉하며 한국어를 배우느라 여념이 없다. 항공업, 호텔관광 등 한국만큼 서비스 관련 산업이 성숙한 나라도 보기 드물다. 과거에는 승무원 학원에서 단편적으로 교육하던 승무원 양성교육이 이제는 정식으로 인가받은 대학교로 확대되었고, 한국인 특유의 꼼꼼한 일 처리와 근면함은 수십 년에 걸쳐 세계적인 아랍 항공사들의 끊임없는 러브콜을 이끌어냈다. 항공승무원의 높은 선호도에 경쟁률도 비례하고 있다.

하지만 항공운항과를 졸업한다고 해서 승무원이 될 수 있는 것은 아니다. 항공사별로 조금씩 다른 면접 그래서 항공운항과를 졸업하고도 승무원이 되지 못한 사람들은 우울증이나 심리적 공황상태에 빠지는 경우가 종종 있다. 항공사별로 승무원이 되기 위한 면접 준비를 미리미리 해두지 않으면 졸업 후 몇 년에 걸쳐서 면접 준비를 되풀이 해야 한다. 일반대학 출신자들도 승무원이 자질이니 현장업무에 대한 이해 없이 무작정 일을 시작하면 난관에 봉착할 때마다 초심을 잃기 쉽다. 항공사 승무원의 업무와 책임 그리고 그에 따른 각종 혜택이 법의 보호를 받아 확고하게 정립되기까지 무수한 오류를 반복해야 했다. 지금처럼 본보기로 삼을 수 있는 롤 모델이 없던 시절에는 정확한 방법을 찾기 위해 시험을 거듭하고 오류를 수정함으로써 최적의 방법을 찾기 위해서 싸워야 했다. 과거에는 당연시되던 항공승무원의 지원자격 요건에도 변화의 바람이 불어 2017년 1월부터 대한항공과 아시아나항공이 신장, 나이, 학력 제한을 전격적으로 해제했다. 능력 중심 사회로 거듭나고자 하는 사회적 분위기가 항공업계에도 반영된 것이다. 항공승무원이 오늘날 선호도 높은 직종으로 자리 잡고, 차기 승무원들이 더욱 쾌적한 복지 환경에서 근무할 수 있게 된 것은 선배들의 부단한 노력이 있었기에 가능했다.

그렇다면 항공기 승무원은 어떻게 탄생하게 된 것일까? 세계 최초의 항공기 여승무원은 전직 간호사였던 '엘렌 처치'[4]라는 인물이다. 1912년, 세계 최초의 항공사인 독일, 델라그 항공사의 비행선 객실에서 '하인리히 쿠비스'[5]라는 남성을, 1928년에는 독일, 루푸트한자(Lufthansa)가 이번에도 역시 남성을 객실 승무원으로 선발했다[6]. 그 시절 유럽에서는 고급서비스를 남성에게 맡겨야 한다는 문화가 지배적이었다. 세계 최초의 항공사가 1921년에 문을 열었지만, 1930년대에 들어서도 항공기를 이용한 여행은 인기를 얻지 못했다. 대부분의 사람들은 비행기를 타고 여행하는 것이 결코 안전하지 않다고 믿었다. 당시 추락 사고로 해당 비행선에 탑승하고 있던 모든 사람들이 한날한시에 변을 당했다.

'엘렌 처치'는 비행기를 대중교통으로 각광받게 만드는데 앞장선 일등공신이었다. 세계 최초의 항공기 승무원은 남성이었지만 항공기 여승무원의 호응도가 상당히 높은 오늘을 창조해낸 건 '엘렌 처치'이

4. Ellen Church (1904.09.22-1965.08.22)- 미국, 아이오와주 출신의 세계 최초의 항공기 여승무원, 항공위키

5. Heinrich Kubis (1988.06.16-1979)- 세계 최초의 항공기 승무원, 항공위키

6. 강갑생, 『바퀴와 날개』, 중앙일보 2018

다. 말하자면 엘렌 처치는 오늘날 항공기 여승무원의 시조새인 것이다. 엘렌 처치는 간호사 자격증과 조종사 자격증을 모두 보유한 수재였다. '유나이티드 항공'의 전신인 '보잉 트렌스포트'에 조종사로 지원을 했지만, 당시 인사담당자는 조종이 오직 남성만의 전유물이란 금기를 깨지 못하고 '엘렌 처치'를 돌려보냈다. 하지만 항공기에 이미 깊이 매료된 엘렌 처치는 간호사 자격증이 있는 자신을 객실에 투입하면 안전에 대한 승객들의 걱정이 훨씬 줄어들 것이라며 회사를 설득했다. 항공사는 고심 끝에 이 제안을 받아들여 시험 삼아 엘렌 처치를 비행에 투입했는데, 예상 밖으로 승객들의 반응은 열광적이었다. 그 후로 7명의 승무원들을 추가 선발한 엘렌 처치는 1년 6개월 동안 여승무원으로 활약하다 교통사고로 비행을 그만두고 간호사로 복귀했다. 그녀는 2차세계대전 중에도 간호사 부대에서 영웅적으로 활약하며 하늘을 누볐고, 전쟁이 끝난 후에도 쉼없이 환자들을 돌보다 61세에 낙마 사고로 사망했다. 그녀의 고향인 미국, 아이오와주의 크레스코시는 공항의 이름을 '엘렌 처치 필드 공항'으로 명명하며 그녀의 업적을 기리고 있다.

엘렌 처치는 항공승무원의 역사를 새로 쓰며, 객실 서비스의 이론을 정립한 '승무원의 어머니'다. 현실의 유리천장에 굴복하지 않고 승객의 안전을 먼저 생각하는 이타주의를 근본으로 자신만의 무대를 개척한 엘렌 처치는 인류가 전쟁의 재앙 속에서 허덕이던 와중에도 간호 대장으로 헌신했다. 전시 상황에서도 현장에서 부상자들을 보살피며 진짜 인생을 살았다. 엘렌 처치가 누군가의 그늘에서 쉬어가는 인생을 추구했더라면 오늘날 우리는 그녀의 이름을 기억할 수 없었을 것이다. 엘렌 처치의 사례가 항공업계의 새 바람을 일으킨 이후

미국에서는 한동안 승무원으로 지원하려면 간호사 자격증을 필히 소지해야 했다. 간호사로 승무원으로 군인으로 헌신한 그녀의 생애는 오늘날 기내에서 앞서 말한 세 가지 역할을 하면서 승객들을 안전하게 보위해야 하는 승무원의 표본이 되고 있다.

서비스는 지불 금액에 맞추어 차등하게 제공되는 혜택이다. 정해진 기준에서 상향하는 경우는 있어도 명목도 없이 하향하는 경우가 있어서는 안 된다. 할인 혜택을 받은 고객에게 상식 이하의 서비스가 제공됐다면 그 또한 진정한 서비스가 아니다. 서비스의 힘은 브랜드 가치에 대한 고객의 신뢰에서 나온다. 브랜드 가치에 상응하는 일관적인 서비스를 기대하는 고객의 기대를 배반해서는 안 된다. 가족이나 지인의 도움으로 할인 혜택을 받고 비행기에 탑승했다고 해서, 해당 승객들에게 제공하는 서비스의 질을 낮추지는 않는다. 할인 혜택을 받고 비즈니스 클래스에 탑승한 승객들도 다른 승객들과 마찬가지로 프리미엄 클래스에서 제공되는 모든 혜택을 누릴 수 있다. 자신이 받아야 할 인건비는 100만 원인데 70만 원을 수령했으니 일도 당연히 30이 결핍된 수준으로 밖에 못하겠다는 식의 뻔뻔한 마인드는 본인의 저렴한 수준을 인정하는 결과밖에 되지 않는다. 이렇게 무책임한 사람과 누가 일하고 싶겠는가?

어마어마한 경쟁률을 뚫고 열사의 땅까지 건너와 외항사 승무원이 된 후, 우리의 삶은 어떻게 설계해야 할까? 국적, 피부색, 학연, 지연, 성차별 없이 오로지 능력으로 평가받는 이 재미난 세상에서 어떻게 한판 멋지게 살아볼 수 있을까? 제대로 한번 달려보지도 못하고 중도 하차할 수는 없다. 뜨거운 찻잔에 데일까 봐 잔을 쥘 용기마저 내지 못하는 겁쟁이가 되어서는 안 된다. 뭐가 되든지 끝까지 가야 한다. 막다른 골목에 서 있을 때 나에게 기회를 준 고마운 회사와 소중한 삶을 주신 대한민국의 기대에 부응해야 한다.

날개의 길이가 무려 3-4m에 이르는 앨버트로스(Albatross)는 조류 중 가장 활공을 잘 하기로 유명하다. 날개가 워낙 거대한 탓에 땅 위에서는 날개에 치여 제대로 걷지도 못하고 바둥거린다. 이런 이유로 '바보새'란 오명까지 쓴 앨버트로스는 날지 않을 때, 어처구니없게도 상어의 먹잇감이 되기도 한다. 하지만 날아오르는 법을 한번 터득한 앨버트로스는 바람의 상승기류만으로도 장시간 떠있을 수 있다. 날개를 퍼덕거리지 않아도 최대 5000km까지 날 수 있을 정도의 전지전능한 비행력을 발휘한다. 위엄 있는 기세로 거대한 날개를 펼치고 자유자재로 비행하는 앨버트로스는 생애 대부분을 하늘에 떠있는 상태로 보낸다. 그리고 앨버트로스의 진가가 그대로 드러나는 장소가 바로 하늘이다. 앨버트로스처럼 거대한 날개를 지닌 사람들만이 오랫동안 비행할 수 있다. 그들이 가진 거대한 날개의 가치는 하늘에서만 독보적으로 빛난다. 오랜 연륜과 직업에 대한 철학이 축적되었을 때 비로소 항공서비스 전문직으로서의 격을 갖출 수 있다. 비행기 창 밖으로 별들이 쏟아진다. 금물결을 이루며 반짝이는 별빛이 앞으로 다가올 행운의 씨앗이란 강한 예감에 미소가 번진다. 누가 뭐래도 비행이 천직(天職)이라고 굳게 믿자 좌우 날개뼈 밑으로 따뜻하게 떠오르는 바람이 와락 파고든다. *

수 행

비행을 마치고 퉁퉁 부은 발로
로마의 작은 성당 안으로 들어갔다.

호텔 창밖으로 솟은 십자가가 나를 부르는데
고단하다는 이유로 잠이나 잘 수는 없었다.

조심스럽게 성당의 문을 열자
맨바닥에 무릎을 꿇고 앉아
기도를 올리는 다섯 명의 수녀가 보였다.

저녁노을이 쏟아지는 성당의 창문 아래로
다섯 개의 별이 하얗게 반짝였다.

기도하는 수녀의 뒷모습을
몰래 지켜보고 있자니
오랫동안 묵은 외로움이 출렁인다.

누구에게도 정착하지 못한 채
다른 사연으로 떠나는 사람들에게

마실 것과 먹을 것을 나눠주는 일이
수행과 다를 것이 무엇이란 말인가!

비록 수녀처럼
여인의 삶을 포기하고,
하느님께 인생을 헌납할
커다란 용기를 내지 못했지만

주어진 여건 안에서
매일같이 수행하며
죄에서 벗어나고 있으니

홀로 흘러가는 삶이라 할지라도
더없는 축복일 뿐이다.

비행일기@로마 -2015.06.13-

선배의 말

어느 독자가 자신의 블로그에 올린 서평을 잠시 빌리자면 2008년에 출간된 『플라이 하이[7]』는 '미운오리새끼가 백조가 되는 과정'을 그린 백조탈출기다. 온누리란 이름의 여성이 서른을 목전에 두고 뒤늦게 승무원이 되기 위한 고군분투하는 과정에서 멘토링을 받아 결국 자신의 이름처럼 5대양 6대주를 넘나드는 승무원의 꿈을 이루는 과정을 담고 있다. 그러나 책을 낸 이후 많은 독자들이 작가인 나를 멘토 삼아 도움와 조언을 구하는 모습을 보면서, 멘토는 존재여부가 아니라 자기 안의 강한 세계를 구축하는 데서 출발해야 하는 것임을 깨달았다. 진정한 멘토링은 가족, 형제자매, 남자친구, 내가 믿는 종교, 같은 꿈을 꾸는 사람들의 언행, 나보다 앞서 꿈을 이뤄낸 선배들의 무용담, 일기, 목소리, 웃음소리, 한숨, 눈빛, 표정에서 그때그때 얻어지는 모든 영감과 용기들이 하나로 융합되어 온전히 내 것으로 체화가 될 수 있을 때 탄생된다. 호감도가 관심도와 비례하고 종국엔 모든 걸 내어주게 만드는 사랑의 숙성과정과 많이 일치한다.

---

7. 『플라이 하이』,지병림, 호이테북스,2008: 『서른 살 승무원』의 최초개정판 이전의 원제목

세상에서 가장 힘든 일은 자기 자신을 이기는 일이고 그래서 나의 가장 이기기 어려운 경쟁상대는 나 자신이라는 말도 한다. 아직 꿈을 이루지 못 했다고 믿는 독자들의 고민 어린 이메일 속에서 선배인 내가 힘을 얻고 답을 구할 때도 있다. 나마저도 끝없이 강해지기 위해서 채찍질해야 할 때 마다 나의 길잡이와 되어주었던 사람들로부터 배운 경험과 깨달음들이 모여 오늘의 나를 구성하고 있음을 생각하면 스스로 구축한 세계 안에서 만나는 자기 자신이 이 세상에서 가장 강력한 멘토 임을 나는 새로이 쓰고 싶었다.

　이번 『서른 살 승무원』에서는 택시기사 명우의 소개로 만나게 된 멘토를 주인공 누리 안에 그대로 융화시켰다. 그리고 전작에서 세 가지 공식으로 분류했던 멘토의 조언을 독자의 입장에서 보다 이해하기 쉽도록 풀어서 '피그말리온' 하나로 축약했다. 그리고 면접과 관련된 세부적인 사항들에 대한 고민과 질문에 대한 답이 될 수 있도록 전형별 절차에 따른 소개를 보다 강화했다. 꿈을 준비하는 데 보다 실질적인 길잡이가 되기 바란다.

　『플라이 하이』를 읽고 많은 예비승무원 뿐만 아니라 각계각층에서 자신의 꿈을 좇는 분들로부터 미니홈피, 이메일, 카톡, 페이스북을 통해 많은 질문과 격려를 받았다. 책을 먼저 읽은 이후로 필자와 직접 만나게 된 사람들 중에는 키가 작은 줄 알았는데 그렇지 않다는 등등의 말들로 필자를 만난 소감을 전한다. 학원 강사 하다 영문도 모른 채 잘렸을 때의 심정을 충분히 이해한다면서 필자의 손을 잡아주시던 분도 계셨다. 플라이 하이의 이야기를 그대로 필자의 이야기라도 굳게 믿어 의심치 않으면서 어떤 부분에서 필자보다 본인이 더욱 유리하다고 판단한 부분에 대해서 의구심을 가질 때는 당혹스러워 하시기도 하셨다.

그러나 나는 책속에서 필자의 모습으로 드러난 모든 모습이 실로 나 자신임을 다시 한 번 말씀드리고 싶다. 내 실제 신장은 170cm이지만 때때로 나보다 작은 신장을 가진 응시자가 먼저 합격해서 출국하는 모습을 지켜보며 한없이 작아지는 나를 지켜봐야 했다. 나는 대학졸업 후 대학 교직원으로 5년 가까이 버젓한 직장생활을 했지만, 직장을 그만두고 승무원면접을 준비하는 동안은 영락없는 청년백수 신분으로 바람 앞의 촛불처럼 비통하게 서 있어야 했다. 그러므로 내가 나의 실제 이야기를 근간으로 가공해 낸 성분들이 실로 나의 이야기라 하지 않을 수 없다. 책속의 주인공 온누리의 모습은 비단 필자의 모습 뿐 아니라 아직 이루지 못한 꿈 앞에서 조바심 가득한 가슴으로 서 있는 모든 이들의 모습이기도 하다. 남들에게 섣불리 말 못할 사정을 나눠 무게를 나누는 동지의 마음으로 책을 읽는 내내 얼마든지 필자와 하나가 되어 주시기 바란다.

어려운 고비를 스스로의 힘으로 넘어서면서 자신을 믿는 힘의 위력을 체험한 사람들의 이야기를 비웃으면서 자신은 쉽게 승무원이 되었다고 자만하시는 분들에게는 말씀드리고 싶다. 인생이 그렇게 호락호락했다고 말한다고 해서 자신의 인생이 그럴싸해 보이는 것이 절대로 아니라고 말이다. 불평과 불만으로 일관하면서 여전히 일을 놓지 못 하는 사람들을 나는 이해도 용납도 할 수 없다. 그들은 다른 사람의 노력과 열정마저도 그렇게 쉽게 폄하하려고 들면서 자신의 불안한 현재와 미래를 위로받을 수 있다고 착각한다.

승무원 면접에서 자신 본연의 모습과 저력 외에 다른 것이 승패의 당락을 좌우하는 일은 절대로 일어나지 않는다. 미국유수의 대학졸업장을 갖고 있다 할지라도, 미스코리아 뺨치게 예쁘더라도, 삐뚤어지고 긍정적이지 못한 이미지를 자신도 모르게 풍길 때는 정상적으로 끝을 볼 수 없다. 머리를 띄우고 그 안에 지우개를 구겨 넣어 감쪽같이 몇 센티라도 키를 늘여서 기본 신장을 넘으려던 간절한 마음의 응시자. 영어실력은 고만고만할망정 언제나 웃음을 잃지 않는 밝은 용모가 서비스 실무 현장에서 갈고 닦는 소박하고 성실한 서비스인. 이런 사람들이야말로 고급자가용으로 배웅을 받으며 면접장에 공주처럼 나타나 거들먹거리던 응시자들을 보란듯이 제치고 승자가 되는 일이 허다하다.

외국에서 온 현지 면접관들은 한국이란 나라에 대해서 잘 아는 것 같으면서도 사실 우리에 대해서 모르는 것이 더 많다. 명문대학 이름의 경쟁률이 가장 치열한 학과의 졸업생이란 이력서를 들이밀어도 별반 관심도 갖지 않는다. 중요한 것은 당신의 눈과 입을 통해서 가슴에서 나오는 열정이기 때문이다. 우리 나라에서는 늘 쓸쓸한 여운과 함께 취업의 벽으로 군림하던 서울소재대학와 지방대의 차이라든가 결혼과 이혼여부, 했다면 남편의 직업, 응시자의 나이, 신장, 피부와 치열과 같은 것들이 사실 그다지 중요치 않다. 그 사람의 상황이나 배경을 보기에 앞서 내 눈앞에 앉아 있는 구직자의 열정, 이 직업에 대한 자세, 마인드, 성격과 이미지 즉 대화와 교감을 통해서 눈과 마음으로 확인할 수 있는 것들에 실력으로 여기도 후한 점수를 준다는 점을 명심해야 한다. 특히나 외항사 승무원 면접에서는 이 모든 것들을 본인의 입과 눈빛으로 능숙하게 자신의 모국어가 아닌 영어로 표현해야 하므로 자신을 보증할 수 있는 이 모든 실력만 갖추어져 있다면, 그 어떤 까다로운 기준이나 자격조건도 문제될 게 없다. 실제로 승무원 면접에 최종합격해 일을 하고 있는 친구들 중에는 키가 무척 작은 친구들도 많고, 덧니의 여왕이거나 악어가죽처럼 거친 피부를 가진 친구들도 적지 않다. 사설학원에서 부추기는 과대광고에 현혹되어 마인드 컨트롤과 영어공부에 매진해야 할 시간에 전문 의료진과의 충분한 상담 없이 성형외과와 피부과에 지나치게 의존하는 일은 자중해야 한다.

나이 서른을 앞두고 승무원이 되겠다고 이력서를 접수할 때만 해도 나조차 반신반의했지만, 거짓말처럼 꿈을 이루었다. 그리고 나이 서른을 훨씬 넘기고도 보란듯이 합격해 카타르로 입성하는 삼십대 여성들을 숱하게 보기 시작했다. 승무원이 되기 전에 나의 이야기와 책을 읽으면서 마음을 다잡고 준비했다면서 먼저 인사를 건네는 후배들과 만날 때면 피그말리온의 비밀은 특별한 데에 있지 않다는 생각을 하게 된다. 반드시 이루어진다고 자신을 신뢰하는 마음이 성공의 주문을 불러와 나를 세뇌시키고 행동지령을 내린다. 당신이 말과 생각이 당신의 운명을 낳는다.

사막의 땅 한가운데서 참으로 많은 것을 얻었다. 자신감, 용기, 가족보다 끈끈한 정으로 맺어진 친구들, 신뢰, 의리, 말로 형언할 수 없는 어떤 순간의 묘한 마력에 가까운 힘이 나를 단련시켰다. 항공사에서의 경험과 그 안에서 나를 지키기 위해 나를 만들어왔던 정신력과 삶을 바라보는 넓은 시각과 가치관은 앞으로도 고스란히 내 안에 남아 끊임없이 나를 움직이는 원동력이 되어줄 것이다. 어떤 꿈 앞에 서 있든지 언제나 성공으로 이끄는 힘은 자기 자신을 굳게 믿는 힘이란 걸 나는 다시 한 번 강조하고 싶다. 젊어서 고생을 즐길 줄 아는 푸른 마음이 어떤 역경이나 유혹 앞에서도 쉽게 흔들리지 않는 강한 정신력을 부른다.

책이 세상에 나오기에 앞서 너무나도 감사하게도 필자가 재직하고 있는 엄격하기로 소문난 우리 『카타르항공』 매니지먼트에서 친히 추천사를 써주셨다. 간략한 추천의 말이라도 타향살이하는 모든 한국인 승무원을 비롯한 예비승무원들에게 커다란 힘이 될 거라 생각했는데, 여러 페이지에 달하는 너무나도 아름다운 글을 선물해주셨다. 순간 나는 다짐했다. 앞으로 주어질 보상과 명예를 계산하기에 앞서 순간의 행복에 최선을 다하는 것이 회사 발전에 기여하는 길임과 동시에 나의 행복을 앞당기는 길이라고 말이다. 더불어 정기종 주카타르 전)한국대사님의 노고에도 감사드린다. 신년 하례식, 한인공동체의 발전에 기여할만한 일이 있을 때마다 한국인 승무원들을 잊지 않고 초대해주시는 따뜻한 마음 역시 이 먼 타국으로 흘러와 하루에도 수천번씩 한국인임을 자각해야 하는 우리에게 크나큰 격려가 아닐 수 없다.

막다른 골목에 섰을 때 필자에게 뜨거운 용기를 전해주신 분들이 참으로 많았다. 내 책을 읽고 승무원이 될 수 있었다고 찾아와 준 후배들, 동고동락하던 동료들, 신앙심 깊은 우리 부모님 그리고 이 모든 일을 주관하시는 하느님께 다시 한 번 지면을 빌어 감사를 드린다. 좋은 작품으로 은혜에 보답할 수 있다면, 나는 열정을 다해 쓰고 또 쓸 것이다.

편의설리부쟁춘 (扁宜雪裡不爭春)

'매화는 눈 속에 홀로 피어 고고하니 꽃들과 봄을 다투지 않는다.' 는 말이다. 위태로운 고비마다 나는 이 말을 떠올리곤 했다. 이제껏 줄곧 그래왔듯 꿈을 이루는 길은 외지고 고독하나 믿고 그리며 끌어안는 만큼 길을 내주는 법이다. 어떤 순간에도 꿈만은 잃어버려선 안 된다. 자신을 믿는 사람만이 꿈의 위력을 실감할 수 있다. 그렇다. 너무 쉽게 이루어진다면, 그것은 진짜일 리 없다.

지 병 림

Walt Disney once said

"All our dreams can come true! if we have the courage

to pursue them."

It could be tough for starters to break into the career

but keep trying and don't give up.

So prepare to take on one of the most rewarding jobs

in the world

and realize your dream of becoming a cabin crew.

Best of luck!!!

—카타르항공 매니지먼트—

내 마음의 안식처는 '꿈'

KBS WORLD Radio

عائشة جي بيونغ ريم: القدر ساقها إلى قطر!

...بيرة المضيفات الآنسة "جي بيونغ ريم"، واسمها العربي "عائشة". تعمل في شركة الخطوط الجوية القطرية منذ عام 2007، وقد أحبت الثقافة العربية والإسلامية، كما أحبت الحياة في قطر وألفت كتابا عنها بعنوان "قطر الجذابة"، ...رادت من خلاله أن تستعرض الفروق بين كوريا وقطر من ...ناحية الثقافة والدين وغيرها.

...يقول "جي" إنها تعتقد أن القدر هو الذي ساقها إلى قطر ...المنطقة العربية، وأنها تؤمن بأن الله قد بارك في تلك المنطقة، ...شيرة إلى أنها تشاركت في السكن مع زميلاتها في العمل من ...لمسلمات العربيات حيث تعرفت منهن على الثقافة العربية ...الإسلامية بشكل مباشر.

...ويحكي الآنسة "جي بيونغ ريم" أو عائشة، عن إعجابها

외항사 영어면접
기출질문 및 예시 답안

1. Do you have any idea about arabic culture?

아랍 문화에 대해 알고 있는 게 있나요?

▶ 예시답안1

"Islamic civilization was originated in Byzantine Empire. The Mecca was the center of business, religion, finance thorough the history. Arabic culture has been gained tremendous power and energy from huge desert and oasis. Everything they acquire from the nature was considered as a blessing from God. Arabic culture created beautiful treasures and constructions and jewelries. Rule of the daily life is based on Koran. The holy month of Ramadan is the most specific culture in them. People do fast during the day time. People fast during the day when the sun rises. They don't drink a sip of water and those people who doesn't fast have to respect this culture. Non-Muslim foreigners should also refrain from eating, drinking and smoking in public places. As far as I am concerned, This custom is to share the pain of naked and hungry people and experience the mysteries of the community. This is also written in Koran. and the Islamic religion, the foundation of their culture, is the most important requirement for their successful life."

:네, 이슬람 문명의 기원은 비잔틴 제국에서 시작되었습니다. 메카

는 경제, 종교, 금융 등 역사의 중심입니다. 아랍문화는 거대한 사막과 오아시스에서 엄청난 힘을 얻어왔습니다. 자연으로부터 얻는 모든 것을 신의 축복으로 여겼습니다. 아랍문화는 아름다운 보물과 건물, 보석을 많이 만들어냈고, 생활의 율법은 이슬람 성경인 '코란'에 근거를 두고 있습니다. 신성한 라마단은 이슬람 문화 가운데 대표적인 것으로, 사람들은 해가 떠 있는 낮 동안 철저히 단식합니다. 물 한 모금도 마시지 않으며 이 기간을 거룩하게 보냅니다. 무슬림이 아닌 외국인들도 공공장소에서는 먹고 마시며 흡연하는 것을 삼가야 합니다. 이 관습은 헐벗고 굶주린 사람들의 아픔을 함께 나누며 공동체의 신비를 체험하기 위한 것이라고 알고 있습니다. 이 역시도 코란에 적힌 내용이며, 그들 문화의 근간인 이슬람 종교는 성공적인 삶을 이루는 데 가장 중요한 요건입니다.

▶ 예시답안2

"I heard that alcohol and pork are strictly prohibited in Qatar underIslamic rule. Fortunately, I don't like drinking and eating pork barbecue so that is not going to be my difficulties when I join your company. I can drink and eat in the layover out of Qatar. Wouldn't it be a blessing to live in a sacred and holy area which are not allow to drink alcohol and eating some particular meat in life. That is all about different culture and that is also a challenge. I think it is very valuable to accept and learn a new culture to grow on my own."

:카타르는 이슬람 율법에 따라 술과 돼지고기 반입이 엄격히 금지되어 있다고 들었습니다. 다행히 저는 술과 돼지고기를 즐기는 편이 아니라 그것 때문에 도하 생활에 어려움을 겪지는 않을 것입니다. 원하면 비행기간에 체류국가에서 얼마든지 먹을 수 있지 않겠습니까? 이슬람 율법에 따라 술과 특정 음식을 금하는 신성한 지역에 살아보는 것도 긴 인생 여정에서 축복이지 않을까요? 다른 문화와 새로운 도전은 스스로 성장하기 위해 받아들이고 배울 만한 충분한 가치가 있다고 생각합니다.

◀해설▶ 한국, 중국, 일본, 태국, 필리핀 등 같은 아시아권 나라라 하더라도 언어, 문화, 역사, 경제 수준이 전혀 다르고, 각 국가의 자존심과 긍지는 존중받아야 한다. 같은 이치로 아랍항공사에서 일하기를 희망한다면서 아랍문화에 대한 무지를 드러낸다면 달가울 리가 없다. 그러면서 귀사와 함께하고자 한다면 거짓말로 들릴 것이다.

2. What do you think of Arabic people?
아랍사람들에 대해 어떻게 생각하나요?

▶ 예시답안1

"I think we have lots of things in common between Arabic and Korean culture. Arab women cover their faces and bodies with Abaya and hijab when they go out, and Korean women also went out in the same clothes during the Joseon Dynasty. Women have to follow very strict rules to be a good wife and mother and daughter for the life. And men have to support the whole family. Men and women were strictly separated, and they can not sit together before they get officially married. Seniority with full respect for older people was our cultual heritage. Big family with grand parents and grand children respects their own family culture. Now modernized Korean ladies don't cover their face. However decent ladies who are well-educated always dress up and value manners toward elders. The trains also have separate seats for the elderly and pregnant women, and much of our living standards and cultural customs are found in Arab culture as well. For this reason, I think that will be very easy to understand and accept each other."

:아랍과 한국 문화는 서로 공통점이 많다고 생각합니다. 아랍여성들은 외출할 때 '아바야'와 '히잡'으로 얼굴과 온몸을 가리는데, 한국 여성들도 조선시대에는 같은 복장으로 외출을 했습니다. 여자들은 현모양처가 되기 위해 엄격한 규칙을 따라야 했고, 남편은 가족을 책임지고 부양해야 했습니다. 남녀가 엄격히 구분되어 결혼 전에는 동석할 수조차 없었습니다. 웃어른을 공경하는 예절은 대가족제도가 물려준 문화유산이기도 합니다. 현재 한국여성들이 외출할 때 얼굴을 가리지는 않지만 교육을 잘 받은 여성일수록 복장을 갖추어 입고, 웃어른에 대한 예의를 중시합니다. 전철에도 노약자나 임산부를 배려한 좌석을 따로 마련하는데, 우리가 갖고 있는 생활규범이나 문화적 관습의 상당부분은 아랍문화에서도 똑같이 발견됩니다. 저는 이런 이유로 한국과 아랍인들이 서로를 이해하고 쉽게 받아들일 수 있

다고 생각합니다.

▶ 예시답안2

"Local Arabic people who noticed in TV commercials were very gentle and relaxed. That was just not a relaxation for me, it was coming from the their confidence. All the country's names in the Bible reflects that Arabic people firmly believe that they are blessed by God. I want to go through a new Islamic world which I have never experienced before."

:텔레비전 광고에서 본 아랍사람들은 아주 예의바르고 여유로웠습니다. 단순한 여유가 아니라 그들이 가진 자신감에서 흘러나온 것이었습니다. 성경에 등장하는 모든 나라의 이름과 그 나라 국민인 아랍사람들은 신으로부터 축복을 받았다고 믿습니다. 저는 이슬람세계로 날아가 이전에는 경험해보지 못한 새로운 세계를 체험해보고 싶습니다.

◀해설▶ 아랍문화에 대하 이해도를 묻는 문제는 아랍국영항공사 면접에서 가장 출제빈도가 높은 질문 중 하나이다. 합격할 경우 한국과는 다른 낯선 이슬람 국가에서 잘 적응할 수 있겠는가 판단하기 위한 질문이다. 잘못된 풍문이나 편견에서 생긴 적대감이 있을 수도 있다. 아랍항공사에 지원을 한다면서 자신이 일하게 될 곳에 대한 배경지식이 없는 사람들이 의외로 많다. 대한민국 기업에 취업을 원하는 동남아 응시생이 김치를 일본 음식이라고 말한다든가, 한국 문화를 중국이나 필리핀 문화와 혼동한다면 면접관 기분이 어떻겠는가? 한

술 더 떠서, 일본 기업에 취업하고 싶었는데 한국 기업에서 먼저 연락이 왔다거나, 태국에서 일한 경험이 있으니 사정이 비슷한 한국에서 적응하는 것이 뭐 어렵겠느냐는 식으로 말한다면 듣는 면접관도 참으로 난감할 것이다.

3. What kind of person are you?/ Why should I hire you?

　　당신은 어떤 사람인가요? / 우리가 왜 당신을 고용해야 하나요?

▶ 예시답안1

"I am a person like water. I am a very good listener, I am indispensable to listen to others. At the same time a good problem solver. Most of the colleagues often confide in me on conflicts that they can't tell anyone. People fee very comfortable with me as I provide my attentiveness and sound recommendations. I try to stay attentive and listen to each detail. Therefore, I am able to provide recommendations to help reconcile the problem and issue. I'm a quiet behind the scenes person, but when I'm gone, people notice my absence and sent text messages saying they miss me at the office.I feel honored and pleased when I hear comments like this. I know I'm well respected by my colleagues and friends. Just as humans cannot survive without water, I am happy that I am as essential to others just like water."

:저는 한 마디로 물과 같은 사람입니다. 타인의 말을 경청하고, 문제까지 해결해주는 없어서는 안 될 존재입니다. 저와 함께 일하는 사람들은 대부분 누구에게도 말 못 할 고민을 쉽게 털어놓곤 합니다. 다른 동료와의 분쟁이나 개인적인 문제까지도 말입니다. 그들은 언제나 제가 중재해주기를 원합니다. 사람들은 저와 함께 있을 때 심리적인 안정을 느끼는 것 같습니다 제가 휴가를 가느라 사무실을 비웠을 때 동료가 문자메시지를 보내서 뭔가 중요한 것이 빠진 느낌이라고 하소연한 적이 있습니다. 그 말을 들었을 때 제가 제 주변사람들에게 꼭 필요한 존재로 자리 잡았다고 느꼈습니다. 인간은 물 없이 생존할 수 없듯이 저도 다른 사람들에게 물처럼 필수적인 존재라는 것이 행복합니다.

◀해설▶ Why should I hire you?가 돌직구라면 이 질문은 있는 그대로 지원자 자신에 대해 설명해보라는 담백한 질문이다. 기억해야 할 것은 이 질문 역시 이력서에 있는 사실을 확인하고자 하려는 게 아니라는 점이다. 자신을 사물이나 색상이 가진 특징에 빗대어 간략하고 재치 있게 표현한다면 깊은 인상을 남길 수 있다.

▶ 예시답안2

: "I am a sunflower type of person. I am very outgoing and approachable person who easily gets along well with anyone. I am always trying to see the positive side of the aspect. I tend to set the goals and pursue to achieve through the my life. "Think positively and act positively!" That is my life motto. I consider myself as a person like a sunflower, my favorite flower. The energy from the sunflower makes me very energetic and acceptable who can get along with anyone. I want to maintain this good energy in the cabin and give you a bright smile that you will never forget when greeting passengers."

:저는 해바라기와 같은 사람입니다. 굉장히 활달해서 누구와도 쉽게 어울릴 수 있는 성격입니다. 항상 모든 일의 긍정적인 부분을 보려고 노력하며 언제나 제 삶의 목표를 추구하고자 합니다. 긍정적으로 생각하고 행동하는 것이 제 삶의 좌우명입니다. 스스로를 제가 가장 좋아하는 꽃인 해바라기 같은 사람이라고 여깁니다. 해바라기가 주는 에너지가 저를 누구와도 잘 어울릴 수 있는 진취적이고 적극적인 사람으로 만듭니다. 저는 이 좋은 기운을 기내에서도 잘 유지해 승객들을 맞이할 때 결코 잊을 수 없는 밝은 미소를 드리고 싶습니다.

◀해설▶ 위에 소개된 두 답변에서는 이력서에 기재된 내용의 반복을 볼 수 없다. 이력서로 헤아릴 수 없는 내용을 추가로 확인하고 긍정적인 인상을 줄 수 있는 기회로 만들어야 한다. 이력서에 적힌 나이, 성별, 학력, 경력, 영어성적 이상의 스펙, 말하자면 책임감, 성격, 저력 등을 낱낱이 드러내야 할 시간이 면접이다. 면접관은 꼬리질문을 통해서 당신이 이기적인지 배려심 깊은지, 조신하고 속 깊은 지성미의 소유자인지를 알고자 한다.

면접 포인트는 의욕과 능력이 있는 사람임을 보여주는 것이 관건이다. 능력이 없으면 하고 싶다고 해도 일을 할 수 없다. 일은 할 만하지만 의욕적이지 않은 사람한테 일을 맡기는 것도 어렵다. 면접관은 의욕과 능력이 있는지를 파악한 후 그때부터 지원자가 회사의 전통, 성향, 이미지에 어울리는 사람인가를 판단하기 시작한다. 대부분의 아랍항공사는 나쁜 기후조건에도 불구하고 세계 최고가 되겠다는 진취적인 자세로 하나같이 사막의 기적을 이루어내고 있다. 적극적이고 도전적이면서도 원만한 성격의 지원자를 선호한다.

4. Could you please describe yourself?

자신이 어떤 사람인지 설명해주실 수 있나요?

▶ 예시답안1

"My name is Ji-Sun. You can call me 'Sunny'. I'm a passionate and bright person like the sun, so I'd appreciate it if you could call me Sunny. I learned about this job, cabin crew when I got on a plane to meet my grandmother in Vancouver with my parents, Throughout the eight-hour flight, the crew were friendly and kept smiling. the lady was so kind and nice with smile on her face. I wondered how a person could keep smiling for that long. I was curious and went to the galley to ask the secret and the way to be a cabin crew. She showed me the company website and gave me lots of tips about the qualification such as health, make-up and foreign languages. After that, I took part in he flight attendant experience class hosted by Airline A and got the hang of it. It was a four-day experience class, but I couldn't control my desire to become a cabin crew because it was a touching and exciting experience."

:제 이름은 지선입니다. 저는 태양처럼 열정적이고 밝은 사람이니, '써니' 라고 불러주시면 감사하겠습니다. 부모님과 함께 밴쿠버에 계신 할머니를 만나러 가려고 비행기를 탔을 때 처음으로 항공승무원이란 직업을 알게 되었습니다. 8시간의 비행시간 내내 승무원들은 친절했고 미소를 잃지 않았습니다.

저는 그 모습을 보면서 어떻게 오랜 비행시간에도 불구하고 활기 넘칠 수 있을까 궁금해졌습니다. 저는 기내 주방으로 가서 노하우와 승무원이 되려면 무엇을 준비해야 하는지를 물었습니다. 그녀는 회사 홈페이지 주소를 알려주며 체력, 메이크업, 외국어 등에 관한 몇 가지 조언을 해주었습니다. 그 후 A항공사에서 주최하는 승무원 체험교실에 참가하여 감을 익혔습니다. 4일간의 체험교실이었지만 감동적이고 설레는 경험이어서 승무원이 되고 싶은 마음을 주체할 수 없었습니다.

◀해설▶ 이 답변은 응시생의 목표 지향적인 성격과 열정이 보여주기 위해 자신을 태양의 특성에 빗대고 있다. 자신을 태양같이 열정적인 사람이며 외항사 승무원이 되기로 마음먹은 동기까지 소개함으로써 면접관이 꼬리 질문을 할 수 있는 여지를 준다. 이 대화는 승무원 인재를 선발한다는 핵심에 일맥상통하고 있다. 자신이 준비한 노력과 열정을 드러내기 위해 원하는 질문을 유도하는 지혜가 돋보인다.

5. What is the meaning of your name?
이름에 담긴 의미가 있다면 말해주시겠습니까?

"My name is Byung-lim. We Korean borrow the meaning from Chinese characters, and uses the characters "Byung to catch, hold or achieve" and "Lim" to beautiful forest. 'Forest has everything, such as trees, birds, fruits, animals, pond, flower, fresh air, water, and wind. It means all things in nature. So my name means to live by achieving what you want like everything in the world.

When I was born, my grandparents spent lots of money on consulting with namer to have a good name to match the fortune I had. The naming artist said that my owner was suitable for living in a wide world like a brave man, and that it would be beneficial for me to name an independent and strong man. That's why I named it a name that is not common in Korea as a woman's name. People never forget my name easily and remembered it well. I hope the interviewers remember it and call my name as often as possible."

:제 이름은 '병림'입니다. 한국은 한자에서 뜻을 빌려 쓰는데, '잡을 병'과 수풀 '림'자를 씁니다. 숲에는 나무, 물, 신선한 공기, 산새, 바람, 동물, 연못, 꽃 등 모든 것이 존재합니다. 말하자면 자연 만물을 의미하죠. 제 이름은 세상의 만물을 이루듯 원하는 바를 성취하며 살라는 뜻을 갖고 있습니다. 제가 태어났을 때 저희 조부모님과 부모님은 작명가를 찾아 제가 갖고 태어난 사주에 부합하는 이름을 짓느라

많은 돈을 쓰셨죠. 작명가는 제 사주가 용맹한 사나이처럼 넓은 세상에 나가 살기에 적합하다며 독립적이고 강인한 남자이름을 지어주는 것이 제 앞날에 이롭다고 했습니다. 그래서 한국에서 여자이름으로 흔하지 않은 이름으로 짓게 되었습니다. 덕분에 사람들은 제 이름을 쉽게 잊지 않고 잘 기억해주었습니다. 면접관님들께서도 제 이름을 기억하시고 자주 불러주셨으면 좋겠습니다.

◀해설▶ 이름은 사람을 만나 자신을 소개할 때 맨 처음에 나오는 부분이다. 외국인들은 한국식 이름을 발음하기 어려워하다가도 뜻글자의 의미를 풀이해주면 무척 흥미로워한다. 이름에 담긴 의미에 빗대어 자신을 설명하면서 자연스럽게 승무원이 되고자 하는 열정을 보탠다면 더 할 나위 없이 멋진 자기소개가 될 것이다. 이름에 얽힌 사연이나 배경을 소개하면서 면접과정에서 이름이 많이 호명되었으면 좋겠다는 바람으로 마무리 지음으로써 열정을 자연스럽게 드러내는 것도 좋은 방법이다. 어떤 답변이든 일관된 목표 안에서 고민해야 한다.

6. Could you please introduce your major?
　전공에 대해 간단히 소개해주시겠습니까?

▶예시답안

: "I majored in nursing in college. After graduation, I started to work in the emergency room in a large hospital. Working shifts for around 2 years, I was tired of dealing with patients all day long. All I can see in the work place are the blood and the rotten parts of organ and sometime patients dying on the operating table. I was desperate to find some motivation for valuable life.

At that time I met a young female cancer patient who was suffering from cancer and sentenced to six months' time limit and had a new turning point in my life. When I looked after her she suddenly told me her story. She flew all over the world as a cabin crew. She said that she had no regrets because she lived as a flight attendant. SHe said that life was a blessing that allowed her to travel around the world, meet various people endlessly. She said, "If God allows me to live again, I will go back to the time when I lived as a flight attendant without hesitation." I thought why I was not satisfied with my work and complaining about my patients.

I started thinking about the new career, cabin crew. That also gave me the valuable reason to live like her? I wondered if a flight attendant's life was so valuable. I sent her off to the other side of the world and prepared for a flight attendant interview immediately. Now I want to be a nurse on the flight. I hope that I can make the best use of my experience and knowledge from the emergency room. As a cabin crew, I can help the customers suffering from sudden illness on board."

:저는 대학에서 간호학을 전공했습니다. 대학을 졸업하고 대형병

원 응급실에서 간호사로 근무했습니다. 2년 동안 교대근무를 하면서 늘 환자들을 상대해야 하는 생활에 지쳐있었습니다. 피와 문드러진 장기들을 봐야 했고, 수술대 위에서 죽어나가는 환자도 봐야 했습니다. 저는 좀 더 가치 있는 삶의 의미를 찾고 싶었습니다.

바로 그때 6개월 시한부를 선고받은 젊은 여성 암환자를 만나면서 제 인생에 새로운 전기를 맞았습니다. 그 환자를 돌보고 있는데 그 환자분이 항공승무원으로 살았던 과거에 대해 얘기하는 것이었습니다. 자신은 6개월밖에 더 살지 못하지만 승무원으로 살았던 삶이 있어 아쉬움이 없다고 했습니다. 전 세계를 누비고 다양한 사람들을 만나 끝없이 베풀어줄 수 있었던 삶이야말로 축복이었다며 감사하다고 말했습니다. 신이 한 시절 다시 살게 해주신다면 주저 없이 승무원으로 살던 때로 돌아가겠노라고 말했습니다.

그녀 이야기를 들었을 때, 저는 일상에 지쳐 환자들에게 짜증을 내고 있는 자신을 생각했습니다. 그리고 승무원의 삶이 그토록 가치 있는 삶일까에 대해서도 고민했습니다. 그 환자분을 저 세상으로 떠나보내고 승무원 면접을 준비했습니다. 이제 저는 기내의 간호사가 되기를 원합니다. 응급실에서 쌓아온 제 경험과 지식이 기내에서 갑자기 아파서 고통 받는 승객을 위해 쓰이게 되기를 바랍니다.

◀해설▶ 전공이 어떤 학문인가를 객관적으로 설명하기보다는 전공에 얽힌 삶의 철학과 포부를 표현한다. 졸업하기 위해서 치열하게 살았던 사연이나 거기서 깨달은 삶의 지혜를 덧붙인다. 전공과 관련된 직장생활을 한 경험이 있다면 왜 승무원으로 이직하려고 하는지, 동기부여가 된 사건을 소개하는 것도 호소력 있다. 단순한 질문이라

도 단답형으로 대답하지 말고 항공승무원으로서 자신이 배운 바를 어떻게 활용할 수 있을지 진지하게 표현하는 능력을 키워야 한다. 면접관이 콕 집어서 당신의 전공이 궁금하다고 말하면, 이제야말로 유감없이 이력서 내용을 부연설명 할 때다. 본격적으로 취업을 준비하기 전까지 어떤 인생을 살아왔으며 전공과목을 공부하면서 무엇을 배웠고, 업무 현장에서 그것을 어떻게 활용할 수 있을지를 연결 지어 지적능력을 강조하는 것이 중요하다.

7. What is your strength?
당신의 강점은 무엇인가요?

▶예시답안

: "My strength is the independent personality. I am from Busan, the second biggest city in Korea. I have been working alone since I attended the college in Seoul. I had to cook, clean by myself. Also I should eat and sleep alone. And I always had to work to earn money as part timer, a private piano tutor, a baby-sitter, a waitress during that time. My parents supported me the university tuition. But except school fees I should support myself to buy grocery, clothes, shoes, and books. Through those days I became quite an independent person. I did not feel disappointed just because I lived far from my family. For me everyday is a new challenge to meet different people and world.

I am very excited to live with flat mates from different countries. I will bring Korean traditional dolls and souvenirs to show them how beautiful Korea is. I will also learn their culture and custom to broaden my horizon. I think a cabin crew will be the perfect job to be more independent and experience the other side of the world."

:저는 독립성이 강한 것이 장점입니다. 고향이 부산이라 20살 이후 서울에서 대학을 다니며 일하는 내내 혼자 생활했습니다. 혼자 요리하고, 청소하고, 밥 먹고, 잠을 잤습니다. 대학 시절에는 피아노강사, 아기 돌보미, 웨이트리스 일로 아르바이트를 병행했습니다. 부모님께서 4년 동안 등록금을 지원해주셨지만, 생활비나 쇼핑하는 데 드는 용돈은 스스로 감당해야 했습니다. 당시는 고되고 힘들었지만 나중에는 저를 독립심이 강한 사람으로 만들었습니다. 저는 가족과 멀리 떨어져 지낸다는 이유만으로 울음을 짜는 사람이 아닙니다. 새로운 사람과 세상을 만나는 하루하루가 새로운 도전입니다. 다른 국적의 친구와 한 집에 살게 된다는 상상만으로도 설렙니다. 한국전통인형과 기념품을 가져가 한국이 얼마나 아름다운 나라인지 보여주고 싶습니다. 다른 민족의 문화와 관습을 배워서 성숙한 독립체로 성장하고 싶습니다. 그런 의미에서 승무원이 저에게 딱 맞는 직업이라고 생각합니다.

8. Do have any flying experience? How long did you work for it?

비행경력이 있나요? 있다면 얼마나 근무했죠?

: "Yes. I have worked as a domestic flight attendant for about 7 months. I didn't have much experience dealing with customers when I first joined the company, so I didn't do well on the flight. Although it was domestic flight we hadsome foreign customers as well. but I was embarrassed when I saw foreigners. I ended up resigning because of a lot of mistakes which made me so frustrated. I felt really mixed up when I had to quit my job because of my mistake. I had mixed emotions when I had to leave the former job. I felt free on the other hand.

However I deeply regretted not to do my best to the end. I should have struggled to improve my communication skills to overcome it. I tried to regain my confidence by improving my communication skills in English. As you can see, my English is pretty good. When team members worked as one as a family, I miss myself being able to share in-flight drinks and meals as much as I want. If you give me the opportunity one more time, I would like to devote my life."

:네, 7개월 정도 국내선 승무원으로 일한 적이 있습니다. 입사 초반에는 고객을 응대해본 경험이 별로 없어서 비행업무를 잘 해내지 못했어요. 국내선이라도 가끔 외국인 승객이 있었는데, 외국인만 보면 당황해서 어쩔 줄 몰라 했죠. 실수가 많아 결국 사표를 내고 말았어요. 제 실수 때문에 직장을 그만둬야 했을 때는 정말 착잡한 심정이

었어요. 지금은 좀 더 극복하려고 하지 않고 포기한 것을 깊이 후회해요. 영어의사소통능력을 키워서 자신감을 회복하려고 노력했어요. 지금은 보시다시피 제 영어실력은 괜찮은 편입니다. 팀원끼리 가족처럼 하나가 되어 일하던 시절, 기내음료와 식사를 마음껏 나눠드릴 수 있었던 제 모습이 그립습니다. 승무원으로 일할 기회를 주신다면, 제 인생을 걸고 헌신하겠습니다.

◀해설▶ 질문을 받으면 먼저 면접관이 질문한 의도를 파악하고, 무조건 결론부터 답해야 한다. 서두를 길게 늘어놓아 면접관을 식상하게 만들면 배가 산으로 가고 만다. 면접관이 당신에게 계속 흥미를 갖도록 대답을 이어가는 것이 요령이다. 위 질문은 단기간 승무원으로 일했던 경험이 있는 응시생에게 어떤 문제가 있어서 사직했는지 묻고 있다. 솔직하게 당시의 문제점을 고백하고, 극복하기 위한 노력과 지금의 새로운 마음가짐을 보여줘야 한다. 묻는 답에 결론부터 말하고 면접관이 왜 이 질문을 던졌는가를 꿰뚫어서 답변을 마무리하고 있다.

9. Have you ever applied for other airlines?
   다른 항공사에 지원한 적이 있습니까?

▶예시답안1

: "I applied for various airline for several times. I have applied for many airlines to get experiences for the interview. Whenever I found the recruitment, I just applied without any hesitation to build the support. I want to see and go through what's going on. I believe that failure is the mother of success. I have been through many failure to be here. I hope this time will turn out that old saying is true. I want to be a big fish in a big pond through working as a cabin crew travelling more than 100 countries in your company. That is the most successful life for me."

:네, 여러 항공사에 지원한 경험이 있습니다. 꼭 합격을 목표로 했다기보다 면접경험을 쌓기 위해서 공채가 날 때마다 망설이지 않고 지원했습니다. 항공사 면접이 어떻게 진행되는지 감을 잡기 위해서였습니다. 여러 번 실패해서 이 자리까지 왔지만, 실패의 경험이 성공의 어머니라고 굳게 믿습니다. 이번에는 그 속담이 진리라는 걸 증명해 보이고 싶습니다. 저는 넓은 세계를 항해하고 싶습니다. 전 세계 100여개 도시를 누비는 항공승무원으로 일하면서 성공한 삶을 누리고 싶습니다.

▶예시답안2

: "This is my first interview with an airline company. But I have been preparing myself for more than one year. Every month I had monthly plans to improve my English. When I got a pleasing score after I started study group to practice English for group discussions. Everyday I smiled at the mirror every morning practice habits. Good manners, study and makeup, learned a lot of fun. It was the most difficult part is to compete with myself, not against the other. When I wanted to give up, I told myself to be much stronger. Today I am very happy to have a chance to show how well I prepared so far. I am looking forward to getting any opportunity to use my skills and to grow with your company. After 5 years I want to be a good supervisor who can share my experiences and lessons with my colleagues."

:아닙니다. 이번이 첫 도전입니다. 하지만 1년 이상 면접을 준비해 왔습니다. 매달 계획을 세워 영어실력을 향상시키고, 그룹디스크션을 위한 영어스터디 모임을 결성해 만족스러운 점수도 받았습니다. 매일 거울을 보고 미소 연습을 했고, 아침 운동을 습관화했습니다. 공부, 화장법, 예절 등도 재미있게 배웠습니다. 가장 어려웠던 부분은 스스로와 경쟁하는 일이었습니다. 포기하고 싶을 때면 스스로에게 강해지라고 다그쳤습니다. 오늘 지금까지 얼마나 열심히 준비했는지 보여드릴 수 있어서 행복합니다. 준비된 제 모습을 보여드리고 귀사와 함께 성공하고 싶습니다. 5년 뒤에는 그동안 쌓아온 경험과 교훈을 나눠줄 수 있는 멋진 관리자가 되고 싶습니다.

◀해설▶ 항공사 응시 경험이 많으면 많다고, 처음이면 처음이라고 솔직하게 말한다. 경험이 없는데도 촌스럽게 보일까봐 거짓으로 답하면 금방 탄로 나게 마련이다. 다른 경쟁사에 응시경험이 있으면 있다고 대답하되 두 항공사를 비교하거나 깎아내리는 답변은 하지 않도록 한다. 이 질문은 승무원이 되기 위해 응시자가 얼마나 많은 노력과 시간을 들였는가 알아보려는 의도가 숨겨져 있다. 응시경험

을 통해서 느낀 귀중한 삶의 지혜와 자신과의 싸움을 통해 발전한 능력을 귀사에서 펼쳐보고 싶다는 바람으로 이야기를 이어간다.

10. What makes you apply for this position?
어떻게 이 직종에 지원하게 되었습니까?

▶예시답안1

: "Being a cabin crew has been my only dream since I was young. My parents were both cabin crews when they first met. I believe that all the feelings and love I have are from the sky. I feel very familiar to all different kinds of aircrafts and the various expression of the sky. Naturally flying and working in the sky, not on the ground, became my dream. I know it is quite a challenging job and at the same time it is quite valuable job. Cabin crew's role is to offer customers comfort and convenience. And once-visited customers want to return because they know that safety is paramount."

:항공승무원이 되는 것은 어려서부터 제 유일한 꿈이었습니다. 부모님이 처음 만나셨을 때 두 분 다 승무원이셨습니다. 그래서 저의 모든 감정과 사랑이 모두 하늘로부터 왔다고 믿습니다. 저는 서로 다른 기종의 비행기와 갖가지 하늘의 표정에 익숙합니다. 신기하게도 하늘을 내다보며 일하는 것이 제게는 자연스러운 일처럼 느껴집니다. 항공승무원이란 직업은 생각처럼 쉽지는 않지만 근사하고 해볼 만한

도전이라고 생각합니다. 승무원은 한 번 찾은 승객이 다시 찾고 싶다는 마음을 갖도록 승객의 편의를 도모하고 최고의 서비스를 제공해야 하지만, 안전이 무엇보다 중요하다는 것을 잘 알고 있습니다.

▶예시답안2

: "Honestly speaking, I applied for this position because it looks really gorgeous. When I was travelling to Vancouver with my colleagues on business, I saw foreign cabin crew for the first time in my life. They were quite well groomed and looked smart all through the flight. and she was so cool that I couldn't take my eyes off him throughout the flight. I still can't forget the appearance of a Korean flight attendant who worked with foreign colleagues in fluent English. She talked to anyone of any nationality alone without any help. Being fascinated by her independent and confident appearance, the flight attendant became my dream. I wasn't happy to be stuck in the office and work on the ground. I thought it would be sad if I had to be born as a human and live on the ground. Why should I be stuck in a stuffy office and not be able to see the sky in broad daylight when some people travel to the moon and others travel through the deep sea? I prepared sincerely and practice very hard for the interview. I am very happy to be here to introduce myself here!"

:솔직히 말해서, 저는 이 직업이 멋있어서 지원하게 되었습니다. 예전에 동료들과 함께 밴쿠버 출장을 갔을 때, 외항사 승무원을 처음 보았는데, 너무 멋있어서 비행 내내 눈을 뗄 수 없었습니다. 외국인 동료들과 유창한 영어로 대화를 나누며 일하던 한국인 승무원의 모습은 지금도 잊을 수 없습니다. 그녀는 어떤 국적의 사람하고든 도움 없이 혼자 대화를 풀어나갔습니다. 독립적이고 자신감 넘치는 그녀의 모습에 매료되어 외항사 승무원은 제 꿈이 되었습니다. 사무실에서 갇혀 땅에만 발붙이고 일하는 것이 행복하지 않았습니다. 인간으로 태어나서 땅에만 붙박여 살아야 한다면 슬픈 일이라고 생각했습니다. 어떤 사람은 달을 여행하고, 또 어떤 사람은 심해를 잘도 누비는데 왜 나는 답답한 사무실에 갇혀 대낮 하늘도 마음대로 못 보고 살아야 하나? 한숨이 절로 나왔습니다. 그래서 열심히 공부하고 이번 면접을 진지하게 준비했습니다. 이 자리에서 제 자신을 소개할 수 있게 되어 행복합니다.

◀해설▶ 승무원의 화려한 겉모습만 보고 경험삼아 지원했는지, 뚜렷한 직업인으로서의 사명감을 갖고 도전한 사람인지를 확인하려는 질문이다. 캐빈 승무원은 승객들의 편안한 여행을 위해서 서비스를 제공하는 것은 물론이고 안전까지 책임진다. 승객들 입장에서는 서비스에 치중하는 것처럼 보이지만 우아하게 미소 지으며 거니는 와중에도 총기어린 두 눈으로 안전과 대처방안까지 계산하고 있다. 안전은 언제나 최우선이다. 매년 기종마다 다른 비행기의 기본구조와 안전을 숙지하고 시험에 통과해서 승무원 자격증을 갱신해야 비행을 계속할 수 있다.

한때 전직 승무원임을 사칭하고 다니는 가짜 승무원들이 사회적인 물의를 일으킨 적이 있다. 이들은 훈련기간 혹은 1년 미만의 인턴과정에서 탈락하여 온전한 승무원이라 말하기 어려운 사람들이다. 며칠 과정의 승무원체험교실을 이수한 경우도 있었다. 아예 승무원으로 살았던 날이 하루도 없으면서도 전직승무원이란 이름으로 승무원 교육사업까지 벌이고 있다. 10년 가까이 지구를 몇 바퀴 돌고도 남는 시간 동안 비행을 하지 않고서야 어찌 전직승무원 운운할 수 있을까. 승무원 생활을 오래 하지 않은 사람일수록 자신이 비행을 그만둘 수밖에 없었던 부정적인 사유들을 나열하느라 입이 바쁘다.

12. What is the most important qualification as a cabin crew?
승무원에게 가장 중요한 능력은 무엇이라고 생각합니까?

▶예시답안1

: "I think the professionalism is the most important virtue. This job, cabin crew is the most representative job in the service industry. It looks very gorgeous and fancy from outside. But I know that it might be quite a tough job as well treating people every sort and kind. If cabin crews are not proud of themselves and don't have professionalism about their career everyday will be a hell. People who love and take responsibility for their job is always the final winner in the end. This job makes us to travel all over the world and communicate with multinationals. After work cabin crews are rewarded to take a rest and enjoy themselves as guests in the 5-star hotel out of the aircraft. This time they have a chance to think about their passenger's feelings and needs when they get 5-star service in the hotel. Consideration make cabin crews dealing with passengers like their brothers and sisters.

:저는 프로의식이 가장 중요한 덕목이라고 생각합니다. 이 직업은 서비스 산업의 대표적인 직업입니다. 겉으로는 근사하고 화려해 보이지만 갖가지 사람들을 능숙하게 상대해야 하는 일에 분명 어려움이 있을 거라고 생각합니다. 승무원에게 직업에 자부심이나 프로의식이 없다면 매일 매일이 고생스럽기만 할 것입니다. 자신의 일을 사랑하고 자랑스러워하는 사람만이 최후의 승자가 된다고 믿습니다. 이 직업은 세계를 자유롭게 넘나들며 다국적 환경에서 소통해야 합니다. 그리고 기내에서 열심히 일한 승무원들을 오성급 호텔에서 편안하게 쉬며 재충전할 수 있도록 배려합니다. 승무원들은 오성급 호텔 게스트로서 타인의 서비스를 받으면서 승객의 입장을 다시 한 번 생각하게 될 것입니다. 프로의식과 배려심이야말로 승객을 내 가족처럼 생각하게 만드는 최고의 덕목입니다.

▶예시답안2

: "Punctuality is the most important qualification as a cabin crew. Making on time is very crucial for the person to take an airplane, especially for cabin crew. There is no excuse for a flight attendant to be late or have no concept of time. People who have a thorough concept of time always make a habit of preparing carefully in advance. So good preparation makes the person confident. On the other hand person who always late might be pressed for time and easily makes mistakes. That makes other people, such as passengers and colleagues nervous. So it doesn't look professional obviously."

:철저한 시간 엄수는 승무원이 지켜야할 가장 중요한 덕목입니다. 승무원이 지각을 하거나 시간개념이 없다는 것은 변명의 여지가 없는 일이라고 생각합니다. 시간개념이 철저한 사람은 늘 사전에 치밀하게 준비하는 습관을 들입니다. 사전에 준비를 철저하게 하면 자신감이 생기지만 허둥지둥 시간에 쫓기는 사람들은 늘 실수를 저지르게 됩니다. 그런 태도는 승객이나 동료를 불안하게 만듭니다. 프로다워 보이지 않은 모습입니다.

13. Did you have any difficulties when you work in service industry?

How did you handle it?

서비스업에서 일할 때 어려움을 겪은 적이 있습니까? 어떻게 해결했습니까?

▶예시답안

: "Yes. I did. When I worked in a hotel restaurant as an intern because I majored in hotel hospitality. I had a guest who kept on talking down to me. He shouted at me because his request was not served quickly. I was very embarrassed and at a loss, because even my parents never said anything to me. However, I approached the customer calmly and put the food he ordered on the table. But I accidentally dropped a teaspoon on the floor. Then the customer became more upset and began to speak even more severely. I almost was about to burst into tears. However I knew if I burst into tears in front of the customer, it looks very unprofessional. That kind of appearance was not only related to me, but also to the image of the hotel.It could bring dishonor to the hotel.

Hence I took a six-second deep breath, approached with a smiley face, picked up the dropped teaspoon on the floor, and brought him a new one. I treated the guest like my father, acting as if I had known him for a long time. I thought my father was speaking informally to me. Then I was able to stay calm and not panic anymore. My colleague said he would take care of the guest for me, but I asked him to leave it. He was my customer so I had to serve him until the last minute he left. Later the customer smiled at me and became friendly. He even complimented my attitude on being professional. I realized that I won. And I was sure that the customer would come back again. "

:네, 있습니다. 호텔관광이 전공이라 호텔 식당에서 인턴으로 일

한 적이 있었는데, 끊임없이 저에게 반말을 하는 손님이 있었습니다. 음식이 빨리 나오지 않는다며 고함을 치기도 했습니다. 부모님조차 저에게 막말을 하신 적이 없었기 때문에 당황해서 어쩔 줄 몰랐습니다. 하지만 침착하고 프로답게 마음을 다스리며 손님께 다가가 손님이 주문하신 음식을 앞에 놓아드렸습니다. 그런데 그만 실수로 티스푼을 바닥에 떨어뜨리고 말았습니다. 그 손님은 더욱 화가 나서 더 심하게 반말을 퍼붓기 시작했습니다. 저는 눈물이 쏟아질 것 같았지만 손님 앞에서 눈물을 터뜨린다는 것은 프로답지 못하다고 생각했습니다. 그런 모습은 저뿐이 아니라 호텔의 이미지와도 연관된 문제였습니다. 저는 6초 동안 심호흡을 하고 미소를 머금은 얼굴로 다가가 바닥에 떨어진 티스푼을 주은 다음, 새 걸로 갖다드렸습니다. 마치 그 손님을 오래 전부터 알고 지낸 듯이 행동하며 제 아버지처럼 대했습니다. 반말을 하면 나는 아버지가 제게 다정하게 반말을 한다고 생각했습니다. 그러자 더 이상 당황하지 않고 침착할 수 있었습니다. 동료가 제 대신 그 손님을 상대하겠다고 했지만 손님이 식사를 마치고 돌아가실 때까지 제 손님이니 제게 맡겨달라고 했습니다. 나중에는 그 손님이 미소 지으며 다정하게 대해주셨고 제 프로다운 자세가 마음이 든다고 칭찬까지 해주셨습니다. 순간 제가 승자가 되었다는 것을 깨달았고, 그 손님이 나중에 다시 찾아주실 거라고 확신했습니다.

14. Could you please tell me about your team experiences?

팀원으로 일한 경력에 대해 말해주시겠습니까?

▶예시답안

: "Yes, I have worked as a waitress in a Korean traditional

restaurant for six months. All the employees worked as a team, and each section was assigned by the manager. I had to be in charge of my area first, but every time the guests saw me, they asked me for something. I couldn't say no at any point of time. I always looked after the customers from other zone. I worked hard without complaints because I was a newbie, but later it turned out that other senior took it for granted, so I felt like I became a fool. So I took notes of what I did on a small piece of paper and showed them later, and the senior employee thanked me for my help. I was also grateful that she recognized my hard work. Later, when I was busy cleaning up empty plates or setting tables, I could also get help. Sometimes we have a little quarrel, but whenever we have a hard time, we have a conversation to help each other. Then everything went on very smoothly so that we could enjoy the work everyday. I also learned how to speed things up effectively and how to harmonize with others. I feel a strong sense of solidarity when I work as a team. Maybe that's why I still remember her as a good sister."

:예, 저는 6개월간 전통 한식당에서 웨이트리스로 일한 적이 있습니다. 모든 종업원들이 한 팀으로 일했는데, 지배인으로부터 각자 구역을 배정받았습니다. 저는 우선 제가 맡은 구역을 책임져야 했는데, 손님들은 저를 볼 때마다 여기저기서 무언가를 요청하셨습니다. 그러나 손님의 요구를 거절할 수 없어서 다른 구역의 일까지 도맡아 했습니다. 저는 신참이라 불평 없이 열심히 했는데, 나중에 알고 보니

다른 고참들이 그걸 당연하게 생각하고 있어서 제가 바보가 된 것 같았습니다. 그래서 고참을 대신해서 한 일들을 작은 종이에 메모해서 나중에 보여드렸더니 고참 종업원이 내 도움에 감사를 표했습니다. 저 역시 선배님이 제 노고를 인정해준 것이 고마웠습니다. 나중에 제가 빈 접시를 치우거나 테이블 세팅을 하느라 바쁠 때 저도 도움을 받을 수 있었습니다. 어떤 때는 사소한 다툼을 겪게 되지만 어려움을 겪을 때마다 대화를 통해 서로 힘이 되도록 풀어나갔습니다. 또한 일을 효과적으로 속도감 있게 하는 법과 다른 사람들과 조화를 이루는 법도 배웠습니다. 한 팀으로 일할 때는 강한 연대감을 느낍니다. 그래서인지 그 선배를 여전히 멋진 선배이자 좋은 언니로 기억하고 있습니다.

15. Did you have any conflict with your colleagues before?

전에 동료와 갈등을 겪은 적이 있나요?

▶예시답안

: "Actually yes. I had a colleague who just joined our team when I worked in a graphic design office. Most of the time I had to explain myself for something I didn't do just because my coworker didn't have the courage to say that she made mistakes. So I used to be framed instead. When I had a problem, I had to explain the whole story about things I didn't do. Far from being sorry, the junior took the situation for granted without saying "Thank you". Later, when she made another mistake, I didn't explain the situation to my boss instead of her. Then she put the blame on me and even argued with me in front of my boss. In fact, my boss was a good listener enough to understand both sides and make fair judgments. I explained the situation to him and talked to her openly, After talking out all the problems she apologized and appreciated my assistance. I felt much better. I believe that we human beings can make mistakes. Once we know, we have to deal with the consequences no matter what they are."

:사실 그런 적이 있었습니다. 그래픽 디자인연구소에서 일하던 시절, 막 입사한 신입 사원이 있었는데, 그녀가 실수를 할 때마다 용기가 없어서 실수를 인정하지 않아서 제가 대신 누명을 쓰곤 했습니다. 문제가 발생할 때면, 제가 하지도 않은 일에 대해 자초지종을 설명해야 했습니다. 그 후배는 미안해하기는커녕 고맙다는 말도 없이 그 상황을 당연하게 여겼습니다. 나중에 그녀가 또 실수를 했을 때 저는 그녀 대신 상사에게 상황 설명을 해주지 않았습니다. 그러자 그녀가 저에게 책임을 전가했고, 상사가 보는 앞에서 그녀와 언쟁까지 벌이게 되었습니다. 사실 저희 상사는 양측의 입장을 이해하고 공정한 판단을 내릴 만큼 남의 말을 잘 경청하는 분이셨습니다. 저는 그분께 여태까지의 상황을 설명하고 그녀와 터놓고 대화하면서 마침내 그녀의 사과를 받아낼 수 있었습니다. 그녀는 그동안의 배려에 고마워하기까지 해서 저는 한결 기분이 나아졌습니다. 인간은 누구나 실수하기 마련이고, 어떤 실수나 상황이든 해결할 수 있다는 걸 깨달은 좋은 경험이었습니다.

16. If am economy passenger want to have a meal from business class, how would handle it?

이코노미클래스 승객이 비즈니스클래스 기내식을 원한다면 어떻게 처리하시겠습니까?

▶예시답안

: "First of all, I will ask the customer the reason why. If his meal is not available, definitely I apologize and check whether there is extra meal left in the business class. However if the customer just keeps insisting just because he doesn't want to have economy meal, I can't bring the business meal for him. All the economy passengers have to be served equally. But I will offer the crew meal as alternative, in order to make the customer happy. I think being aware of passenger's needs and serving them with friendly attitude is very important. If I would say 'no' the customer is very embarrassed. Trying to find alternative and being flexible is the best way to solve the problem."

:우선 어떤 연유로 승객이 비즈니스클래스 음식을 찾으시는지 확인하겠습니다. 승객의 식사가 없는 경우라면, 바로 사과드리고 여분의 식사가 비즈니스클래스에 남아있는지 확인하겠습니다. 그러나 단지 일반석 음식이 마음에 들지 않는다는 이유로 억지를 부리는 것이라면 식사를 가져다 드릴 수 없습니다. 다른 이코노미 승객에게 공평하지 않은 처사이기 때문입니다. 그러나 입맛이 안 맞아 곤란을 겪고 계

시다면 대안으로 승무원 식사 중에서 마땅한 게 있는지 확인해보겠습니다. 승객의 요구를 알아차리고 기분 좋게 응대하는 것이 중요하다고 생각합니다. 무조건 안 된다고 답하면 승객이 당황할 테니 대안을 찾아보고 유연하게 문제를 해결할 수 있도록 모색하겠습니다.

17. Why did you leave your job?

왜 이전 직장을 그만두었습니까?

▶예시답안

"I have worked as a cabin crew for 2 years with ABC Airline. That was 2 years contract and I had to leave the company when the contract was expired."

: 저는 ABC항공사에서 2년간 승무원으로 일한 경험이 있습니다. 2년 계약이었고, 계약이 만료되면서 재계약이 되지 않아 회사를 떠나게 되었습니다.

▶예시답안

: "I worked as a ground staff at UFO Airline for one year. The company and colleagues were very warm and always treated me well. But my real dream was to be a cabin crew. I am sure that my experience as a ground staff will help me understand the flight attendant position. Based on previous experience, it will be easy to understand many flight data and systems in the same field. Skillfully handle all in-flight situations related to seating, reservations, and upgrades to higher classes."

:저는 UFO항공사에서 공항 지상직으로 1년간 근무했습니다. 회사와 동료들이 언제나 따뜻하게 저를 대해주었지만 제가 정말 하고 싶었던 일은 항공승무원이었습니다. 저는 지상직원으로 일한 경험이 승무원직을 이해하는 데 많은 도움이 될 거라고 확신합니다. 이전 경험을 토대로 같은 분야의 수많은 비행자료와 시스템을 이해하기가 쉬울 것입니다. 좌석배정이나 예약, 상위클래스로 업그레이드 하는 일과 관련된 모든 기내상황을 능숙하게 처리할 수 있습니다.

18. Have you ever applied before? Why do you think that you failed last time?

전에 응시한 적이 있나요? 지난번에는 왜 불합격했다고 생각하나요?

▶예시답안

: "Yes, I applied for the same position last time. But I had to wait about 6 months for the next open recruitment to try again. For the past six months, I have looked back myself seriously considered the reason for my failure. I realized that I should be more confident. To be confident for myself, I had to know myself more clearly. Why I want to be a cabin crew? Can I leave my family and hometown without any regret? Do I have enough ability to carry out this job? I got rid of all the negative ideas disturbed my mind for the future and became more focused on the study and interview skills. I came to know more about myself and how much I want to be a cabin crew. After 10 years I want to be a confident supervisor who grow up with the company."

:네, 지난번에도 승무원직에 응시한 경험이 있습니다. 그러나 다음 공채 때까지 6개월을 기다려서 재도전해야 했습니다. 지난 6개월 동안 제 자신을 돌아보면서 불합격 이유에 대해 진지하게 고민했습니다. 더욱 자신감을 가져야 한다는 사실을 깨달았습니다. 자신감을 가지려면 스스로에 대해 정확하게 알아야 했습니다. 내가 왜 승무원이 되려고 하는지, 가족과 고향과 남자친구를 남겨놓고 홀로 떠나 후회 없이 살 수 있을 것인가 곰곰이 생각해보았습니다. 그리고 이 직업을 수행할 충분한 능력이 있는지도 점검해보았습니다. 저는 마음속의 부정적인 생각을 떨쳐버리고, 공부와 면접 전략에 집중했습니다. 제가 얼마나 이 직업을 원하는지에 대한 확신도 갖게 되었습니다. 5년, 10년 후 저는 자신감 넘치는 관리자로서 회사와 함께 성장하는 인물이 되고 싶습니다.

19. Have you ever get any feedback from your boss?
상사로부터 피드백을 받은 적이 있습니까?

: "Obviously, I believe everybody gets feedback whether it is good or bad. At the end of the day, everyone need to be evaluated for the job they did. It is very helpful for workers to improve job skills and motivation."

:물론이죠. 내용이 좋든 나쁘든 누구나 피드백을 받을 수 있습니다. 하루 업무가 끝나면 자신이 한 일에 대한 평가를 받을 필요는 있습니다. 그래야 발전할 수 있고 업무능력과 동기부여를 계속 유지할 수 있을 것입니다.

20. Have you ever made your boss or coworkers disappointed?
    상사나 동료를 실망시킨 적이 있습니까?

▶예시답안

: "I have never done like that! When it comes to work, everybody should do their best. I also committed about work every day."

:그런 적은 없습니다. 일에 관한 한 사람들은 최선을 다합니다. 저 또한 매일 일에 대해서는 최선을 다하고 있습니다.

21. Have you ever judged someone in wrong way at first and changed your mind afterwards?

처음에 다른 사람에 대해 잘못 판단했다가 나중에 생각을 바꾼 적
이 있나요?

▶예시답안

: "That happened when I was in school. I learned I should respect other people's reason why they choose to do. So I try not to judge people on my way."

:학교 다닐 때 그런 적이 있습니다. 누구든지 어떤 행동을 할 때 반드시 이유가 있기 때문에 사람을 내 마음대로 판단해서는 안 된다는 것을 알게 되었습니다.

22. Have you ever suggest any creative opinions to your senior? Have you ever give any advice to your coworkers?

선배동료에게 창의적인 의견을 제안해본 적이 있습니까? 동료에게 조언을 해준 적이 있습니까?

: "Yes. No one is perfect. We always seek advice and better ideas from coworkers. Sometimes we give advice to enhance the work environment."

:네, 세상에 완벽한 사람은 없기 때문에 우리는 동료에게 조언을 받습니다. 때로는 업무 환경을 개선하기 위해 조언을 하기도 합니다.

23. Have you ever accepted your coworker's suggestions(from junior)?

동료(후배)의 제안을 받아들인 적이 있습니까?

: "Yes. Of course, There is no reason not to be accepted. I'm sure my ability can be improved when I actively accept other people's advice."

:네, 물론 있습니다. 받아들이지 않을 이유가 없지요. 내 능력이 분명히 개선되기 때문에 저는 적극적으로 조언을 받아들입니다.

24. Have you ever convinced your coworkers when you have a conflict with them?

동료와 갈등을 겪고 나서 동료를 설득한 적이 있습니까?

: "Yes. We came to understand each other during the conversation, supplementing our opinions with facts and evidence sincerely."

:네. 우리는 사실과 증거를 갖고 각자의 의견을 보완하면서 대화를 하는 동안 서로 납득하게 되었습니다.

25. What is your own definition of best service? Have you ever offer that kind of service to your customers?

최상의 서비스를 당신은 어떻게 정의내리고 싶습니까? 고객에게 그런 서비스를 제공한 적이 있습니까?

: "The best service should be done from the heart. Customers were the guests visiting my house. I treated them with hospitality."

:최상의 서비스는 마음에서 우러나는 서비스입니다. 고객을 내 집에 온 손님으로 생각하면 어떻게 하는 것이 좋은 접대가 될지 알 수 있습니다.

그룹 디스커션에서 주로 쓰이는 표현

 그룹 디스커션은 면접관이 정한 토의 주제라는 결론에서 출발하기 때문에 한 조를 이룬 응시생들은 제한시간 안에 미션을 달성하기 위해 순발력 있게 대처해야 한다. 디스커션을 이어가는 내내 미소를 띠고 상대방의 의견을 긍정적인 마음으로 경청하며 존중해주는 모습을 보이는 것도 잊지 말아야 한다. 누군가의 의견에 반대의견을 제시하거나 비교, 선호하면서 논쟁의 여지를 남기기보다는 적절한 시기에 맞장구를 치고 빠른 호응을 보이면서 다른 사람에게 발언권을 넘겨준다.

▶동의, 호응, 수긍의 표현

I agree with + 사람 / I agree to + 명사/I agree that s+v

I agree with the decision of the customer.

　　　　　　　　　　　　　　　　　　나는 고객의 의견에 동의한다.

 I agree that little changes are needed in the whole service system.

 I agree that children should learn a second language as soon as they start school.

 In support of this　　　　　　　　　이를 지지하여 ~한다.

 In support of this, customer service department should be more open to customers.

 That is what I want to tell you./ That is what I m saying.

Definitely!/Exactly!/ Right!/ Correct!

like you said   말씀하신 것처럼

I am in favor of   나는 ~에 찬성한다.

I am in favor of reinforcing bicycle helmets should be mandatory.

I am firmly believe that

I agree on the point that

I am strongly support the idea of   ~라는 의견을 강력히 지지한다.

There is no reason t oppose   ~를 반대할 이유가 없다.

I content/ maintain that   ~라고 주장한다.

▶ 의견 제시, 제안

I firmly believed that   나는 ~라고 굳게 믿고 있다.

I firmly believe that you make your own destiny.

나는 우리 자신이 우리 운명을 만든다는 것을 굳게 믿는다.

from my point of view,   내 생각에는, 내 관점으로는

in my opinion   의견으로는 ~하다.

In my opinion, the quality of student services has steadily improved.

personally, I think (that)   개인적으로 나는 ~라고 생각하다.

It is evident that / evidently,   그것은 명백하다.

It is evident that the defendant is guilty.

It seems to me that   저에게는 ~라고 여겨지는군요.

as far as I see it,	제가 알기로는
as far as I am concerned,	내가 아는 한
I just wanted to mention	저는 단지 ~을 말씀드리고 싶어요
I consider it to be	저는 그것이 ~라고 생각해요
Let me begin by saying that-:	~라고 말하면서 시작하고 싶어요
Let me get a sentence.	저도 말 좀 할게요.

▶ 반대 의견 제시, 대조

conversely, 반대로 ~이다.

Conversely, the lower the airline ticket price the greater the demand.

반대로 비행기 티켓가격이 싸질수록 매출이 늘어난다.

in opposition, ~에 반대하여 ~하다.

Most customer are speaking out in opposition to unexpected delay.

대부분의 승객들이 예기치 않은 비행지연에 반대했다.

in contrast / on the contrary 대조적으로

In contrast, airline homepage are updated frequently.

반대로 항공사 홈페이지는 빈번히 업데이트된다.

I am very against the idea of ~의 의견에 반대한다.

I am very against the idea of you.

당신의 의견에 전적으로 반대한다.

I object to / I object that 나는 ~에 반대한다.

I object that animals are being used to make fur coats.

나는 동물을 모피 코트를 만드는 데 이용하는 것에 반대한다.

I entirely disagree with   나는 ~에 전적으로 반대한다.

I entirely disagree with corporal punishment in schools

나는 학교에서의 체벌에 반대한다.*corporal punishment(체벌)

I don't think it is right + to + v   나는 ~은 옳지 않다고 생각한다.

I don't think it is right to prohibit student from accessing school computer for personal use.

학생들이 개인 용도로 학교 컴퓨터를 사용하지 못하게 하는 것이 옳다고 생각한다.

I can't accept the fact that : 나는 ~라는 사실을 인정할 수가 없다.

I can not accept the fact that watching television has replaced reading as a favored pastime.

TV 시청이 취미활동으로 독서를 대신한다는 사실을 인정할 수 없다.

▶ 상대의 의견을 물음

What is your opinion on this, about this?

What do you think about that point?

Let's see what everyone has to say about this topic.

Why don't we get some opinions from everyone?

What are some points you would like to make about this?

Let's go around the table and hear everyone's opinion.

Let me ask what all of you think.

모두 어떻게 생각하시는지 묻겠어요.

Who has an opinion on this?   누구 여기에 대한 의견 있나요?

Anyone else want to contribute? 누구 의견 발표하실 분 있나요?

Do you have any other idea?   다른 의견 있으세요?

Do you agree or disagree with this? 이에 동의하나요? 반대하나요?

I would like to point out here that   여기서 ~을 언급하고 싶어요.

If I may put in my two cents,   제 소견을 분명히 말씀드리자면

Let me tell you what I think about

        ~에 대해 제가 어떻게 생각하는지 말씀드릴게요.

▶ 타인의 견해나 의견 인용

by and large   대체로

by and large, it is better to work with others than alone. :

대체로 혼자 일하는 것보다 여러 사람들과 함께 일하는 것이 낫습

니다.

normally	일반적으로
typically	보통, 전형적으로
as a rule	대체로
on the whole	전반적으로
generally speaking	일반적으로 말해서
on the average	평균적으로 통상적으로
experts say that	전문가들은 ~라고 말한다.

many people believe that	많은 사람들은 ~라고 믿습니다.
some people argue that	어떤 사람들은 ~라고 주장합니다.
research has actually shown that	실제로 ~라는 연구결과가 있습니다.
I've been heard of cases where	심지어 한 경우까지 들어본 적이 있어요.
There have been many studies done on	~에 대해 많은 연구가 행해졌습니다.

▶예시, 예문

for example, for instance	예를 들자면
for one thing	단지 한 가지 예로
just as an example	이런 것만 봐도 알 수 있죠.
for evidence, look at- /take this for example	이것을 예로 들어보죠.
Let me give you some examples.	제가 몇 가지 예를 들어볼게요.

Let me give you an example to help you further understand my point.

제 의견에 대한 이해를 돕고자 예를 들어보겠습니다.

참고문헌

-Newton, 과학240: 하늘을 나는 새의 비행에 숨겨진 과학, 2021

-『앨버트로스 블랙박스』, 최북, 나모필링북, 2013

-『바퀴와 날개』, 강갑생, 중앙일보 2018

-『아랍항공사 승무원되기』, 지병림, 푸른영토, 2014

-『내게는 특별한 아랍어를 부탁해』, 김재희, 다락원, 2015

-『한 번만 봐도 기억에 남는 테마별 아랍어단어 2300』, 김재희, 비타민북, 2017

-『뻔뻔하고 펀하게 배우는 아랍어단어 357』, 김재희, 이지혜 지음, Amber Press, 2021

-『영어 회화의 결정적 단어들』, 서영조, 사람in, 2020

-『매혹의 카타르』, 지병림, 북치는마을, 2013

-『이토록 매혹적인 아랍이라니』, 손원호, 부키, 2021

-『LIVELY 인터뷰영어 노하우』, 인터원, 2005

-『인터뷰영어 노하우』, 남상현, Mitsuyo Arimoto, 인터원, 2005

-『면접관을 사로잡는 인터뷰 영어』, 정해탁, 다락원, 2005

-『Word Smart I + II 』, 애덤로빈슨, 프린스턴 리뷰팀, 넥서스, 2001

-『Master of Discussion』, 영어토론의 달인, 소리클럽, 길벗, 2004

-『English in Global Economy』, 국제통상영어, 박근우, 박명섭, 테리머피 공저, 부키, 1999

-『Power Learning』, Robert S, Feldman, Mcgrawhil, 2004

-『The Secert』, the power, Rhonda Byrne, Simon&Schuster, 2007

-『Small Acts of Leadership』, G. Shawn Hunter, Bibliomotion, 2016

사막과별빛 스토리텔링

서른 살 승무원

ⓒ 지병림 2022

개정증보판 1쇄 인쇄일   2022년 12월 9일
개정증보판 1쇄 발행일   2022년 12월 12일

지은이   지병림
펴낸이   김기숙
책임편집   포레스트웨일
디자인   포레스트웨일
인쇄처   ㈜교학사
펴낸곳   **사막과별빛**

　　　　　　 출판등록 2021년 5월 31일/제732-97-01144호
　　　　　　 의정부시 녹양동 입석로 70번길 26 호명산빌리지 106동 2층 5호
　　　　　　 editor_desert@naver.com

가격   17,000원
ISBN   9791197825606(13320)